U0605595

杜凤华◎著

高效公文写作

一本通

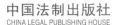

中国法制出版社
CHINA LEGAL PUBLISHING HOUSE

目录

理论篇

实战篇

理论篇

第一章　公文写作思维与方法

1.1　公文写作的意义与价值

《党政机关公文处理工作条例》（中办发〔2012〕14号）第三条规定，党政机关公文是党政机关实施领导、履行职能、处理公务的具有特定效力和规范体式的文书，是传达贯彻党和国家的方针政策，公布法规和规章，指导、布置和商洽工作，请示和答复问题，报告、通报和交流情况等的重要工具。

公文作为一种正式、规范的书面文件，具有重要的意义和价值。它不仅可以有效传达信息，确保信息的准确性和可靠性，还可以规范行为和决策，提供决策依据；同时，公文的写作还可以保留历史记录，作为后续工作的参考和借鉴，加强组织形象和信誉，维护法律和秩序。公文可以促进工作的顺利进行，提高效率和准确性，增强组织的形象和信任，确保法律和规章制度的遵守与执行。公文写作的意义与价值，主要体现在以下四个方面：

（1）传达信息与沟通交流：公文是一种重要的信息传递工具，通过公文可以准确、清晰地传达各种信息、决策和要求。公文的编写规范和准确性可以确保信息的准确传递，促进各级组织之间的沟通交流，提高工作效率。

（2）规范行为与约束权力：公文作为一种正式文件，具有法定效力和规范作用。公文规范了各级机构和个人的行为，约束了权力的行使，保障了组织的稳定运行。通过公文的发布和执行，可以确保组织各项工作的有序进行，维护社会秩序。

（3）决策依据与管理工具：公文往往是领导层作出决策和组织管理的重要依据。通过公文的撰写和阐述，可以提供全面、准确的信息和数据，帮助领导层作出正确的决策和战略调整。公文也可以作为管理工具，记录和跟踪工作的进展，促使工作的有效实施。

（4）保存记录与知识传承：公文记录了组织的历史和发展，保存了重要的知识和信息。公文作为组织的重要资料，可以帮助后来的人了解和学习组织的经验和教训，促进知识的传承和发展。

1.1.1 公文的特点

随着社会的发展和进步，公文在实践中不断发展，并形成了一套科学、规范、完整、严密的体系。目前，公文已形成区别于其他文体的特点。

（1）社会性

公文作为一种特殊形态的应用文书，反映了广泛而又复杂的社会关系，这既是它在社会中产生和发展下去所具有的社会属性，也是它自身所具有的特点和功能所决定的。公文的社会性包含以下四个方面：

①公文的写作目的：公文的写作目的是在特定的社会背景下传达信息、表达意见或作出决策。公文涉及政府机构、企业事业单位、社会组织等，具有一定的社会功能。

②公文的法定效力：公文往往具有法定效力，对于组织和个人的行为具有约束力。公文是社会治理和组织管理的重要工具，对社会秩序和规范的维护具有重要作用。

③公文的权威性：公文具有权威性和正式性，代表了政府或组织的意见和决策。公文在社会中具有一定的信任度和影响力，能够引导和规范社会行为。

④公文的传播与接收：公文不仅仅是一种文字表达形式，还需要通过各种渠道进行传播和接收。公文的传递可以通过邮寄、传真、电子邮件等方式进行，接收者包括机关单位、企业事业单位、个人等。

（2）逻辑性

公文写作中要注意观点明确、内容具体，做到具体问题具体分析。行文应该符合逻辑规律。任何事物都有其内在联系，都具有前因后果、主客观统一、前后贯通的特点。公文写作也是如此。公文的逻辑性包含以下四个方面：

①逻辑的严密性：公文的内容应当符合逻辑规律，即观点之间应当有明确的因果关系或逻辑推理。公文应当遵循正确的论证链条，避免出现漏洞或矛盾，确保观点的准确性和合理性。

②逻辑的连贯性：公文的内容应当有条理、连贯，观点之间应当有明确的衔接和过渡。公文的结构应当清晰明了，各部分之间应当有逻辑上的联系，使读者能够理解和把握文意。

③逻辑的一致性：公文的内容应当保持一致性，即各个部分之间应当相互协调、相互支持。公文的各个观点、论证、结论等应当相互补充和呼应，避免出现自相矛盾或相互冲突的情况。

④逻辑的客观性：公文的内容应当客观、中立，不应当夸大或歪曲事实。公文应当基于客观的数据和证据，避免主观臆断或个人偏见的影响，以确保公文的可信度和公正性。

（3）严肃性

公文作为一种正式文体，其性质、作用、特点和写作要求决定了，公文在行文上必须注意严肃、庄重，不能有随意性的语言。要做到这一点，一是要充分认识公文的地位和作用，严格遵守党和国家的有关方针政策；二是要以高度负责的态度对待公文写作和处理工作，认真履行职责；三是要处理好公文与其他文体之间的关系，在行文上注意做到严谨、准确、合理；四是要充分发挥公文的作用，力求实现最佳效能。主要包括以下六个方面：

①正式性：公文的行文应当严肃、庄重，体现出公文的正式性。采用正式的语言和词汇，避免使用口语化或网络化的表达方式。句子结构应当完整、清晰，语法应当准确无误。

②规范性：公文的行文应当符合规范要求，遵循一定的格式和结构。公文

的标题、开头、正文、结尾等部分应当按照规定的格式进行组织，确保行文的规范性和统一性。

③简明扼要：公文的行文应当简明扼要，言简意赅。避免冗长、啰唆地表达，尽量使用简洁明了的语言，以便读者能够快速理解公文的内容。

④专业性：公文的行文应当具备一定的专业性。根据不同的公文类型和目的，使用专业的词汇、术语，确保公文的专业性和准确性。

⑤条理性：公文的行文应当具备良好的条理性。按照逻辑顺序组织内容，采用段落分明的结构，确保公文的行文清晰有序。

⑥公正中立：公文的行文应当保持公正中立的立场。避免个人情感或偏见的表达，以客观、中立的态度陈述事实和观点。

（4）严谨性

公文必须严谨地行文，是因为公文内容要表达的是一定事实或意见，必须严格按照既定规则和程序行文，必须准确地表述事实或意见。这是公文严谨所必须遵循的原则。这既是一种原则，也是一种规律；既是一种方法，也是一种手段；既是一种程序，也是一种方法。以下是对公文行文要求严谨的具体举例：

①事实依据：公文的行文应基于真实的事实依据，不能凭主观臆断或偏见来处理问题。例如，一份调查报告应该基于实地调查和客观数据，而不是凭个人主观意见来得出结论。

②政策导向：公文的行文应以政策法规为依据，符合党和国家的政策导向。例如，一份政府部门的文件应该遵循法律法规和政策要求，不能违背政策导向。

③内容准确：公文的行文要求内容准确无误。例如，规章制度应确保条款明确、语义准确，避免产生歧义或误导。

④逻辑严密：公文的行文要求逻辑严密，结构清晰。例如，一份报告应按照逻辑顺序进行论述，以确保信息的连贯性和条理性。

总之，公文的行文要求严谨是为了确保公文内容的客观性、准确性和可信度，使其成为权威、可信赖的文件。

1.1.2 公文的作用

公文是公务活动中的一种重要信息载体。从使用范围来看，它是机关单位、企业事业单位、社会组织进行公务活动的一种有效工具；从使用作用来看，它是单位发布命令、决定、决议、领导讲话和请示、报告等工作信息的重要渠道；从写作格式上看，它是单位在公务活动中形成的具有法定效力的正式书面文书；从内容上看，它涉及党的方针政策和国家法律法规、有关政府的重要决策、单位内部事务管理规定等各个方面，是单位开展工作的重要依据。因此，公文具有传递信息、指导工作、规范行为、处理事务的作用。

（1）传递信息

公文的本质是传递信息，所以公文具有信息性。公文通过一定的格式和结构，将信息传递给受文者。受文机关通过公文可以了解上级机关、同级机关的决策部署、指导思想和工作要求；了解下级机关的工作情况；了解本单位的工作动态，从而把握全局、协调各方，为下一步开展工作提供依据。公文传递信息主要体现在以下四个方面：

①决策指导：公文可以传递上级机关的决策部署、指导思想和工作要求。通过公文，下级机关可以了解上级的决策意图和工作方向，从而按照要求进行工作安排和执行。

②工作动态：公文可以传递下级机关的工作动态。通过公文的撰写和发布，可以向上级机关和同级单位汇报工作进展、完成情况、问题与困难等。公文可以详细记录和传达工作的具体情况，为上级机关和其他相关方面提供必要的信息。

③各方协调：公文可以促进各方的协调和合作。通过公文的撰写和传递，可以将各方的意见、建议、要求等整合起来，达成共识，协调各方的利益和关注点。公文可以作为沟通和协商的工具，促进各方的合作和共同发展。

④信息传递：公文可以传达各类信息，如政策解读、行业动态、通知公告、会议纪要等。公文通过一定的格式和结构，将信息准确、全面、及时地传递给受文者，以满足受文者对信息的需求。

（2）指导工作

机关单位、企业事业单位领导往往通过公文来安排、部署工作，将各项工作的目的、要求、原则、措施等规定清楚地告诉下级，使下级能按正确的要求去做，从而保证各项工作顺利进行。公文具有很强的指导性，可以针对单位所遇到的实际问题，提出解决问题的方案和措施，供上级单位决策时参考，从而使问题得到解决。这对于指导实际工作具有十分重要的意义。公文指导工作主要有以下六个方面：

①对有关情况进行综合、分析和判断，以决定是否下发公文或要求下级执行有关规定。如需要向上级机关上报某方面的情况或请示某方面的问题时，往往需要通过公文来表达。

②根据实际情况提出决策方案。机关、企业事业单位在实施决策过程中，往往会遇到许多新问题、新矛盾、新情况、新思路，这时就需要通过公文来进行决策。

③向下级布置工作任务。对于下级来说，通过公文将上级机关的决策要求传达下去，有利于下级根据上级的要求去开展工作。

④对下级进行督促检查。上级单位如果要对下级进行工作指导和检查督促，就需要通过公文来进行。如向下级布置工作时需要交代完成工作的时间节点、完成标准和要求等。

⑤发布命令、决定和指示。各级领导机关发布命令、决定和指示等重要文件时都需要以公文的形式来发布。

⑥向上级报送报告。机关、企业事业单位向上级机关或领导机关报送报告时也需要以公文的形式来报送。

（3）规范行为

公文是行政机关进行公务活动的法定依据，各级机关及其工作人员必须严格按照公文中规定的事项和程序办事。公文中的各项法律、法规、制度、纪律等，对公务人员的行为作出了强制性规范。公文所具有的法定效力，使各级行政机关及其工作人员在公务活动中必须按照法定要求办事，否则就要承担相应的法律责任。这不仅是对公务人员个人行为的一种约束，也是对整个社会行为规范的一种保障。具体包含以下四个方面：

①规范行为：公文通过一定的格式和结构规范公务活动的行为，要求公务人员在处理事务时遵守一定的程序和规定。公文要求公务人员在文书撰写、文件传递、会议召开等方面遵循一定的规范，确保公务活动的正常进行和结果的有效落实。

②明确责任：公文在规范公务活动中明确了各级机关和公务人员的责任和权限。通过公文的发布，上级机关可以明确向下级机关和公务人员传达工作任务和要求，下级机关和公务人员也可以通过公文了解上级的指示和授权。公文明确了责任的界定，为公务活动的组织和管理提供了依据。

③提高效率：公文的规范化和标准化能够提高公务活动的效率。公文要求公务人员按照一定的流程和程序进行办理，减少了不必要的重复工作和沟通环节，提高了办事效率。公文也可以记录和传达工作进展、意见反馈等信息，方便各方及时了解工作进展和结果。

④维护权益：公文作为正式的文件载体，具有法定效力，可以维护公务人员和相关方的合法权益。公文中载明的决策、指示、要求等具有约束力，保障了公务人员依照法律法规和上级机关的要求开展工作。公文还可以记录重要事项和决策过程，作为证据使用，确保公务活动合法、有序开展。

（4）处理事务

公文在处理事务方面也发挥着重要的作用。机关单位和企业事业单位在公务活动中都要处理大量的事务，包括人事、财务、后勤、行政等。这些事务大多都需要用公文来规范和处理。具体包含以下四个方面：

①人事事务：公文在人事管理中起到了重要的作用。例如，招聘、录用、调动、晋升等人事管理活动都需要通过公文来进行。公文规定了各项人事决策的程序和要求，确保人事活动的公正、公平和合法性。公文还记录了人事变动的相关信息，为人事管理提供了依据。

②财务事务：公文在财务管理中也发挥着重要的作用。例如，财务预算、拨款、报销等财务活动都需要通过公文来进行。公文规范了财务活动的流程和程序，确保财务管理的规范和合规。公文还记录了财务决策的相关信息，为财务管理提供了依据。

③后勤事务：公文在后勤管理方面也具有重要作用。例如，采购、物流、设施管理等后勤活动都需要通过公文来进行。公文规定了后勤活动的流程和要求，确保后勤管理的高效和便捷。公文还记录了后勤活动的相关信息，为后勤管理提供了依据。

④行政事务：公文在行政管理方面也起到了重要的作用。例如，文件传递、会议召开、公告发布等行政活动都需要通过公文来进行。公文规范了行政活动的流程和规定，确保行政管理有序进行。公文还记录了行政活动的相关信息，为行政管理提供了依据。

1.2　公文写作的基础思维

公文是对公务事项的一种书面表达，其内容往往涉及政治、经济、文化等方面，并具有鲜明的针对性和可操作性，在公务活动中有着十分重要的作用。但公文写作又不同于文学作品的创作，因为它具有一定的实用价值和规范作用。要提高公文写作水平，必须充分发挥思维在公文写作中的主导作用，不断强化思维训练。我们把这种思维叫作公文写作思维。

1.2.1　要有"大"的格局

我们经常看到这样一种现象：有的人在写材料时，喜欢就事论事地写某个方面，比如在写一个问题时总是很具体地谈这个问题如何严重、影响到了什么等。这就是没有大格局意识的表现。材料本身是抽象材料，而我们所写的材料又是现实生活中存在的具体问题，这两者之间有很大区别。我们不能在一篇材料中只谈这个问题如何严重、影响到了什么，而应该在具体问题上深入探讨问题出现的原因、表现及产生的后果等方面。如果只就事论事地谈这些问题，那么这样写出来的东西往往会以偏概全，缺乏整体性。

（1）要有大局意识

大局意识，就是要站在全局、整体的角度思考和认识问题。材料写作必须有全局意识，就是说我们要站在单位或者地区的角度来看待问题。这就要求我们在写作时，既要立足本单位或本地区的实际情况，又要站在全局的高度来看待和分析问题。

例如，写一篇关于环境保护工作的材料时，不仅要从保护环境是建设美好家园的需要来思考问题，还要从整体分析保护环境对社会、经济发展的重要性以及怎样才能使社会、经济得到更好的发展等问题。

可见，树立大局意识，才能真正把握问题的本质和特点，抓住关键和要害。

（2）要有宏观视野

我们经常看到这样一种现象：有的人在写文章时喜欢把目光局限于一个具体的问题，比如在写关于单位组织管理方面的文章时只讲单位内部存在什么问题、如何解决这些问题之类，而对单位外部面临什么样的环境、这样的外部环境会给单位带来什么影响等却没有涉及。这样写出来的材料就显得比较肤浅、没有力度。这就说明了一个人没有宏观视野。只有具备了宏观视野后，才能做到有全局意识，才能做到从整体上来看事物，才能对事物有一个基本的认识和了解，从而写出好文章来。

要想提高公文写作水平，就必须具有宏观视野。因为只有在宏观上对事物有一个整体认识，才能把握住事物的本质。比如，一个单位要召开一个重要会议，如何才能保证会议圆满召开、取得预期效果，就需要考虑几个方面的因素：会议时间、参加人员、议题和地点等。如果只是从这几个方面去考虑问题，那么就只能看到这次会议需要解决的具体问题，而不能看到这个单位内部要解决的更重要的问题。因此在公文写作中我们必须有宏观视野，要从全局上、整体上来考虑问题。只有具备了宏观视野，我们才能站得高、看得远。有了这样一种高度，我们才能在大的背景中找到解决某个具体问题的有效思路和方法。

（3）要有战略眼光

所谓战略眼光，就是指从总体高度来看待问题。在公文写作中，由于所写的内容往往涉及不同方面，因此要想对一个问题进行全面而又深入的分析和认识，就必须站在总体高度来看待问题。任何一个事物，都具有两面性，既有其优点也有其缺点。我们在处理问题时不能只看到它的缺点而看不到它的优点。只有从总体上分析和认识问题，才能对问题有一个全面、正确的认识，才能在写作时做到不偏不倚，这就需要我们具备战略眼光。

要想具备战略眼光，就要深刻地了解和把握全局，比如对整个大局的形势、特点、方向及发展趋势等进行准确而又辩证的把握。只有这样，才能在写作时做到有针对性地阐述、有的放矢地分析。

例如，在组织开展一项工作时，要能够从总体角度来分析和认识问题，发现这一项工作与其他工作之间的内在联系，从而把握这一项工作的发展方向和发展目标。又如，在编写"十四五"规划纲要时，要能够站在总体角度来看待这一规划纲要与其他规划之间的内在联系，这样才能在写作时做到心中有数。

当然这种站在总体角度来分析和认识问题的能力需要长期的锻炼才能培养出来。有了对总体形势的准确把握，就能够对具体问题作出正确的分析和判断，进而根据当前的形势变化而调整自己的写作思路。只有这样才能把公文写作写出新意、写出特色，才能写出符合上级精神和领导意图的公文。

（4）要有辩证思维

辩证法是我们认识事物、分析问题、解决问题的重要方法论。在公文写作中，辩证思维要求我们既要看到事物的一方面，又要看到事物的另一方面；既要看到事物当前的具体情况，又要看到事物发展变化的趋势；既要看到事物发展的过程，又要看到事物发展变化的结果。

在写作过程中，我们经常会遇到这样一种现象：有的人在写文章时喜欢面面俱到，而对那些有所侧重和有条件深入、重点突破的方面却往往考虑不周全。其实这就是没有辩证思维。在公文写作中，如果没有辩证思维，我们就不会发现那些可以深入、重点突破的方面，从而使我们写出来的东西缺乏针对性和指导性。

因此，我们在写作过程中一定要有辩证思维。所谓辩证思维就是"两点论"和"重点论"相结合、相统一，"两个方面"相统一，"两种性质"相统一等。有了这样一种辩证思维方法，我们在公文写作过程中就能做到重点突破、以点带面，从而使公文写作具有较强的针对性和指导性。

1.2.2　要有"高"的水平

在公文写作中，有"大"的格局可以帮助写作者更好地把握问题，全面而突出地表达意思。然而，仅仅具备"大"的格局还不够，还需要有"高"的水平。这个"高"的水平包括政治理论素质、业务素质、政策理论水平和文字表达能力。下面将详细分析这四个方面，并举例说明。

（1）政治理论素质

政治理论素质是公文写作者必备的基本素质之一。政治理论素质包括对党的路线、方针、政策的深入理解和掌握，对国家发展战略的了解，对社会热点问题的关注等。公文写作者应该具备正确的政治立场和政治观点，能够准确反映党和政府的决策意图，做到政治上的正确性。

例如，在写一份关于扶贫工作的公文时，公文写作者应该具备对扶贫政策的深入理解，了解国家扶贫战略的重要性和目标，能够从宏观角度出发，分析和解决当前扶贫工作中存在的问题，并提出具体的工作措施和建议。

（2）业务素质

业务素质是公文写作者必备的专业素质之一。业务素质包括对所属部门、领域的业务知识的掌握，对相关法律法规的了解，对工作流程和操作规范的熟悉等。公文写作者应该具备较高的业务素质，能够准确把握和表达相关领域的问题。

例如，在写一份关于环境保护工作的公文时，公文写作者应该了解环境保护的基本原理和相关政策法规，掌握环境监测、治理和修复等方面的专业知识，能够从业务角度出发，提出具体的环境保护工作措施和建议。

（3）政策理论水平

政策理论水平是公文写作者必备的思维素质之一。政策理论水平包括对国家政策的理解和把握能力，对政策实施的分析和评估能力，对政策调研和研究的能力等。公文写作者应该具备较高的政策理论水平，能够准确把握和阐述政策内容。

例如，在写一份关于教育工作的公文时，公文写作者应该了解国家教育工作的总体框架和目标，掌握教育政策的实施情况，能够从政策角度出发，分析和评估当前教育工作中存在的问题，并提出具体的措施和建议。

（4）文字表达能力

文字表达能力是公文写作者必备的语言素质之一。文字表达能力包括语言的准确性、简洁性、清晰性和流畅性等。公文写作者应该具备较高的文字表达能力，用简练的语言、清晰的逻辑、准确的词语来写作。

例如，在写一份关于文化活动的公文时，公文写作者应该用精准的词语和简洁的句子来描述活动内容和目标，用清晰的逻辑和流畅的表达方式来展示活动安排和具体要求。

综上所述，公文写作者需要具备高的政治理论素质、业务素质、政策理论水平和文字表达能力。只有在这些方面都具备较高水平的情况下，才能写出全面且突出重点的公文。

1.2.3 要有"快"的速度

"快"是公文写作的一大特点，也是公文写作的一条基本规律。"快"要求迅速地反映客观事物发展变化的规律，是公文写作中思维反应速度的体现。我们在写作中分析问题和解决问题的速度要快。因为公文往往是领导作出决策和决定的依据，所以，我们必须迅速、准确地对情况进行分析，准确判断，抓住问题的本质和规律，找出解决问题的方法和措施。这就要求我们必须具备迅速反映客观事物发展变化规律的能力。公文写作中要有"快"的速度，主要体现在以下四个方面：

（1）快速反映客观事物发展变化的规律

公文是一种记录和传达信息的工具，其目的是及时准确地反映客观事物的发展变化。因此，在公文写作中，要求写作者能够迅速抓住事物的本质和规律，准确地描述事物的变化趋势和发展态势。

例如，在一份经济分析报告中，写作者需要快速地分析和反映经济指标的变化情况，以便领导及时了解经济发展的趋势并采取相应的措施。

（2）快速分析问题和解决问题

公文往往是领导作出决策和决定的依据，因此，在写作中要求写作者能够快速而准确地分析问题，并找出解决问题的方法和措施。

例如，在一份工作总结中，写作者需要快速分析工作中存在的问题，并提出解决问题的具体措施和建议，以便领导能够及时采取措施解决问题。

（3）快速作出思维反应

公文写作要求写作者能够快速作出思维反应，即在有限的时间内，快速地组织思路，准确表达自己的观点和意见。

例如，在一份会议纪要中，写作者需要快速记录会议的要点和决定，并准确地表达与会人员的意见和建议，以便参会人员能够及时回顾会议内容并采取相应的行动。

（4）快速传递信息

公文写作的一个重要目的是传递信息，因此，要求写作者能够迅速传递信息，确保信息的及时性和准确性。

例如，在一份通知公文中，写作者需要迅速传达重要的事项和要求，以便受文人员能够及时了解并执行。

公文写作中要有"快"的速度，体现在快速反映客观事物发展变化的规律、快速分析问题和解决问题、快速作出思维反应以及快速传递信息等方面。在公文写作中，快速反映客观事物发展变化的规律是非常重要的。以下是一些写作技巧，可以帮助写作者更好地实现这一目标：

①了解背景和趋势：在撰写公文之前，写作者应该充分了解相关领域的背景和趋势，包括对行业、市场、政策等方面的了解，以便能够快速抓住事物的本质和规律。写作者可以通过研究相关文献、咨询专家、参加研讨会等方式来获取信息。

②细致观察和分析：写作者需要对事物进行细致的观察和分析，以发现其中的规律和趋势，包括对数据、案例、调研结果等进行仔细研究以及对各种因素之间的关系和影响进行分析。写作者可以运用统计分析、比较分析、趋势分析等方法来帮助自己准确理解事物的变化。

③简洁明了的表达：在公文中，写作者需要用简洁明了的语言准确表达事物的基本情况和发展态势。避免使用复杂的词汇和句子，以免给读者造成困惑。

④及时更新和反馈：公文的编写应该及时更新和反馈事物的发展变化。写作者需要密切关注事物的动态，随时进行信息的补充和修订。同时，还应该及时向相关人员反馈事物的发展情况，以便他们及时采取相应措施。

快速反映客观事物发展变化的规律是公文写作的重要要求。写作者应该通过了解背景和趋势、仔细观察和分析、简洁明了地表达以及及时更新和反馈等方式来实现这一目标，从而为决策者提供可靠的参考和依据。

1.3　公文写作通用方法

"工欲善其事，必先利其器。"学习和掌握科学的、行之有效的公文写作方法，是写好公文的前提和保证。当前，有许多写作者对此认识不够，缺乏必要的重视。有的人甚至认为，写好公文无非是多抄几遍、多写几遍而已。其实，这是一种误解。

要想写好公文，必须认识和掌握各种类型公文的写作方法，以利于更快地提高自己的写作水平和能力。那么，在实际工作中我们要怎样有效运用各种写作方法呢？

1.3.1 吃透上情，把握下情

上情是指上级组织及有关领导的指示、要求和指示精神，是公文写作的重要依据和指导思想。了解、吃透上情，是写好公文的前提和基础。只有把握好了上级组织及有关领导的意图和精神，才能准确地确定写作方向和主题，并选择恰当的写作材料，使公文具有较强的指导性、针对性和实效性。

（1）整理领导讲话

讲话是上级组织及有关领导对某项工作所进行的安排、部署、指示等，是领导活动的重要组成部分，是公文写作的重要依据。作为写作者，我们要认真学习领导的讲话，准确把握领导的思想观点和工作要求。比如，在写关于本单位某项工作的部署时，写作者首先要弄清楚是什么性质、什么内容的工作，然后根据工作内容和重要性确定主题。在写工作总结时，则应从全局出发，把主要笔墨放在总结经验教训和安排下一步工作上。

此外，要分清讲话类型，按照讲话内容来划分，可以将讲话分为通报会讲话、情况通报会讲话、经验交流会讲话、会议总结讲话、表彰会讲话、工作会讲话、动员会讲话等。不同类型讲话对各项具体工作有不同的指导意义。还要分清讲话对象，不同类型的领导有着不同的讲话对象，有的是针对上级组织或有关领导讲的，有的是针对本单位或下级部门负责人讲的，还有的是针对本单位或下级部门全体职工讲的。因此，我们在写作时要结合领导的讲话对象来确定写作内容和目的。

（2）领会批示意见

批示是指上级领导对下级工作进行指导或指出工作中存在的问题，或对某项工作作出的指示、批评、纠正和处理意见。在公文写作中，领导的批示是非常重要的一项内容。领导的批示正确与否，关系到一份公文的质量高低和作用大小。因此，我们要认真对待领导的批示，准确领会领导批示的精神实质和意图，正确使用领导的批示。领导批示有两种情况：一种是直接给写作者批示。另一种是给阅读者批示。

直接给写作者批示就是在公文中直接写明"同意"或"不同意"等内容。

写作者在拟稿时，首先要认真分析领导作出的要求或指示，对其进行分析研究，正确领会其要求或指示精神；然后根据领导的批示，确定写作内容、思路和提纲；最后根据领导的批示写出符合要求和精神实质的公文来。

给阅读者批示主要是向阅读者转达上级组织及有关领导对某项工作所提出要求或作出指示。

写作者在拟稿时，首先要将拟稿时所写内容按要求进行认真整理、分析和研究，把上级组织及有关领导对某项工作所提出的要求或作出指示等方面内容全面、完整地反映出来；其次根据拟稿时所写内容确定写作主题和写作提纲；最后根据上级组织及有关领导对某项工作所提出要求或作出指示等方面内容进行修改、补充、完善，使其更加全面、具体、准确地反映上级组织及有关领导对某项工作所提要求或所作指示等方面内容。

需要注意的是，写作者在拟稿时要认真分析研究上级组织及有关领导对某项工作所提要求或所作指示的深刻内涵和精神实质，结合具体工作内容，在写作材料时将其准确、全面地反映出来。

（3）明确上级组织及有关领导的工作部署和具体要求

上级组织及有关领导对某项工作所进行的工作部署，一般包括工作任务、具体要求和实施步骤等。对于上级组织及有关领导所进行的工作部署，我们要从以下几个方面来加以理解和把握：一是从内容上看，上级组织及有关领导所进行的工作部署是针对某项具体工作而提出的；二是从形式上看，上级组织及有关领导所进行的工作部署主要有会议、发文、谈话、批示、电话等形式；三是从时间上看，上级组织及有关领导所进行的工作部署通常在一定时期内对某一项具体工作都有相应的部署和要求，我们要把握住这些时间节点来对上情进行研究和把握；四是从要求上看，上级组织及有关领导所进行的工作部署通常有一定的目标要求和原则要求，其对公文写作的作用具体如下：①把握公文写作的方向和要求，必须与上级组织及有关领导所确定的目标和原则相一致。②研究公文写作中涉及的相关具体内容，特别是要注意上级组织及有关领导所提出的各项具体要求。要知道，公文写作中所涉及的有关具体内容，实际上都是上级组织及有关领导所确定的目标和原则要求的细化反映。

1.3.2 熟悉结构，掌握写法

公文是由一定的结构形式组成的，了解和掌握公文结构，就等于掌握了公文写作的"钥匙"。公文的内容和形式相互联系、相互作用，并以一定的结构形式体现。人们常把公文结构分为标题、正文、落款、印章四个部分。当然，在实际工作中，具体情况还要具体分析。

（1）掌握公文写作的基本知识

公文写作是一项专门的工作，是在特定的时间和空间条件下，根据特定的对象和要求，运用特定的思维方式和表达方式，以特定的形式对某事项作出判断、分析和处理，以达到对事项进行管理、指导、调控的目的。因此，我们要想写出一篇好公文，就必须要掌握公文写作的基本知识。

公文写作中常用的词语包括：①"指示"——上级对下级发出指示或要求；②"请示"——下级向上级请求指示或要求批准；③"报告"——下级向上级汇报工作，反映情况；④"通知"——上级机关发布命令、指示或决定后，下级机关对命令或决定进行贯彻执行；⑤"批复"——上级机关对下级机关报送的请示事项予以批准或答复。

公文写作中常用的句型包括：①"关于……""针对……"等句型；②"以……为原则"等句型；③"根据……""根据以上意见，现将……"等句型；④"对……提出以下要求……"等句型；⑤"特作如下决定/通知：……"等句型。

公文写作中常用的标点符号包括：①逗号——表示句内停顿；②句号——表示肯定、陈述；③问号——表示疑问和强调语气；④感叹号——表示强烈感慨和强烈感情；⑤分号——表示并列关系；⑥破折号——表示注释、补充说明。我们在进行公文写作时，一定要注意规范使用常用标点符号。

（2）掌握公文结构的特点

公文的结构形式是公文的基本内容、特点和要求的反映，也是公文写作中必须遵循的基本原则。它包括以下几个方面的内容：

①公文的标题。公文的标题在形式上是最简单而又最基本的部分，它主要

说明公文所要反映的问题或事件。

一般来说，公文标题要做到以下几点：一是鲜明醒目、引人注意；二是准确概括、一目了然；三是简洁明了、便于记忆。

②公文的正文包括主题、材料和结论三个部分。主题是文章的主旨，它揭示了文章所要阐明或说明的问题或事件；材料是公文正文中所提供的资料，它是公文内容的主要来源；结论则是主题在文章中得到体现或回答后，对全文所作的概括和总结。

在实际工作中，公文的正文经常会有以下几种情况：一是把有关领导同志来文、来函或其他有关材料作为主题来写；二是把有关重要会议上传达、研究和部署工作作为主题来写；三是把有关领导同志在会上所作讲话、报告作为主题来写；四是把有关重要会议上所通过决议、决定等作为主题来写。不管采用哪种形式写作公文，都必须注意：要把握好公文标题与正文、正文与结尾之间的关系，确保各部分之间密切联系，使文章前后一致、相互贯通。

③公文落款。这是公文中最后一个组成部分，要写清发文机关名称、发文日期等内容；印章要求有发文机关名称（单位或组织全称），加盖在文件正文之后右下方的位置。

（3）把握公文内容的逻辑关系

公文的各部分内容包含着一定的逻辑关系，这种逻辑关系包括内容之间的内在联系和相互衔接、互为补充和彼此协调等。这就要求我们在起草公文时，必须把握好公文内容之间的逻辑关系，使之紧密相连、前后衔接，共同构成一个有机整体，做到逻辑严密、条理清晰、层次分明。

一般而言，公文内容之间的内在联系主要体现在以下几个方面：

①内容之间具有紧密的逻辑。一个完整的公文，其内容之间不是孤立和割裂的，不是毫无联系的。我们只有认真把握了公文内容之间的内在联系，才能写出符合逻辑规律和要求的公文来。

②公文内容之间具有互为补充和彼此协调的关系。无论是公文内容与其表现形式之间，还是公文内容与其背景条件之间，都存在着互为补充和彼此协调的关系。这种关系就决定了公文在结构安排上必须考虑到公文内容之间的内在

联系，使它们相互照应、相得益彰。

③要注意避免公文逻辑关系上出现混乱现象。逻辑关系混乱或不符合逻辑规律会导致在文章中出现前后矛盾、概念不清、主次不明、轻重不分等现象；甚至还会使人读了之后不知所云，产生理解上的困惑和分歧。

1.3.3　善于模仿，大胆创新

模仿是写作的第一步，也是最基本的一步，公文写作尤其如此。在学习模仿过程中，要注意抓住主要的部分，借鉴成功的经验，善于总结、归纳、提炼；同时要大胆创新，敢于突破旧有模式和条条框框的束缚，如果一味地照抄照搬，就会使公文写作失去创新的活力。比如，在工作总结中要有分析问题、解决问题的措施；在工作计划中要有明确的目标和步骤；在工作简报中要有数据、典型事例；在经验总结中要有特色和亮点；在工作信息中要有针对性和可操作性。特别是在撰写新闻通稿时，一定要掌握新闻写作的基本要求和技巧，注重语言表达和形式技巧。

（1）学习借鉴，创新思路

学习借鉴，是创新思路的重要途径。古人讲，"读书破万卷，下笔如有神""熟读唐诗三百首，不会作诗也会吟"，说明了学习借鉴对写作的重要性。公文写作也是一样，要想把公文写好，就要学习借鉴他人的经验做法。在工作中，我们要善于学习借鉴别人的经验做法，善于总结提炼别人的思想观点。

我们可以学习借鉴别人写总结报告、部署工作的思路，要注意以下几点：一是总结必须实事求是；二是总结必须全面准确；三是总结必须突出重点；四是总结必须善于提炼。例如：

某单位在推进某项工作时，在深入调查研究的基础上，坚持"六个结合"（即把上级精神与本地实际结合、把解决突出问题与完善制度机制结合、把当前需要与长远发展结合、把正面引导与反面警示结合、把解决实际问题与完善体制机制结合、把解决眼前问题和解决深层次矛盾结合）的方法来开展工作。

某市政府召开党组会议研究部署某项工作时，形成了"五个明确"（即明确任务要求、明确职责分工、明确完成时限、明确保障措施、明确完成标准）的工作思路。在这份经验材料中，我们进一步提炼思路：以"四个注重"（即注重加强调查研究、注重突出问题导向、注重完善工作机制、注重调动各方积极性）为指导思想，以"五个坚持"（即坚持解放思想、坚持改革创新、坚持求真务实、坚持科学发展、坚持依法办事）为基本原则。

这就是典型经验做法的总结和提炼。学习借鉴别人的经验做法要善于思考和分析其深层次的原因和根源。这是一种能力素质，更是一种境界。我们学习借鉴别人的经验做法时，要注意思考以下几个问题：

一是思考别人为什么要这样做？他们考虑了哪些方面的问题？他们采取了哪些措施？这些措施是否符合上级要求和本地实际？

二是思考别人做这件事时取得了哪些成功经验？别人的成功经验对我们有什么启示？

三是思考别人做这件事时存在什么问题？为什么存在这些问题？这些问题对我们有什么警示意义？

只有经过认真思考和分析，才能找到自己在写作中存在的不足之处和需要提高的方面。通过学习借鉴别人的经验做法来创新思路，可以更好地解决自己在写作中存在的问题。

（2）观察思考，创新观点

在写作公文时，观点必须鲜明突出，既要抓住主要问题，又要善于从整体上把握问题；既要对事物有正确的认识和判断，又要能够把自己的认识和判断上升到一定的理论高度；既要正确反映客观实际，又能够分析、说明问题。

①要注意观察事物的发展变化。事物的发展变化是一个很复杂的过程，要想写出有价值、有新意的材料，就必须时刻注意观察事物的变化，不能墨守成规。因此，我们在写作过程中一定要注意观察事物变化的特点，并把这种特点与一般情况区别开来，为自己提供一种独特的思考角度。

例如，在总结工作经验时，不必每次都写"四个结合""六个结合"，还可以写"四个突出""六个围绕"，要善于在总结成绩时突出成绩中的亮点、经验中的创新之处、问题中的警示之处等。又如，我们在总结成绩时要提炼亮点，而不能简单地列举几个数字；我们在总结工作时要突出创新之处，而不能仅仅列举几条工作措施；等等。

②要注意转换思考问题的角度。任何事物都是有两面性的，既有好的一面，也有坏的一面。事物的发展是波浪式前进、螺旋式上升的。如果我们用一成不变的眼光来看待事物，就会把好的一面丢掉，把坏的一面放大。事物在发展变化过程中有很多方面，只有全面地看问题，才能更好地认识事物。在写作公文时，我们也要注意角度的变化。要从不同的角度来看待同一问题。公文写作中，我们可以从正面、反面、侧面等来看待同一个问题。

例如，写一篇关于领导干部作风建设方面的材料时，可以阐述加强作风建设的意义、领导干部作为"关键少数"加强作风建设的重要性、作风建设的具体内容和要求。其中，阐述作风建设的具体内容和要求时，可以从领导干部自身观念和修养、单位风气、考核监督制度等不同的角度展开。

第二章 公文写作要素和流程

2.1 公文写作的基本要素

公文是国家机关、社会团体、企业事业单位在公务活动或正式场合中经常使用的具有特定效力和规范格式的文书。公文作为一种特殊的信息载体，有着不同于一般信息载体的特点。要写好一份公文，就必须掌握其中的基本要素，做到"胸中有丘壑"。我们在具体写作中可从以下几个方面入手，掌握公文写作的基本要素。

2.1.1 标题的撰写方法

公文的标题由发文机关名称、事由和文种三部分组成，三者之间用冒号隔开。标题在公文中具有十分重要的地位，它是公文的眼睛和门面，对公文能否发挥效用起着至关重要的作用。它的结构有两种形式：一是正标题，即由发文机关名称、事由和文种组成；二是副标题，即由发文机关名称和文种组成。

公文标题一般采用正标题形式，如《××省人民政府关于做好农村劳动力转移就业工作的通知》《××市人民政府办公室关于印发〈××市行政执法单位权力清单〉的通知》《××市人民政府办公室关于印发〈××市行政机关执法责任制工作实施方案〉的通知》等。

公文标题要使用公文专用字体，字号要醒目。在书写上要做到三点：一是大小合适，不能过小或过大；二是间距适当，不能太密或太疏；三是格式规范，一般标题的结构要素应齐全。

（1）准确

准确就是要求公文的标题必须准确反映公文的内容。要做到准确，就要明确公文所要说明的事件，避免模棱两可，含糊其词。拟一个准确的公文标题可以从以下几个方面入手：

①主题：标题应该准确地反映公文的主题或内容，让读者能够迅速了解公文的核心内容。例如：

一份关于环境保护的公文可以使用标题《关于加强环境保护工作的通知》。

②范围：标题应该能够准确地描述公文所涉及的范围或对象。例如：

一份关于单位内部培训的公文可以使用标题《关于组织全体员工参加培训的通知》。

③目的：标题应该能够清晰地表达公文的目的或意图。例如：

一份关于提醒缴纳水费的公文可以使用标题《关于及时缴纳水费的通知》。

④时间：标题可以包含时间信息，以准确地反映公文的时效性。例如：

一份关于会议安排的公文可以使用标题《关于××年×月×日召开××会议的通知》。

（2）简明

简明就是在标题的表述上要简明扼要、突出重点。公文的内容要有针对性，不能泛泛而谈，不能有模糊的地方。拟一个简明的公文标题可以从以下几个方面入手：

①简洁性：标题应该精练、不冗长，用尽可能简短的词语表达公文的主题和要点。例如：

一份关于因用户欠费停止自来水供应的公文可以使用标题《停水通知》。

②清晰性：标题应该明确传达公文的主旨，让读者一目了然地了解公文的核心内容。例如：

一份关于禁止在单位办公区域吸烟的公文可以使用标题《禁烟通知》。

③明确性：标题应该使用简练明确的词语和短语，避免使用过于复杂或晦

涩的词汇。例如：

一份关于加强安全生产管理的公文可以使用标题《××公司加强安全生产管理办法》。

（3）完整

一篇文章是否完整，看它是否有标题就可以了，标题是文章的眼睛，如果眼睛不完整，整个文章就会"缺胳膊少腿"。

在起草公文标题时，应避免出现以下几种情况：一是主题不明确；二是缺少必要的副题；三是没有必要的定语或缺少定语；四是缺少主语；五是缺少动词。公文标题的完整性主要指以下几个方面：

①涵盖主题：公文标题应准确地概括公文的主题或核心内容，以便读者能够迅速了解公文的主要内容。例如：

一份关于空气治理的公文可以使用标题《关于加强城市空气质量监测与治理工作的通知》。

②包含对象：公文标题应明确指明公文的对象或受众，以便读者能够快速判断公文是否与自己相关。例如：

一份关于新员工培训的通知公文可以使用标题《关于组织××年新员工入职培训计划的通知》。

③体现目的：公文标题应突出公文的目的或目标，以便读者能够了解公文的意图和预期效果。例如：

一份旨在征求意见的公文可以使用标题《关于调研×××政策实施效果并征求意见的函》。

④突出关键信息：公文标题应突出公文中最重要的关键信息，以便读者能够迅速抓住公文的核心内容。例如：

一份关于重大项目审批的公文可以使用标题《关于××项目审批事宜的紧急函》。

（4）规范

公文标题的书写格式有严格要求，按照《党政机关公文格式》（GB/T 9704—2012）的规定，公文标题一般用2号小标宋体字，编排于红色分隔线下空二行位置，分一行或多行居中排布；回行时，要做到词意完整、排列对称、长短适宜、间距恰当，标题排列应当使用梯形或菱形。此外，很多公文都有发文字号，一般编排在发文机关标志下空二行位置，居中排布，也可以编排在标题下方居中位置。规范的公文标题应遵循以下几个方面要求：

①简明扼要：标题要尽可能简洁明了，不使用冗长的词语或短语。例如：

一份关于高考、中考期间的噪声污染防治工作的公文可以使用标题《关于加强2023年高、中考期间噪声污染管控的公告》，而不是《关于做好2023年高、中考期间声环境质量保障，进一步加强噪声污染管控，为广大考生营造安静的复习、考试和休息环境的公告》。

②准确表达：标题要准确表达公文的主题和要点，避免使用模糊或有歧义的词语。例如：

一份关于禁止行人通行的公文可以使用标题《禁止行人通行通知》，而不是《通行限制通告》。

③统一格式：标题要遵循统一的格式和风格，符合公文写作的规范要求。例如：使用标题居中、字体加粗的格式，以突出标题的重要性。

④不使用缩写词：尽量避免使用缩写词，以免引起读者的困惑。例如：

一份关于教职工会议的公文可以使用标题《教职工会议召开通知》，而不是《教工会议通告》。

2.1.2 正文的撰写方法

公文正文是公文的核心部分，由开头、主体和结尾三部分组成。

①开头：主要用来表明行文目的、说明发文根据和理由以及对事情的基本看法和主张。通常情况下，公文开头可以介绍背景、目的，提出问题、提出解决问题的意见或措施等。

②主体：公文主体是公文的中心内容，对前文进行归纳、总结、概括，在具体叙述事情经过的基础上对事物作出评价和说明，并根据需要提出解决问题的措施或办法。通常情况下，公文主体是以段落形式出现的。

③结尾：公文结尾也称结语。一般情况下，公文结尾是对正文内容进行总结和深化，以引起人们注意和重视。

（1）开门见山，直接陈述

开门见山，就是指公文的开头部分，要以简练、鲜明的语言，直入主题，不绕圈子。这种写法直接明了，开头部分可以先写明主旨，也可以先从某一点或几点引出主题，然后展开叙述和说明。公文的开头部分一般要写明发文事由、根据和目的；确定主送机关和抄送机关；交代行文背景，说明行文理由；提出所要解决的问题、解决问题的要求和措施等。写作主体部分可以从以下方面入手：

①问题陈述：主体部分应该明确陈述公文所要解决的问题或提出的观点。例如，一份关于加强环境保护的公文可以阐述过去取得的进展、当前的形势和面临的问题、未来的机遇和挑战。

②分析和论证：主体部分应该对问题进行分析和论证，提供相关数据、事实、文件、资料，以支持公文的观点和建议。

③方案和措施：主体部分应该提出具体的解决方案、主要任务和具体措施，以解决问题、改进现状。

（2）条分缕析，条理分明

条理即文章结构，是指文章内容安排的顺序、层次、段落之间的关系。条理分明、层次清楚是一篇好文章的重要标志。写作时，要根据行文目的和公文种类，按照一定的顺序把各个部分的内容安排好。要注意以下几点：

①先写什么，要明确。开头要点明主题，说明为什么写这篇文章；主体部分要根据需要选择段落层次和段落顺序；结尾应交代或总结全文。

②每一部分内容之间要有一定的逻辑关系。如"第一、第二、第三""首先、其次、最后"等连接词要准确恰当，前后衔接紧密；连接的内容之间可以用句号隔开，也可以用分号隔开。公文中常使用的逻辑关系有递进关系、因果关系和并列关系。递进关系是指从低的层次向高的层次推进；因果关系是指事物之间存在原因和结果的作用关系；并列关系是指事物之间存在着同层次的相互联系。在撰写公文时要注意运用这些逻辑关系。

③每个段落、每个层次之间的结构都要符合逻辑顺序，这也是写好一篇公文所必须遵循的原则之一。结构混乱，段落与段落之间的结构不符合逻辑顺序，就会造成文章结构紊乱，读者不易理解，影响公文质量。因此，在写作时

要根据表达需要和行文目的来安排结构和段落顺序。

（3）突出重点，详略得当

正文是公文的主体，其内容必须真实、准确、全面，但也不能面面俱到，应突出重点，详略得当。要突出重点，必须做到以下几点：

①要把重点写充分。这是因为正文是公文的核心和灵魂。文章的主要部分和基本观点都要以正文的内容为基础，有的还要从其他部分中概括出来。所以，公文的正文部分一定要把重点内容写充分、写具体。

②要把关键写清楚。这是因为在文章中，最能表现文章中心思想的地方往往也是最关键、最重要的地方。只有把这些地方写清楚了，文章才能有说服力、有感染力，才能使读者接收有效的信息。

③要把次要的写简要。这是因为在公文中有些内容虽然也重要，但不一定要下大功夫去写。在写作时必须把结构的主次层级准确地表现出来。这样可以使读者了解公文的主要内容和基本观点，从而提高阅读公文的效率和质量。例如，在对某一问题我们已经有了比较系统、全面的了解的情况下，不必再多费笔墨去写大段的背景介绍；对某些具体事项我们已经掌握了一些资料，也不必再详细叙述了；对于有些具体事项可以用比较简短的语言来叙述；对于有些工作已经进行了一段时间，也可以采取以时间为纲、以工作进程为思路来撰写等。

2.1.3　落款的撰写方法

公文落款是公文的重要组成部分，也是公文处理工作中不可缺少的部分。落款一般包括发文机关署名、成文日期和印章，按照法定公文格式和文种要求进行署名和盖章（具体示例见本书附录二）。

（1）发文机关署名

按照《党政机关公文处理工作条例》《党政机关公文格式》的规定，发文机关署名可以是发文机关全称或者规范化简称。要注意，发文机关署名要前后一致，发文机关署名应与发文机关标志、公文标题中的发文机关名称相一致；联合行文时，若发文机关标志并用联合发文机关名称，则发文机关署名的顺序应与发文机关标志的排列顺序一致。

根据行文方式是单一行文还是联合行文、是否加盖印章、是否加盖签发人签名章，署名的标注位置有所不同：

①加盖印章的公文

A.单一机关行文时，一般在成文日期之上、以成文日期为准居中编排发文机关署名，发文机关署名和成文日期居印章中心偏下位置，印章顶端应当距正文（或附件说明）一行之内。发文机关署名标注在成文日期之上，以成文日期为准居中排布。

B.联合行文时，一般将各发文机关署名按照发文机关顺序整齐排列在相应位置，并将印章与署名一一对应。

②不加盖印章的公文

A.单一机关行文时，在正文（或附件说明）下空一行右空二字编排发文机关署名，在发文机关署名下一行编排成文日期，成文日期首字比发文机关署名首字偏右二字，如成文日期长于发文机关署名，应当使成文日期右空二字编排，并相应增加发文机关署名右空字数。

B.联合行文时，先编排主办机关署名，其余发文机关署名依次向下编排。第一个发文机关署名都在正文（或附件说明）下空一行位置。

（2）成文日期

成文日期，是指会议通过或者发文机关负责人签发的日期。联合行文时，成文日期为最后签发机关负责人签发的日期。成文日期是公文的法定组成要素之一，它既是公文生效的标志，又是证明公文是否真实、是否合法的重要依据。成文日期应当使用公历年、月、日，不能省略或更改。

成文日期有多种表现形式：①会议通过的决议、决定等文件，以会议正式讨论通过的日期为成文日期；②经发文机关负责人签发的公文，以签发日期为成文日期；③联合行文时，以最后签发的机关负责人签发的日期为成文日期。

成文日期的标注位置在不同的公文中也有不同的表现形式：①在标题之下，用圆括号括起来标注年、月、日；②在正文（或附件说明）右下方标注年、月、日。

其中，在正文（或附件说明）右下方的成文日期的具体标注位置，根据公文是否加盖印章而有所不同：

A.加盖印章的公文

成文日期的横向位置：最后一个字距离版心右边缘的距离一般为四个字，右空四字是为了确保印章两端不超出版心。

成文日期的纵向位置：标注于正文（或附件说明）之后若干行。至于成文日期和正文之间具体空几行，取决于印章的大小，总之要确保成文日期处于印章中心下边缘位置，同时保证印章顶端距正文（或附件说明）一行之内。

B.不加盖印章的公文

无论是单一机关行文还是联合行文，第一个发文机关署名都在正文（或附件说明）下空一行位置，成文日期在发文机关署名的下一行，成文日期首字比发文机关首字偏右二字。如果发文机关署名比成文日期长，那么发文机关署名居右空二字编排；如果成文日期比发文机关署名长，那么成文日期居右空二字编排，发文机关署名适当增加右空字数。

（3）印章

印章包括发文机关以及机关负责人的印章。它是公文的重要组成部分，也是公文合法、有效的重要标志。但不是所有公文都会加盖印章，比如纪要一般不加盖印章。

①加盖印章的公文

A.单一机关行文时，印章应当端正、居中下压发文机关署名和成文日期，使发文机关署名和成文日期居印章中心偏下位置。

B.联合行文时，将印章与署名一一对应，端正、居中下压发文机关署名，最后一个印章端正、居中下压发文机关署名和成文日期，印章之间排列整齐、互不相交或相切，每排最多排三个印章，每排印章两端不得超出版心，首排印章顶端应当上距正文（或附件说明）一行之内。

②加盖签发人签名章的公文

对于以机关负责人名义制发的公文，需要署签发人的签名章，如议案、命（令）等。

A.单一机关行文时，在正文（或附件说明）下空二行右空四字加盖签发人签名章，签名章左空二字标注签发人职务，以签名章为准上下居中排布。在签发人签名章下空一行右空四字编排成文日期。

B.联合行文时，应当先编排主办机关签发人职务、签名章，其余机关签发人职务、签名章依次向下编排，与主办机关签发人职务、签名章上下对齐；每行只编排一个机关的签发人职务、签名章。

值得注意的是，签发人职务应当标注全称，签名章一般用红色章。

印文一般要求印面平整、光滑，无折皱、裂纹、污渍和油斑。有些机关和单位根据工作需要，印制带有一些特殊要求的印章，带有特定标记的机关、单位专用章等，都要严格按规定使用。同时，根据公文处理规定和其他有关规定，如有特殊情况需要在机关和单位公章以外加盖特定印记时，也要按规定执行。另外，由于社会经济生活中电子邮件、手机短信等现代化通信手段日益普及，对电子印章的使用也要严格规范。

2.2　公文写作的基本流程

公文写作是一项严谨而又烦琐的工作，要想写好一份公文，必须对公文写作的基本流程有一定的了解。公文写作的基本流程是指根据公文规范要求和机关、企业事业单位人员工作特点而确立的，对公文写作活动从开始到结束整个过程进行合理设计并科学安排的一种系统思维活动。

2.2.1　公文写作的前置准备工作

公文写作是一项综合性、实践性很强的工作。其中，前置准备工作是公文写作的重要环节，是公文写作的重要基础。前置准备工作包括收集材料、掌握情况、了解意图、明确要求四个方面。在公文写作中，我们要学会先把事想明白，把事说明白，然后再动笔去写，这样就可以避免下笔千言，离题万里。

（1）明确写作目的

在进行公文写作前，首先需要明确写作目的。明确写作目的可以帮助我们确定写作的重点和方式，确保文章能够达到预定的目标。例如，通知、说明、建议、报告等种类的公文具有不同目的，对于写作的结构和语言的运用都有不同的要求。

①传达信息：公文的一个主要目的是传达信息，将特定的信息准确、清晰地传达给读者。这些信息可以是政策、法规、指示、通知等。例如，一份市政施工通知，目的是告知市民某个地段将进行道路施工，以便市民提前做好交通的调整和安排。

②规范行为：公文可以用于规范行为，明确各方的责任和义务，确保工作的顺利进行。这些公文可能是规章制度等。例如，一份质量监督管理办法，规定了责任主体、责任类型、监管措施、处罚措施等，目的是加强某类产品的质量监督和管理，促进该类产品高质量发展。

③决策和指导：公文可以用于决策和指导，为组织开展工作提供方向和指引。这些公文可能是管理制度、工作计划等。例如，一份单位年度工作计划，目的是制订明确的目标和计划，指导单位在一年内的工作任务和发展方向。

④表达意见和建议：公文可以用于表达意见和建议，提出对某个问题的看法和解决方案。这些公文可能是建议书、报告等。例如，一份市政府的环境保护建议书，目的是提出关于减少污染、节约资源等方面的建议，促进城市的可持续发展。

⑤汇报和通告：公文可以用于汇报和通告，向上级报告或向下级告知工作进展和情况，或向公众通告某些重要信息。例如，一份年度财务报告，目的是向上级单位汇报财务状况、经费使用情况和发展成果。

总之，明确写作的目的是公文写作的第一步，不同的写作目的要求不同的写作风格和结构。通过明确写作目的，可以帮助作者更好地把握公文的核心内容，确保公文能够达到预期的效果。

（2）收集资料和信息

在进行公文写作前，我们需要收集相关资料和信息，以便为文章提供充分的依据和支持，包括收集相关的政策和法规、统计数据和研究报告、案例和实践经验、部门和专家意见等。通过收集资料和信息，我们可以提高文章的可信度和说服力。

①政策和法规：了解与写作主题相关的政策和法规是非常重要的。这些信息可以帮助我们确保公文的内容合法、有依据，并确保我们传达的信息准确无误。例如，要写一份关于生态环境保护的公文，我们需要收集相关的生态环境法规，了解国家对于环境保护的要求和政策。

②统计数据和研究报告：收集相关的统计数据和研究报告可以为公文提供有力的支持和论据。这些数据和报告可以帮助我们更加客观地表达观点和提供解决问题的依据。例如，要写一份关于就业市场的公文，我们可以收集就业率、失业率等统计数据以及有关就业市场的研究报告，以支持我们对就业市场的分析和建议。

③案例和实践经验：收集相关的案例和实践经验可以帮助我们更好地理解问题，并提供实际的解决方案。这些案例和经验可以为公文提供具体的例证和借鉴。例如，要写一份关于城市交通拥堵问题的公文，我们可以收集其他城市解决交通拥堵问题的案例和经验，以了解不同的解决方案及其效果。

④部门和专家意见：与相关部门和专家取得联系，了解他们对于写作主题的意见和建议，可以为公文提供权威性和专业性。例如，要写一份关于食品安全的公文，我们可以咨询食品监管部门和食品安全专家，了解他们对于食品安全问题的看法和建议。

通过收集这些资料和信息，我们可以更全面地了解写作主题，确保公文的内容准确、有力，并提供合理的解决方案。同时，收集资料和信息也有助于我们更好地组织和结构化公文的内容。

（3）制订写作计划

在进行公文写作前，制订一个合理的写作计划是非常重要的。写作计划可以帮助我们有效安排时间，科学分配任务，提高写作效率。具体的写作计划可以包括确定写作目标和主题，安排写作进度，拟定大纲和提纲等。通过制订写作计划，我们可以更好地组织文章的结构和内容，使文章更加有条理和连贯。

①确定写作目标和主题：明确写作的目标和主题，确定要传达的信息和要

解决的问题。这有助于我们在写作过程中保持清晰的思路和逻辑。例如，要写一份关于提升单位员工工作效率的公文，我们的写作目标可以是提出具体的措施和建议，主题可以是如何通过培训和激励措施提高员工工作效率。

②安排写作进度：根据写作目标和主题，制订详细的写作计划和时间安排。将整个写作过程分解成多个阶段，并设定合理的时间限制，有助于提高效率和保证写作质量，让我们在写作过程中更加有条理和高效，确保公文的内容完整、准确，并按时完成。同时，写作计划也有助于我们控制写作进度，做到张弛有度，心中有数。例如，要在一个星期内完成一份关于市政发展规划的公文，我们可以将写作过程分为资料收集、大纲拟定、草稿撰写、审查修改等阶段，然后为每个阶段设定具体的时间。

③拟定大纲和提纲：根据写作目标和主题，制定一个清晰的大纲和提纲。大纲可以帮助我们组织思路和整理材料，提纲可以起到指导和概括的作用。例如，要写一份关于发展数字经济的公文，我们可以拟定一个大纲，包括背景介绍、问题分析、解决方案、实施措施、预期效果等部分，然后在每个部分中制定相对详细的提纲，比如从云计算、大数据、物联网、工业互联网、区块链、人工智能、虚拟现实和增强现实等具体角度切入，分段确定每个段落的主题、主要内容以及主次层级。

（4）整理思维逻辑

在进行公文写作前，整理思维逻辑是非常必要的，可以帮助我们梳理思路，清晰表达。可以使用思维导图、提纲等工具，将文章的主要观点和论据进行整理和安排。通过思维整理，我们可以更清楚地了解文章的逻辑结构和发展脉络，更好地展示自己的观点和论证。

①确定写作目标和主题：明确写作的目标和主题，确定要传达的信息和要解决的问题。时刻牢记主题，以问题为导向去组织内容，这有助于我们在写作过程中保持清晰的思路和逻辑。

②收集和整理相关资料：在写作之前，收集和整理相关的资料和信息，包括政策法规、统计数据、案例经验等。收集资料和信息可以让我们发散思维，从不同的角度展开分析。

③制定逻辑框架和思维导图：根据写作目标和主题，制定一个清晰的逻辑

框架和思维导图。逻辑框架可以帮助我们组织思路和整理材料，思维导图可以起到梳理和展示思维的作用，将每个部分的关键要点整理出来。

④进行头脑风暴和思考整理：通过头脑风暴和思考整理，激发创造性思维和深入思考，将各个方面的观点、论据和解决方案整合起来，形成一份完整且论述有力的公文。

通过进行思维整理，我们可以在写作过程中更加有条理和系统，确保公文的逻辑清晰、内容完整，并能够有效地传达信息和解决问题。

2.2.2 公文写作的具体流程

公文写作需要按照一系列的具体流程来完成，可以确保公文的逻辑性、完整性。下面将用示例来具体说明。

某学校德育教育××年度工作总结

（1）确定写作目标和主题

写作目标：总结过去一年某学校德育教育工作的成果和经验，评估工作效果。

主题：某学校德育教育年度工作总结。

（2）收集和整理相关资料

收集和整理过去一年的德育教育工作相关资料，包括教育计划、活动记录、学生评价等。

（3）制定逻辑框架和思维导图

引言：介绍德育教育的重要性和本年度工作的背景。

工作概述：概括性描述本年度的德育教育工作内容和重点。

工作成果：列举本年度工作取得的成果和亮点。

工作问题和挑战：分析工作中遇到的问题和挑战，并提出解决方案。

工作展望：展望未来的德育教育工作，提出改进措施和发展方向。

（4）进行头脑风暴和思考整理

深入思考过去一年德育教育工作的具体内容、活动、项目和成果，并整理出各个方面的论点和论据。例如，在工作成果部分，可以列举实施的德育活动、学生的道德行为改善情况、德育教育的积极影响等。

（5）撰写公文

根据逻辑框架和思维导图，将各个部分的内容展开撰写。

例如，在工作成果部分，可以写道："今年我们组织了一系列德育活动，如道德模范讲座、志愿者活动等，通过这些活动的开展，学生的道德意识和行为得到了显著改善，他们更加关心他人、遵守纪律、团结友爱。"

（6）审查和修改

仔细检查公文的内容和语言表达，进行审查和修改，确保表达准确、清晰、简明。

（7）领导审阅和发布

请相关负责人或领导审阅公文，确保其准确性和合法合规性，最后进行发布。

第三章　公文写作必知要点和技巧

3.1　格式与结构的重要性

公文是实施领导、履行职能、处理公务的具有特定效力和规范体式的文书，是传达贯彻党和国家方针政策，公布法规和规章，指导、布置和商洽工作，请示和答复问题，报告、通报和交流情况等的重要工具。这类公文有一个共同的特点，那就是格式与结构必须符合法律法规的要求。我们常说："公文应当做到要素齐全、格式规范。"这句话虽然很短，但它说明了公文格式与结构在公文处理工作中的重要性。具体来说，公文的格式与结构应当符合《党政机关公文处理工作条例》《党政机关公文格式》等有关规定。非党政机关的企业事业单位等在写作正式的公文时，也应当参照党政机关公文的格式和结构。

3.1.1　文档格式的规范要求

公文写作，是一项规范性很强的工作。公文标题、正文、落款等要素必须严格遵循格式要求。由于公文写作不是一项独立的工作，而是在具体工作中与其他工作紧密配合的，因而其实践性很强，在实践中还需要注意一些具体规范要求。

（1）版头

版头，是指公文首页红色分隔线以上的部分。一般正式的公文有版头，通常称为"红头文件"。版头包括份号、密级和保密期限、紧急程度、发文机关标志、发文字号、签发人、分隔线等要素。其中，份号、密级和保密期限、紧急程度不是所有版头中都会有的。

①份号。如需标注份号，一般用6位3号阿拉伯数字，顶格编排在版心左上角第一行。

②密级和保密期限。如需标注密级和保密期限，一般用3号黑体字，顶格编排在版心左上角第二行；保密期限中的数字用阿拉伯数字标注。

③紧急程度。如需标注紧急程度，一般用3号黑体字，顶格编排在版心左上角，如需同时标注份号、密级和保密期限、紧急程度，按照份号、密级和保密期限、紧急程度的顺序自上而下分行排列。

④发文机关标志。发文机关标志由发文机关全称或者规范化简称加"文件"二字组成，也可以不加"文件"二字。发文机关标志居中排布，上边缘至版心上边缘为35mm，推荐使用小标宋体字，颜色为红色，以醒目、美观、庄重为原则。联合行文时，如需同时标注联署发文机关名称，一般应将主办机关名称排列在前；如标注"文件"二字，应当置于发文机关名称右侧，以联署发文机关名称为准上下居中排布。

⑤发文字号。发文字号编排在发文机关标志下空二行位置，居中排布。年份、发文顺序号用阿拉伯数字标注；年份应标全称，用六角括号"〔 〕"括入；发文顺序号不加"第"字，不编虚位（即1不编为01），在阿拉伯数字后加"号"字。上行文的发文字号居左空一字编排，与最后一个签发人姓名处在同一行。

⑥签发人。签发人的格式为"签发人：×××"，居右空一字，编排在发文机关标志下空二行位置，"签发人"三字用3号仿宋字体，签发人姓名用3号楷体字。

⑦分隔线。版头中的分隔线位于发文字号之下4mm处居中位置，与版心等宽，印红色。

（2）标题和页眉页脚

完整的公文的标题由发文机关名称、事由和文种组成。有的公文跨页，通常有页眉、页脚。页眉通常包括文件的编号、发文机关以及文件类型；页脚通常包括页码、成文日期等相关信息。公文的标题和页眉、页脚是重要的元素，下面从四个方面详细分析它们的作用。

①标题应简明、醒目、美观：标题用词应当清晰明了，准确反映文件的主旨。标题一般用2号小标宋体字，编排于红色分隔线下空二行位置，分一行或多行居中排布；回行时，要做到词意完整，排列对称，长短适宜，间距恰当，标题排列应当使用梯形或菱形。

②页眉信息：页眉可以包括发文机关、文件编号、文件类型等信息，有助于读者迅速识别文件来源和归类。

③页脚信息：页脚可以包括页码、成文日期，它们有助于读者追踪文档进度，了解文件的时效性。

④标题和页眉、页脚的一致性：为确保整个文件的统一性和专业性，标题和页眉、页脚中的信息应保持一致，比如不可在一处使用全称，另一处使用简称。

（3）文档结构和段落格式

公文的结构应该合理、分明，包括标题、正文、落款、附件等部分。标题应该简明、醒目。公文首页必须显示正文。一般用3号仿宋体字，编排于主送机关名称下一行，每个自然段左空二字，回行顶格。正文应该根据内容进行逻辑分段，每段应该有明确的主题句和支撑句，段与段之间应该有合适的过渡。文中结构层次序号依次可以用"一、""（一）""1.""（1）"标注；一般第一层用黑体字、第二层用楷体字、第三层和第四层用仿宋体字标注。正文之后的落款也应当严格遵循格式规范要求，详见前文"2.1.3落款的撰写方法"。最后的附件应当与正文有所分隔，另面编排，"附件"二字及附件顺序号用3号黑体字顶格编排在版心左上角第一行。附件标题居中编排在版心第三行。附件顺序号和附件标题应当与附件说明的表述一致。附件格式要求同正文。

（4）使用规范的标点符号和排版要求

公文中使用标点符号应当符合规范要求，可参考《标点符号用法》（GB/T 15834—2011），避免随意使用。同时，公文的排版也需要符合规范，包括行距、缩进、字距等方面的要求。公文使用规范标点符号和排版要求是确保文档表达准确、规范和易读的重要要素。下面将从两个方面详细分析：

①标点符号的准确使用：在公文中，标点符号的准确使用能够帮助读者正确理解句子的含义和语气。例如，句号用于句末，表示陈述语气；逗号用于表示句子或语段内部的一般性停顿；顿号用于表示语段中并列词语之间或某些序次语之后的停顿；分号用于表示复句内部并列关系的分句之间的停顿以及非并列关系的多重复句中第一层分句之间的停顿；冒号用于表示语段中提示下文或总结上文的停顿；引号用于表示语段中直接引用的内容或需要特别指出的成分；括号用于标示语段中的注释内容、补充说明或其他特定意义的语句；破折号用于标示语段中某些成分的注释、补充说明或语音、意义的变化；连接号用于标示某些关联成分之间的连接。

另外，标点符号的使用应当保持一致性、统一性。同类的标点符号在不同的句子、段落中的使用应当保持统一的规则和风格，这样可以提升文件整体的庄严性、美观性和可读性。

②页面排版和字体格式：公文的页面排版应符合规范，以确保文档整洁、易读和专业。为了美观和装订方便，公文用纸上、下、左、右四个方向都要留白边，不能印刷文字。能印刷文字的中心区域称为版心。根据《党政机关公文格式》的规定，公文的页边距和版心尺寸如下：公文用纸天头（上白边）为37mm±1mm，地脚（下白边）为35mm±1mm，切口（右白边）为26mm±1mm，订口（左白边）为28mm±1mm，版心尺寸为156mm×225mm。

关于字体、行数，如无特殊说明，公文格式各要素一般用3号仿宋字体。值得注意的是，公文中的一些特殊要素的字体与正文相区分，如密级和保密期限、紧急程度用3号黑体，签发人姓名用3号楷体，标题用2号小标宋体，版记中的要素用4号仿宋。一般每面排22行，每行排28个字，并撑满版心。撑满版心是指，公文第一行字顶格编排在版心左上角，最后一行字必须沉底到版心下边缘。不过，特定情况下可以作适当调整。比如，当公文排版后所剩空白处不能容下印章或者签发人签名章、成文日期时，可以采取调整行距、字距的措施解决，这种情况下，可以将字距、行距调大或调小，从而使正文和印章处于同一页。

3.1.2　合理的公文结构布局

合理的公文结构布局能够使文档的内容清晰、层次分明，并帮助读者快速获取所需信息。

（1）逻辑顺序

公文的逻辑顺序是指公文内容的组织结构和思维线索。下面从四个方面详细分析公文的逻辑顺序。

①结构清晰：公文应该具有清晰的结构，主体包括引言、正文和结尾三个部分。引言部分用于引出公文的主题和目的，正文部分详细说明公文的内容和要点，结尾部分进行总结和呼吁。例如，一份通知的结构应该包括通知的主题、通知的内容和要求、通知的发布日期和发文机关等。

②逻辑严谨：公文的内容应该按照逻辑顺序进行组织，确保信息的传递和理解的连贯性。例如，一份报告应该先介绍问题的背景和意义，然后阐述问题的具体情况，接着分析问题的原因和影响，最后提出解决问题的建议和措施。

③信息递进：公文的内容应该按照信息递进的方式进行组织，确保读者能够逐步理解和接收信息。例如，一份策划方案应该先介绍项目的背景和目标，然后阐述项目的具体内容和实施计划，接着提出项目的关键问题和解决方案，最后总结项目的预期效果和评估方法。

④信息分类：公文应该将相关信息进行分类，确保读者能够快速找到所需信息。例如，一份公告应该先将公告的主题和内容进行分类，然后按照时间或逻辑顺序进行排列，最后附上相关文件和联系方式。

综上所述，公文的逻辑顺序对于传达信息、表达观点和推动工作非常重要。通过清晰的结构、严谨的逻辑、递进的信息和分类的信息，公文能够更好地传达和实现其目的。

（2）段落结构清晰

公文中的段落应该有明确的主题句和逻辑连贯的句子，以确保文档的条理性和易读性。每个段落应该围绕一个主题展开，避免内容冗杂和主题混乱。同时，段落之间应该有适当的过渡，以确保文档的连贯性和流畅性。

①段落开头提纲挈领：公文的段落应该以简洁明了的总领句提出段落的主题和要点。总领句应该具备引出段落内容、概括段落意义和吸引读者注意的功能，尽量简短精练，写成一个小短句或一个关键词。

②段落逻辑连贯：段落之间应该有明确的过渡句，将前后段落之间的关系和思维线索进行衔接，承上启下。

③段落重点突出：公文的段落应该将重点内容放在段落的首句或突出位置，以便读者能够快速抓住重要信息。重点内容可以通过加粗、缩进、换行、换字体、加标点符号等方式进行突出显示。

④段落信息递进：段落的内容应该有层次感，从整体到细节进行展开。

⑤段落信息分类：不同的段落可以根据主题、时间、主体、对象等方面进行分类。

综上所述，清晰的段落结构对于传达信息、组织内容和引导读者非常重要。通过提纲挈领的段落开头、连贯的段落逻辑、突出重点的段落、信息递进的段落和信息分类的段落，公文能够更好地传达和实现其意旨。

（3）重点突出

一个有效的公文结构应该能够突出重点信息，并帮助读者快速获取所需信息。在文档中，可以使用加小标题、加粗、斜体、编号等方式来突出重点信息。此外，可以使用图表、图像等辅助工具来清晰地呈现数据和信息，提高文档的可读性和可理解性。同时，在正文中，重点信息应该在适当的位置呈现，以便读者快速浏览和理解。

①突出重要观点或结论：公文中的重点可以通过强调和突出阐述重要观点或结论来实现。除了通过字体、标点符号、排版等方式在视觉呈现上突出重点内容，还可以将重点内容提炼关键词或关键短句，放于段首、句首，或总结小标题单独排成一行，让人可以快速捕捉到一大段内容的要旨。

②突出关键数据或统计信息：公文中的关键数据或统计信息对于支持论证或提供决策依据非常重要。为了让读者快速抓住这些关键数据，可以使用图表或醒目的阿拉伯数字进行突出显示。例如，在一份市场调研报告中，可以使用饼图或柱状图来突出不同产品的市场份额。

③突出重要事件或时间节点：公文中的重要事件或时间节点通常需要特别强调，以便读者能够清晰地了解和记忆。这可以通过突出显示日期、加粗字体或单独段落来实现。例如，在一份项目计划书中，可以使用加粗字体来突出项目的关键时间点和截止日期。

④突出重要人物或机构：公文中的重要人物或机构对于传达信息的可信度和权威性起到关键作用。为了让读者能够快速识别和关注这些重要人物或机构，可以使用引用、加粗字体或单独段落进行突出显示。例如，在一份新闻稿中，可以使用引用来突出重要人物的发言或观点，并在开头指出，×××强调/指出……

⑤突出关键问题或挑战：公文中的关键问题或挑战需要引起读者的重视和思考。为了突出这些问题或挑战，可以使用独立段落、加粗字体进行突出显示。例如，在一份政策建议书中，可以使用独立段落来突出政策实施中的关键问题和挑战。

⑥突出行动计划或建议：公文中的行动计划或建议是为了解决问题或达到目标而提出的具体措施。为了让读者能够快速理解和记住这些行动计划或建议，可以使用独立段落、数字编号或加粗字体进行突出显示。例如，在一份战略规划报告中，可以使用数字编号来突出不同阶段、不同步骤的行动计划。

综上所述，公文的重点突出是为了让读者能够快速理解和关注到公文中最重要的信息。通过突出重要观点或结论、关键数据或统计信息、重要事件或时间节点、重要人物或机构、关键问题或挑战以及行动计划或建议，公文能够更好地传达信息并引导读者的关注。

3.2　公文写作语言表达技巧

公文的语言是书面语，在表达上具有很强的规范性，但语言的运用并不局限于规范，也可以根据需要自由创造。公文的语言要体现出庄重、严肃、简洁、朴实的特点，更要符合公文的格式要求，应力求做到规范准确、平实简明。因此，公文写作中要根据表达需要掌握一些常用的语言表达技巧，如语体色彩、语法运用、修辞运用等。例如，叙述性语言多用于交代背景材料和说明事物状况；说明性语言多用于阐述事物的原理、意义等。

3.2.1 清晰准确的语言表达

公文写作是一项实践性很强的工作，具有很强的可操作性，除标题、正文、落款等几个要素必须严格遵循格式要求外，在发文机关、成文时间、印章、签署等方面也要符合格式规范。由于公文写作不是一项独立的工作，而是在具体工作中与其他工作紧密配合，因而在实践中还需要注意语言表达清晰准确，才能起到传达、指导、交流等作用。

（1）传达信息的有效性

传达信息的有效性对于确保公文的目的和内容被准确理解至关重要。下面从六个方面详细分析公文传达信息的有效性：

①语言简明扼要：使用简明扼要的语言可以确保信息的直接传达，避免冗长和烦琐的句子。例如，《国务院关于提高个人所得税有关专项附加扣除标准的通知》（国发〔2023〕13号）指出："子女教育专项附加扣除标准，由每个子女每月1000元提高到2000元。"这样的表达方式清晰明了，准确传达了政策要求。

②逻辑和结构的连贯性：公文应该具有逻辑和结构的连贯性，以确保信息的有序传达。例如，在一份研究报告中，可以按照引言、方法、结果和结论的顺序组织内容，使读者能够逐步理解研究过程和结果。这样的结构使得信息的传达更加清晰、有条理。

③事实和数据的支持：公文中的信息应该有事实和数据的支持，以增加信息的可信度和可靠性。例如，在一份科技成果报告中，可以使用实验数据和调研数据来支持写作者对某项科技项目的研判。这样的支持使得信息更具说服力，读者更容易接受和信任。

④避免模糊和歧义的表达：公文应该避免使用模糊和有歧义的词语，以确保信息的准确传达。例如，在一份政策文件中，避免使用含混不清的措

辞，如"可能""或许""有时候"等词语，而应该使用明确的词语，如"必须""应该"以及具体的时间。这样的表达方式消除了读者对政策执行的不确定性的怀疑。

⑤清晰准确的词语解释：对于一些较难理解的专业词语或者在报告中具有特定含义的词语，可以通过在正文中加注说明或在正文后添加附件说明。例如，《中国共产主义青年团第十九次全国代表大会报告》中，正文结束后以"附录"列出"名词解释"，对"第二课堂成绩单""三减一节""青年之家""一专一站两联""队、号、手、岗、赛""青年汇智团"等有特定含义的词语进行了详细的说明与释义。

⑥读者定位和关注点：公文应该根据不同的读者定位和关注点来传达信息。例如，在一份市政工程计划书中，市政部门可以将重点放在工程的环境影响和社区参与方面，以满足公众的关注需求。明确的定位可以确保信息对不同群体的有效传达。

综上所述，公文传达信息的有效性在确保信息的准确传达和理解方面起着关键作用。通过语言简明扼要、逻辑结构连贯、事实数据支持、避免模糊表达、词语解释清晰准确和考虑读者定位和关注点等方面的努力，可以提高公文传达信息的有效性。

（2）提高可读性和理解性

公文的可读性和理解性对于确保读者能够轻松理解其内容和目的至关重要。下面从六个方面详细分析公文提高可读性和理解性的方法：

①舒适的排版和格式：舒适的排版和格式可以使公文更具可读性。适当使用标题、子标题、段落和标点符号等可以使文本结构清晰明了。例如，在一份政策文件中，可以将每个政策条款使用子标题加以区分，以便读者可以快速找到所需信息。

②使用简明清晰的语言：使用简明清晰的语言可以提高公文的可读性。例如，在一份面向公众的通知中避免使用过于专业化的术语和复杂的句子结构，以确保读者容易理解文本内容。

③避免冗长和烦琐的表达：避免冗长和烦琐的表达可以减少读者的阅读负担，提高公文的可读性。删除复杂的修饰词和句子，使文本更加简洁明了。

④强调关键信息：通过强调关键信息可以帮助读者更好地理解公文的重点。可以使用加粗、换字体、加标点符号等方式来突出关键词和句子。例如，在一份市政规划报告中，可以使用粗体来强调关键的目标和要求，以引起读者的注意。

⑤提供简要的背景信息：提供简要的背景信息可以帮助读者更好地理解公文的背景和上下文。在公文中提供背景介绍，以确保读者对相关事实和事件有所了解。例如，在一份年度报告中，可以在报告开头提供单位的发展历程和政策背景，以帮助读者更好地理解报告中的数据和分析。

⑥使用图表：使用图表可以使公文中的数据更加易于理解。通过图表来展示数据和关系，可以帮助读者更直观地理解信息、掌握趋势。

综上所述，通过舒适的排版和格式、使用简明清晰的语言、避免冗长和烦琐的表达、强调关键信息、提供简要的背景信息和使用图表等方法，可以提高公文的可读性和理解性。这些方法有助于读者轻松理解公文的内容和目的，提高信息的传达效果。

（3）增加公文的权威性和可信度

增加公文的权威性和可信度对于确保公文的有效性和影响力至关重要。下面从六个方面详细分析增加公文的权威性和可信度的方法：

①准确的信息来源：确保公文中的信息来源准确可靠是增加公文权威性的重要因素。引用官方的研究报告、政府发布的数据、专家的意见等可以增加公文的权威性。例如，在一份环境影响评估报告中，引用官方的环境研究机构发布的数据和研究结果，可以提高报告的权威性。

②详细的研究和数据支持：提供详细的研究和数据支持可以增加公文的可信度。通过调查研究、实证数据和案例分析等来支持公文中的论点和结论，可以使读者相信公文内容真实、可靠。例如，在一份市场调研报告中，提供详细的市场数据、消费者调查结果和竞争对手分析，可以增加报告的可信度。

③引用相关法律法规和政策文件：引用相关法律法规和政策文件可以增加公文的合法性和权威性。应确保公文与现行法律和政策保持一致，并引用相关法律法规和政策文件的条款和规定。例如，在一份政府政策文件中，引

用相关法律法规和政府决策文件的具体条款，可以使公文于法有据，更有说服力。

④专业和权威的写作者：公文的写作者对于公文的权威性和可信度至关重要。例如，在调查报告中，确保写作者是相关领域的专业人士或权威机构，可以增加其权威性。

⑤专业审查和验证：经过审查和验证的公文更具权威性和可信度。通过同行评审、专家审查或独立机构的审核等程序，确保公文的内容和结论经过严格的验证，可以增加公文的可信度。例如，在一份科学研究报告中，经过同行评审和专业机构严格审查的论文，更具权威性和可信度。

⑥清晰的逻辑和论证：公文的逻辑和论证清晰严密也是增加公文权威性和可信度的关键。确保公文的论点和结论基于充分的证据和合理的推理，可以使读者对公文的内容和结论产生信任。例如，在一份市政发展规划中，通过提供市场分析、经验分析和财政预算等详细的论证，可以增加市政发展规划的权威性和可信度。

综上所述，通过准确的信息来源、详细的研究和数据支持、引用相关法律法规和政策文件、专业和权威的写作者、专业审查和验证以及清晰的逻辑和论证等方法，可以增加公文的权威性和可信度。这些方法有助于确保公文的权威性和可信度，使公文的内容和结论更有说服力。

3.2.2　生动有力的修辞手法

修辞是指借助语言文字的形式和力量，通过修饰语言，表达思想感情，增强语言表达效果的一种方法。在公文写作中，修辞手法的恰当运用，可以增强语言的表现力和感染力。我们在公文写作中，应根据公文内容和写作风格的需要，灵活运用恰当的修辞手法，以增强语言表达效果。

（1）比喻和隐喻

比喻和隐喻是公文中常用的修辞手法，通过引用具有共同特征的事物来形象地描绘、比较或暗示某种概念或情感。以下从四个方面详细分析公文中的比喻和隐喻：

①对象上的比喻和隐喻：通过将某个对象与另一个具有相似特征的对象进行比喻或隐喻，来形象地描绘问题的本质或特点。例如：

好的法规制度如果不落实，只是写在纸上、贴在墙上、编在手册里，就会成为"稻草人"、"纸老虎"，不仅不能产生应有作用，反而会损害法规制度的公信力。

②属性上的比喻和隐喻：通过将某个属性与另一个具有相似特征的属性进行比喻或隐喻，来形象地描述问题的性质或特点。例如：

要着力实施创新驱动发展战略，抓住了创新，就抓住了牵动经济社会发展全局的"牛鼻子"。

③行为上的比喻和隐喻：通过将某种行为与另一种具有相似特征的行为进行比喻或隐喻，来形象地揭示问题的过程或方式。例如：

我们要坚持改革开放正确方向，敢于啃硬骨头，敢于涉险滩，既勇于冲破思想观念的障碍，又勇于突破利益固化的藩篱。

④效果上的比喻和隐喻：通过将某种效果与另一种具有相似特征的效果进行比喻或隐喻，来形象地评估行动或政策的影响。例如：

建设创新型世界经济，开辟增长源泉。创新是从根本上打开增长之锁的钥匙。

通过以上四个方面的分析，可以看出比喻和隐喻在公文中的重要作用。比喻和隐喻的巧妙运用能够使公文更具形象性、感染力和记忆性，增强公文的表达效果和说服力。但在运用时需注意适度，避免过度使用或不当使用，以保持公文的严谨和准确性。

（2）排比和对偶

公文中的排比和对偶是修辞手法的一种，用于增强表达的力度和节奏感，使公文更加有力、生动和易于记忆。以下从五个方面详细分析公文中的排比和对偶：

①语义上的排比和对偶：通过使用具有相似或对立意义的词语或短语进行排比或对偶，突出问题的相似或对立之处，增强表达的冲击力和表现力。例如：

生产发展、生活富裕、生态良好

②结构上的排比和对偶：通过使用相似的句子结构进行排比或对偶，使公文的结构更加整齐、清晰，读者更易于理解和记忆。例如：

务必不忘初心、牢记使命，务必谦虚谨慎、艰苦奋斗，务必敢于斗争、善于斗争

③形象上的排比和对偶：通过使用相似或对立的形象进行排比或对偶，使公文更具形象感和感染力。例如：

"打虎""拍蝇""猎狐"多管齐下

④音韵上的排比和对偶：通过使用相似的音韵进行排比或对偶，增加公文的韵律感和节奏感。例如：

天更蓝、山更绿、水更清

⑤表达上的排比和对偶：通过使用相似或对立的表达方式进行排比或对偶，使公文的表达更加生动和具有感染力。例如：

全方位、全地域、全过程

通过以上五个方面的分析，可以看出公文中的排比和对偶在增强表达效果和节奏感方面起到重要作用，可以提高公文的阅读体验和接受度。

（3）比较和对照

公文中的比较和对照是一种常见的修辞手法，用于突出不同事物之间的差异、对比或相互关系，增强表达的对比效果和说服力。以下从六个方面详细分析公文中的比较和对照，并举例说明：

①对象上的比较和对照：通过比较不同对象之间的差异或相似之处，突出问题的特点、优劣或重要性。例如：

高收入与低收入家庭的医疗保障待遇存在明显差异

②属性上的比较和对照：通过比较不同属性之间的差异或相似之处，强调问题的重要性、紧迫性或优劣势。例如：

公共交通的便利性和私家车的灵活性

③效果上的比较和对照：通过比较不同行动、政策或措施的效果，评估其优劣或提出改进建议。例如：

两种不同的环境保护政策对空气质量的影响

④时间上的比较和对照：通过比较不同时间点或阶段的情况，分析问题的变化、趋势或发展。例如：

过去五年与当前的经济增长速度

⑤地域上的比较和对照：通过比较不同地域的情况，突出问题的差异或异同点。例如：

不同地区的基础教育质量差异

⑥意义上的比较和对照：通过比较不同事物的意义或重要性，强调问题的紧迫性或解决方案的必要性。例如：

文化传承与现代化进程的平衡

通过以上六个方面的分析，可以看出公文中的比较和对照在突出差异、对比或相互关系方面起到重要作用。比较和对照的灵活运用能够使公文更具说服力、逻辑性和可读性。

3.3　编辑与校对的注意事项

编辑与校对是公文的最后一个环节，也是最重要的一个环节。对于公文来说，编辑与校对就是要将文稿中出现的错字、漏字、误用字等进行修正，确保文稿中没有任何错字、漏字和误用字。公文编辑与校对虽然只是校对、修正错误，但也有很多需要注意的事项，否则会影响到公文的质量，造成严重后果。在编辑与校对工作中要特别注意以下几点。

3.3.1　细致入微的语法检查和拼写检查

公文写作的基本要求是：准确、简明、连贯、得体。准确是指语义要准确，不能含混；简明是指语言要简洁，不能繁杂；连贯是指结构要紧密，不能凌乱；得体是指语言要妥当，符合规范。

写作过程中，每个环节都有检查的必要。检查的目的有两个：一是为了确保公文的准确性、严密性和规范性；二是为了提高公文质量。从检查内容看，公文的错误主要包括两个方面：一是语法错误；二是拼写错误。语法检查和拼写检查都十分重要，能让我们及时纠正错误。

（1）语法检查

公文中的语法检查是确保文档语法准确和规范的重要步骤。下面从六个方面详细分析公文中的语法检查：

①主宾搭配一致：主语和宾语在搭配上要保持一致。例如，主语是单数时，宾语通常要使用单数形式，主语是复数时，宾语通常要使用复数形式。例如：

· 该单位制定了一项新发展战略。（单数主语）

· 这些单位制定了一系列新发展战略。（复数主语）

②时态一致：时态一致指的是在一段文本中使用相同的动词时态。时态一致有助于保持文档的逻辑连贯性和表达的准确性。例如：

· 根据最新数据，就业率持续增长。（现在时态）

· 上月就业率同比增长了5%。（过去时态）

③代词的正确使用：公文中的代词使用应准确明确，与其所代替的名词保持一致。代词的正确使用有助于避免重复和提高句子的流畅性。例如：

该公司的营收超过预期，它（指代公司）已经成为行业领导者。

④句子结构和句型的多样性：公文中的句子结构和句型应多样化，以避免过多重复和提升文档的可读性。句子结构和句型的多样性有助于吸引读者的注意力并增强文档的表达能力。例如：

· 我们的目标是提高销售额。（简单句）

· 通过市场调研、产品创新和广告宣传，我们将致力于实现提高销售额这一目标。（复合句）

⑤并列结构和连接词的准确使用：并列结构和连接词的准确使用可以使文档的逻辑关系更清晰。并列结构和连接词如"和""或""但"等有助于表达并列的内容或对比关系，并使句子更易读和理解。例如：

我们提出并贯彻新发展理念。

⑥并列句和从句的标点使用：在公文中，使用适当的标点符号来区分并列句和从句是重要的语法检查。正确的标点使用有助于准确表达和阐明句子的结

构。例如：

· 我们将加强市场推广，以提高知名度。（并列句，使用逗号分隔）

· 我们已经完成了市场调研，这将为未来的决策提供重要依据。（从句，使用逗号和连接词）

总之，公文中的语法检查是确保文档语法准确和规范的关键步骤。通过主宾搭配一致、时态一致、代词的正确使用、句子结构和句型的多样性、并列结构和连接词的准确使用以及并列句和从句的标点使用，可以提高公文的语法准确性和流畅性，使读者更轻松地阅读和理解文档。

（2）拼写检查

公文中的拼写检查是确保文档拼写正确和规范的重要环节。下面将从六个方面详细分析公文中的拼写检查：

①单词的拼写检查：公文中的单词的拼写检查是确保文档中所有单词的拼写正确和规范的关键步骤。例如："成功"被错误拼写为"成工"。单词拼写错误可能导致读者的误解和文档的不准确性。

②复合词和短语的拼写检查：公文中的复合词和短语的拼写检查是确保这些词汇拼写正确和一致的重要环节。例如："市场调研"被错误拼写为"市场调查"。对复合词和短语的拼写错误可能影响公文的专业性和可信度。

③专业术语的拼写检查：公文中常使用各种专业术语，对这些术语的拼写进行检查是确保文档准确性和专业性的重要步骤。例如："财务报表"被错误拼写为"财务表格"。对专业术语的拼写错误可能导致读者对文档的理解产生困惑。

④地名和人名的拼写检查：公文中涉及地名和人名的拼写检查是确保这些名称拼写正确和准确的重要环节。例如，"亳州"被错误拼写为"毫州"。对地名和人名的拼写错误可能导致文档的不准确和不专业。

⑤缩写词和首字母缩写的拼写检查：公文中使用缩写词和首字母缩写时，对其拼写进行检查是确保文档准确性和规范性的重要步骤。例如，BOT，全称为Build-Operate-Transfer，即"建设—经营—转让"，是基础设施投资、建设和经营的一种方式。"BOT"不能被错误拼写为"Bot"，对缩写词和首字母缩写的拼写错误可能导致读者的困惑和误解。

⑥标点符号和特殊字符的拼写检查：公文中的标点符号和特殊字符的拼写检查是确保文档准确性和规范性的重要环节。例如，"@"符号在电子邮件地址中使用，被错误拼写为"a"。对标点符号和特殊字符的拼写错误可能影响文档的可读性和专业性。

总之，公文中的拼写检查是确保文档拼写正确和规范的重要环节。通过单词的拼写检查、复合词和短语的拼写检查、专业术语的拼写检查、地名和人名的拼写检查、缩写词和首字母缩写的拼写检查以及标点符号和特殊字符的拼写检查，可以提高公文的准确性和专业性，使读者更轻松地阅读和理解文档。

3.3.2　逻辑严谨的内容的审查与修改

公文写作，从某种意义上说，就是对写作者的思维过程进行审查与修改的过程。在这一过程中，既需要写作者进行自我审视，对自己的写作思路、行文思路、结构布局、表达方法等进行审查和调整，又需要写作者进行自我检查，对自己所写内容的文字表述是否准确、是否符合要求等进行检查和修改。如果说对内容的审查与修改是一种"加工"工作，那么对文面的审查与修改则是一种"润色"工作。下面分别就公文内容审查与修改中几个关键环节作探讨。

（1）内容的审查

公文内容的审查是确保文件准确、全面和专业的重要步骤。以下将详细分析公文内容审查的六个方面。

①信息准确性：公文应准确地传达信息，确保内容的真实性和可靠性。审查过程中要注意核对数据、事实和细节，以避免错误或误导。例如：

原文：根据最新调查，2023年第一季度社会消费品零售总额增长了40%。

审查修改后：根据最新调查，2023年第一季度社会消费品零售总额同比增长34%。

②逻辑一致性：公文中的观点和论据应有逻辑关联，确保内容的连贯性和合理性。审查过程中要检查段落之间的衔接以及论证的合理性。

③文体和用词准确性：公文应使用符合专业要求的文体和用词。审查

过程中要注意避免口语化、模糊或不恰当的用词，确保内容的专业性和准确性。

④格式和结构规范性：公文应符合特定的格式和结构要求。审查过程中要检查标题、段落、标点符号和编号的正确使用，以确保格式的规范性。

⑤文法和语法正确性：公文中的文法和语法应准确无误，以确保内容的清晰和可理解性。审查过程中要注意主谓一致、时态一致、代词使用等方面的错误。

⑥信息完整性和合规性：公文应包含所有必要的信息，并符合相关法规和政策。审查过程中要确保文档的完整性，包括附件、引用和参考资料的准确性。例如：

原文：请参考附件。

审查修改后：请参考附件1：×××报表。

通过对公文内容进行全面审查，可以确保文件的质量和可靠性。审查过程中要细致入微地检查各个方面，以确保公文的准确、清晰和专业。

（2）内容的修改

公文内容的修改需要从以下六个方面进行详细分析和修改，以确保文法和语法的准确无误，提升内容的清晰和可理解性：

①动词搭配：动词搭配的错误可能导致句子结构不完整或不符合语法规则。在公文中，应注意动词的正确使用。例如：

原文：应当尽快采纳以下措施……

审查修改后：应当尽快采取以下措施……

②冠词使用：冠词的使用对于名词的确定性和特指性起到重要作用。在公文中，需要注意是否需要使用冠词来修饰名词。

③句子结构：句子结构错误可能导致句子不通顺或语义不明确。在公文中，应确保句子结构合理且符合语法规则。

④前后一致：前后文出现的词语用法应当保持一致，比如前文出现"××省交通厅"，后文出现"××交通厅""××省交通运输厅"，用词不一致，有损公文的权威性和庄严性，也容易引起歧义。

⑤规范使用简称：提到文件名称、单位名称或特定缩略短语时，应当使用

规范简称，而且一般应当在简称第一次出现时说明全称，并指明"以下简称×××"，便于读者理解简称所指代的内容。

⑥避免重复：审查前后文是否有重复段落和句子，删除重复内容，如果要表达相似或相近含义的内容，转换表达方式，起到递进、并列作用，不要简单重复。

通过对公文内容的详细分析和修改，可以确保文法和语法的准确无误，提升内容的清晰度和可理解性，使公文更具专业性和权威性。

实战篇

第四章　法定类公文起草与案例分析

4.1　决　议

《党政机关公文处理工作条例》第八条第一项规定，决议适用于会议讨论通过的重大决策事项。

具体来说，决议是指在集体讨论和决策过程中，通过正式的表决或共识形成的一种正式文件或文件段落。它是对某个问题或议题经过充分讨论后所作出的决定或解决方案的正式记录。决议通常用于政府、组织、企业、团体等的决策过程，旨在确保决策的合法性和规范性。它起到了记录和明确决策结果的作用，也可以作为后续行动的依据和参考。

4.1.1　基本常识

（1）决议的特点

决议是一种正式的决策文件，通常由组织、机构或团体的成员共同讨论、审议并最终通过，具有一定的法定效力和约束力。

①法定效力：决议通常是具有法定效力的文件，在特定的组织或机构内部具有约束力。它规定了成员应当遵守的行为准则和规范，对相关事项作出了明确的决策和安排。

②正式性：决议是经过正式程序通过的，通常需要经过投票或其他形式的

表决，确保决策的合法性和代表性。它需要被正式记录并加以归档，以便随时查阅和执行。

③决策性：决议明确了组织或机构对特定事项的决策和立场。它提供了明确的指导和规划，为组织成员在实践中采取行动提供了依据。

④共识性：决议的通过通常需要成员之间讨论、协商、达成共识。它代表了组织内各方的意见和利益的平衡，反映了多数成员的共同意愿。

⑤可执行性：决议提出了明确的行动计划和执行要求，要求各方按照决议的内容和规定进行具体的行动。它有助于组织内部的工作协调和任务分工。

⑥持续性：决议通常是长期有效的，直到被撤销或修改。它为组织或机构提供了长期的指导和规划，确保决策的稳定性和连续性。

总之，决议作为一种正式的决策文件，具有法定效力和约束力，是组织或机构内部决策的重要依据。它明确了决策内容和执行要求，有助于组织内部的协调和发展。

（2）决议的类型

决议的类型可以根据不同的分类标准进行划分，以下是一些常见的决议类型及其特点：

①行政决议：由行政机关或行政组织制定的决策，用于指导和管理行政事务。特点包括具有强制力、执行性强、针对行政管理方面的问题等。

②政策决议：针对社会、经济、政治等领域的重大问题制定的决策，通常由政府或政治组织制定。特点包括具有导向性、长期性、对社会有重大影响等。

③组织决议：由组织机构、企业或团体内部制定的决策，用于指导组织内部的运营和管理。特点包括针对内部问题、具有约束力、服务于组织目标等。

④会议决议：在会议上通过的决策，通常由与会者达成共识或通过表决方式确定。特点包括集体决策、民主参与、针对特定议题等。

⑤国际决议：由多个国家或国际组织共同制定的决策，用于解决国际事务或推动国际合作。特点包括涉及跨国范围、国际合作、具有国际法律效力等。

（3）决议的作用

①指导行动：决议是为了解决特定问题或制定具体措施而制定的，它具有

明确的目标和指导性。决议可以为组织、机构或国家的行动提供明确的方向和指引，帮助其实现预期的目标。

②约束力：决议具有一定的法定效力，对相关方具有约束力。决议可以规范和约束各方的行为，确保其按照决议的要求进行行动，促进形成统一的行为标准和规范。

③促进合作：决议可以促进各方的合作和协调。通过制定共同的决议，各方可以达成共识并协同行动，解决共同面临的问题，推动合作事项的实施。

④表达立场：决议可以表达组织、机构或国家在特定问题上的立场和决心。通过决议，各方可以清晰地表明自己的立场，向外界传达自己的态度和意图。

4.1.2　格式要点

（1）决议的标题与成文日期

决议的标题和成文日期通常会在决议文件中明确标注，以确保文件的清晰和准确性。

①决议的标题通常会简明扼要地概括决议的内容和目的。标题一般放置在决议文件的开头，以吸引读者的注意并准确传达决议的主题。

②成文日期指的是决议在某次大会上经过正式讨论、审议、表决后最终通过的日期。成文日期在决议文件的首部或末尾通常会有明确的标注，一般为包括年、月、日的具体日期。

例如：

中国共产党第十九次全国代表大会关于《中国共产党章程（修正案）》的决议（2017年10月24日中国共产党第十九次全国代表大会通过）

这个决议的标题清晰地表明了此决议是对《中国共产党章程》的修正，而括号里的通过日期则指明了该决议是在2017年10月24日由中国共产党第十九次全国代表大会通过的。这样，人们可以根据标题快速了解决议的内容，同时也能够知道该决议的时效性。

（2）决议的正文

决议的正文一般由决议缘由、决议事项和结语三个部分组成。

①决议缘由：决议缘由部分通常用于介绍决议的背景、目的和原因。它可以包括对主要问题、前提条件、相关事件或现状的描述以及制定该决议的动机和必要性。决议缘由的目的是让读者了解为什么需要制定这个决议。例如：

2016年至2020年，全国第七个五年法治宣传教育决议顺利实施，取得重要成果，全社会法治观念明显增强，社会治理法治化水平明显提高。当前，我国已开启全面建设社会主义现代化国家新征程，进入新发展阶段，为深入学习宣传贯彻习近平法治思想，使法治成为社会共识和基本准则，夯实全面依法治国的社会基础，有必要从2021年至2025年在全体公民中开展第八个五年法治宣传教育。通过开展第八个五年法治宣传教育，使公民法治素养和社会治理法治化水平显著提升，形成全社会尊法学法守法用法的良好氛围。特作决议如下：……（《全国人民代表大会常务委员会关于开展第八个五年法治宣传教育的决议》）

②决议事项：决议事项是决议的核心部分，具体规定要采取的行动、政策或措施。它通常包括具体的条款、要求、建议或决策，以解决决议所涉及的问题或达到决议的目标。决议事项的目的是规定具体的行动方向和要求。例如：

《中共中央关于党的百年奋斗重大成就和历史经验的决议》除序言和结束语之外，共有七个部分，分别是：夺取新民主主义革命伟大胜利、完成社会主义革命和推进社会主义建设、进行改革开放和社会主义现代化建设、开创中国特色社会主义新时代、中国共产党百年奋斗的历史意义、中国共产党百年奋斗的历史经验、新时代的中国共产党。这七个部分中，前四个部分科学阐明了建党以来四大历史阶段的重大成就与历史经验，其中，第四部分突出中国特色社会主义新时代这个重点，从十三个方面分领域总结了新时代党和国家事业取得的历史性成就、发生的历史性变革。第五部分高度总结了党的百年奋斗的五大历史意义。第六部分凝练概括了具有根本性和长远指导意义的十条历史经验。第七部分围绕实现第二个百年奋斗目标，强调了新时代中国共产党的使命和任务。①

③结语：结语部分是决议正文的结尾，用于总结和强调决议的重要性和目标。它可以包括对相关方的呼吁、感谢或鼓励。结语的目的是强调决议的意义和影响，并给予相关方一定的指导或期望。例如：

党中央号召，全党全军全国各族人民要更加紧密地团结在以习近平同志为核心的党中央周围，全面贯彻习近平新时代中国特色社会主义思想，大力弘扬伟大建党精神，勿忘昨天的苦难辉煌，无愧今天的使命担当，不负明天的伟大梦想，以史为鉴、开创未来，埋头苦干、勇毅前行，为实现第二个百年奋斗目标、实现中华民族伟大复兴的中国梦而不懈奋斗。我们坚信，在过去一百年赢得了伟大胜利和荣光的中国共产党和中国人民，必将在新时代新征程上赢得更加伟大的胜利和荣光！（《中共中央关于党的百年奋斗重大成就和历史经验的决议》）

需要注意的是，有些决议文件可能没有明确交代决议缘由或没有结语，而是直接将重点放在决议事项上。这可能是因为决议的背景、目的、意义在该文件的其他部分或相关文件中已经充分阐述，或者是出于简洁和直接的写作风格的考虑。总之，决议的正文结构可以因不同的情况而有所变化，但通常包括决议缘由、决议事项和结语三个部分。

4.1.3　写作技巧

（1）清晰明确的目标：在决议中，明确表达决策的目标和意图。确保目标明确、具体，并能够清晰地指导后续行动。

（2）逻辑严密的论证：使用清晰、逻辑严密的论证来支持决策。提供充分的事实、数据和理由，以增强决议的可信度和说服力。

（3）简明扼要的语言：使用简洁、明了的语言来表达决议的内容。避免冗长和复杂的句子，确保表达清晰、易懂。

---

① 《习近平：关于〈中共中央关于党的百年奋斗重大成就和历史经验的决议〉的说明》，载中国政府网，https://www.gov.cn/xinwen/2021-11/16/content_5651271.htm；《解码党的第三份重大历史决议起草过程、主要内容》，载人民网，http://politics.people.com.cn/n1/2021/1117/c1001-32284991.html。

（4）具体明确的行动措施：在决议中明确列出具体的行动措施和时间表。确保每项措施都清晰、可操作，并能够实施和衡量。

（5）全面考虑各方利益：在决议中充分考虑各方利益和观点。尽量在决策过程中征求各方意见，并确保决议尽可能平衡各方利益。

（6）使用清晰的标题和段落结构：使用明确、具体的标题和段落结构，以帮助读者快速理解决议的内容和结构。

（7）审查和修改：在完成初稿后，进行仔细的审查和修改。检查语法、拼写和逻辑错误，并确保决议的整体连贯性和一致性。

4.1.4　例文展示与解析

中国共产党第二十次全国代表大会关于十九届中央委员会报告的决议

（2022年10月22日中国共产党第二十次全国代表大会通过）

［决议的根据与缘由］[①]

中国共产党第二十次全国代表大会批准习近平同志代表十九届中央委员会所作的报告。大会高举中国特色社会主义伟大旗帜，坚持马克思列宁主义、毛泽东思想、邓小平理论、"三个代表"重要思想、科学发展观，全面贯彻习近平新时代中国特色社会主义思想，分析了国际国内形势，提出了党的二十大主题，回顾总结了过去五年的工作和新时代十年的伟大变革，阐述了开辟马克思主义中国化时代化新境界、中国式现代化的中国特色和本质要求等重大问题，对全面建设社会主义现代化国家、全面推进中华民族伟大复兴进行了战略谋划，对统筹推进"五位一体"总体布局、协调推进"四个全面"战略布局作出了全面部署，为新时代新征程党和国家事业发展、实现第二个百年奋斗目标指明了前进方向、确立了行动指南。大会通过的十九届中央委员会的报告，是党和人民智慧的结晶，是党团结带领全国各族人民夺取中国特色社会主义新胜利的政治宣言和行动纲领，是马克思主义的纲领性文献。

---

① 本书"例文展示与解析"部分的例文中，方括号内所加注释为编者对本文结构的解析。下同。

[正文主体分段论述了决议的具体内容，包括阐明会议主题、回顾历史、部署工作等]

大会认为，报告阐明的大会主题是大会的灵魂，是党和国家事业发展的总纲。全党要高举中国特色社会主义伟大旗帜，深刻领悟"两个确立"的决定性意义，坚决维护习近平同志党中央的核心、全党的核心地位，全面贯彻习近平新时代中国特色社会主义思想，弘扬伟大建党精神，自信自强、守正创新，踔厉奋发、勇毅前行，为全面建设社会主义现代化国家、全面推进中华民族伟大复兴而团结奋斗。

大会指出，我们党立志于中华民族千秋伟业，致力于人类和平与发展崇高事业，责任无比重大，使命无上光荣。全党同志务必不忘初心、牢记使命，务必谦虚谨慎、艰苦奋斗，务必敢于斗争、善于斗争，坚定历史自信，增强历史主动，谱写新时代中国特色社会主义更加绚丽的华章。

大会高度评价十九届中央委员会的工作。党的十九大以来的五年，是极不寻常、极不平凡的五年……

大会强调，党的十八大召开十年来，我们经历了对党和人民事业具有重大现实意义和深远历史意义的三件大事：……

大会强调，新时代十年的伟大变革，是在以习近平同志为核心的党中央坚强领导下、在习近平新时代中国特色社会主义思想指引下全党全国各族人民团结奋斗取得的……

大会强调，马克思主义是我们立党立国、兴党兴国的根本指导思想……

大会提出，从现在起，中国共产党的中心任务就是团结带领全国各族人民全面建成社会主义现代化强国、实现第二个百年奋斗目标，以中国式现代化全面推进中华民族伟大复兴。

大会指出，在新中国成立特别是改革开放以来长期探索和实践基础上，经过党的十八大以来在理论和实践上的创新突破，我们党成功推进和拓展了中国式现代化……

大会指出，全面建成社会主义现代化强国，总的战略安排是分两步走：……

大会强调，全面建设社会主义现代化国家，是一项伟大而艰巨的事业，前途光明，任重道远……

大会同意报告对未来一个时期党和国家事业发展作出的战略部署，强调……

大会强调，国家安全是民族复兴的根基，社会稳定是国家强盛的前提……

大会强调，如期实现建军一百年奋斗目标，加快把人民军队建成世界一流军队，是全面建设社会主义现代化国家的战略要求……

大会强调，"一国两制"是中国特色社会主义的伟大创举，是香港、澳门回归后保持长期繁荣稳定的最佳制度安排，必须长期坚持……

大会同意报告对国际形势的分析和外交工作的部署，强调……

大会强调，全面建设社会主义现代化国家、全面推进中华民族伟大复兴，关键在党……

［以号召团结奋斗结尾］

大会号召，全党全军全国各族人民紧密团结在以习近平同志为核心的党中央周围，牢记空谈误国、实干兴邦，坚定信心、同心同德，埋头苦干、奋勇前进，为全面建设社会主义现代化国家、全面推进中华民族伟大复兴而团结奋斗！

4.2　决定

《党政机关公文处理工作条例》第八条第二项规定，决定适用于对重要事项作出决策和部署、奖惩有关单位和人员、变更或者撤销下级机关不适当的决定事项。

几乎各级各类机关单位都可以制定、发布决定，可以涵盖各类决策范围，包括政治、经济、法律、组织管理等方面的决策。不同主体发布的决定在性质、功能、地位、效力等方面存在较大差别。例如，党中央、国务院发布的决定具有顶层设计、改革规划、重大任务部署等功能；全国人大及其常务委员会可以发布与法律地位相同或相似的决定；国务院可以发布与行政法规地位相同或相似的决定；各级行政机关可以在行政活动中作出各类行政决定，如行政许可决定、行政处罚决定等；公安机关、检察院、法院可以在司法活动中对程序性事项作出决定；机关、企业事业单位在工作中可以对本单位、本系统的任务安排、统筹协调、督导落实、奖励惩戒等事项作出决定。

4.2.1　基本常识

（1）决定的特点

①具有法定效力：决定是由具有法定权力的机构或组织发布的，具有法定效力。它可以对相关方的权利、义务或权益产生具体影响，需要被遵守和执行。

②具有明确性：决定通常会明确说明所作出的决策或决定的内容、目的、范围和执行方式。它应该具备清晰的表达和理解，不应该存在含混不清的地方。

③具有权威性和正式性：决定是由具备相应权力和地位的机构或组织发布的，它代表着该机构或组织的决策和意志，需要被严肃对待和贯彻执行。

④具有约束力：决定对相关方具有约束力，要求其按照决定的要求和规定进行行动或遵守。违反法定的决定可能会产生相应的法律后果。

⑤具有时效性：决定通常具有一定的时效性，即规定了决定的生效日期、执行期限或有效期限。在规定的时效内，相关方应当按照决定的要求或规则进行行动。

（2）决定的类型

决定可以根据不同的分类标准进行分类，下面是一些常见的决定类型及其特点：

①法规性决定：法规性决定是指基于上位法律法规等作出的法律、法规、规章、规范性文件等。这种决策具有明确的法律依据和约束力，必须依法执行。法规性决定通常涉及公共利益、社会秩序、公民权利和义务等方面。例如：

·《全国人民代表大会常务委员会关于设立国家宪法日的决定》

·《全国人民代表大会常务委员会关于授权国务院在部分地区开展房地产税改革试点工作的决定》

·《国务院关于实施金融控股公司准入管理的决定》

②指挥性决定：指挥性决定是指由上级机关下达的关于指挥工作的具体指令和命令。这种决策要求下级单位或个人按照指示执行，具有强制性和层级性。指挥性决定通常用于对重要事项的组织管理、任务分派和工作协调等方面。例如：

·《中共中央关于认真学习宣传贯彻党的二十大精神的决定》

·《中共中央、国务院关于优化生育政策促进人口长期均衡发展的决定》

③奖惩性决定：奖惩性决定是指通过给予奖励或施加惩罚的方式来影响和激励人们的行为。这种决定通常用于组织管理、员工激励和绩效管理等方面。例如：

·《中共中央、国务院关于表彰全国"人民满意的公务员"和"人民满意的公务员集体"的决定》

·《中共中央宣传部、国家税务总局关于授予马丽等10名同志"最美税务人"称号的决定》

④变更性决定：变更性决定是指基于新的信息、情况或需求，对原有决策进行更改或撤销。变更性决定具有灵活性和适应性，用于处理变化和调整策略的情况。例如：

·《国务院关于废止部分行政法规和文件的决定》

·《国务院关于修改〈中华人民共和国烟草专卖法实施条例〉的决定》

（3）决定的作用

①指导行为：决定为公民和组织提供行动的方向，帮助明确目标、制订计划，并采取适当的具体举措来实现目标。

②分配资源：决定在组织和社会层面上用于分配资源。决定涉及资源的分配和优先级的确定，以确保资源的有效利用和满足各方的需求。

③推动更新：决定对于推动更新和创新起着重要的作用。基于社会发展的新情况和新需求作出变更性决定，可以推动产生新的观念、方法、技术、政策，促进组织和社会的进步和发展。

④影响结果：决定对于结果和成果产生直接影响。切合实际的良好决策可以带来有利效果，而脱离实际的不良决策则可能造成损失。

⑤建立信任和权威：决定对于建立信任和权威起着重要的作用。通过作出公正、合法、合理的施政决定，政府机关、管理者可以获得公信力和尊重。

4.2.2 决定与决议的区别

决定和决议是两个相关但又有所区别的公文类型。以下从五个方面详细阐述它们的区别：

（1）程序方面：决定通常是由领导机关作出的，不是必须经过正式会议讨论通过；决议则通常是由集体或组织的成员在正式会议上共同商讨、表决并达成的决策。

（2）内容方面：决定通常是针对具体问题或事件作出的具体行动方案，实践性更强，时效可以是短期的，也可以是长期的；决议则往往涉及更广泛的、全局性的议题或政策，理论性更强，通常是相对长期的指导性文件。

（3）成文日期方面：决定有时没有确切的成文日期要求，可以即时作出并实施；决议则往往有明确的成文日期，即会议讨论通过决议的日期，以确保执行的时效性和合法性。

（4）作用方面：决定通常是具体行动的起点，可以推动事情的发展或解决具体问题；决议则通常是指导性的、权威性的宏观文件，目的是规范和引导行为，推动组织或社会的整体发展。

4.2.3 格式要点

（1）决定的标题与成文日期

决定的标题与成文日期在写作中非常重要，以下是一些需要注意的事项：

①标题简明扼要：标题应该凝练概括决定的主要内容，使读者能够快速了解决策的核心信息。避免使用过长或含混不清的标题，以免引起误解或妨碍阅读。

②标注发文机关名称：标题中应该明确指出决定的发文机关名称，以便读者能够准确地知道决策的来源和背景。

③强调决策的内容：标题应该明确指出决策的主题或内容，使读者能够快速了解决策的核心内容。

④标注成文日期或文号：成文日期是决策的时间背景，它可以告诉读者决策是在什么时间制定的，以便读者更好地了解背景和时效性。文号可以便于读者检索该文件。

⑤确保准确性和一致性：标题中的发文机关名称、决策内容和成文日期应该准确无误，并与正文中的信息一致。

⑥注意格式和排版：标题应该使用适当的格式和排版，与正文的字体和样式有所区分，使其清晰、醒目。

标题示例：

·《中共中央关于坚持和完善中国特色社会主义制度　推进国家治理体系和治理能力现代化若干重大问题的决定》（2019年10月31日中国共产党第十九届中央委员会第四次全体会议通过）

·《国务院关于修改〈行政执法机关移送涉嫌犯罪案件的规定〉的决定》（中华人民共和国国务院令第730号）

（2）决定的正文

决定的正文可以划归为开头、主体和结尾三个部分，分别对应决定的依据、事项和要求。

①开头部分：开头部分主要包括决策的依据和背景信息。在开头部分，可以说明决策的目的和原因以及相关的法律法规、政策文件或研究报告等作为决策的依据。同时，也可以简要介绍决策的背景和重要性，以便读者能够更好地理解决策的基础和动机。

【示例1】《全国人民代表大会常务委员会关于设立国家宪法日的决定》

1982年12月4日，第五届全国人民代表大会第五次会议通过了现行的《中华人民共和国宪法》。现行宪法是对1954年制定的新中国第一部宪法的继承和发展。宪法是国家的根本法，是治国安邦的总章程，具有最高的法律地位、法律权威、法律效力。全面贯彻实施宪法，是全面推进依法治国、建设社会主义法治国家的首要任务和基础性工作。全国各族人民、一切国家机关和武装力量、各政党和各社会团体、各企业事业组织，都必须以宪法为根本的活动准则，并且负有维护宪法尊严、保证宪法实施的职责。任何组织或者个人都不得有超越宪法和法律的特权，一切违反宪法和法律的行为都必须予以追究。为了增强全社会的宪法意识，弘扬宪法精神，加强宪法实施，全面推进依法治国，第十二届全国人民代表大会常务委员会第十一次会议决定：……

【示例2】《中共中央、国务院关于优化生育政策促进人口长期均衡发展的决定》

人口发展是关系中华民族发展的大事情。为贯彻落实党的十九大和十九届二中、三中、四中、五中全会精神，促进人口长期均衡发展，现就优化生育政策，实施一对夫妻可以生育三个子女政策，并取消社会抚养费等制约措施、清理和废止相关处罚规定，配套实施积极生育支持措施（以下简称实施三孩生育政策及配套支持措施），作出如下决定。

②主体部分：主体部分是决策的核心内容，涉及具体的事项和措施。在这部分，可以详细列举决策涉及的具体事项，包括目标、范围、执行机关、实施时间等。同时，也可以说明具体的措施、政策或计划以及相关的配套措施和资源保障等。

【示例1】《全国人民代表大会常务委员会关于设立国家宪法日的决定》

……为了增强全社会的宪法意识，弘扬宪法精神，加强宪法实施，全面推进依法治国，第十二届全国人民代表大会常务委员会第十一次会议决定：

将12月4日设立为国家宪法日。国家通过多种形式开展宪法宣传教育活动。

【示例2】《中共中央、国务院关于优化生育政策促进人口长期均衡发展的决定》

……现就优化生育政策，实施一对夫妻可以生育三个子女政策，并取消社会抚养费等制约措施、清理和废止相关处罚规定，配套实施积极生育支持措施（以下简称实施三孩生育政策及配套支持措施），作出如下决定。

一、充分认识优化生育政策、促进人口长期均衡发展的重大意义（略）

二、指导思想、主要原则和目标（略）

三、组织实施好三孩生育政策（略）

四、提高优生优育服务水平（略）

五、发展普惠托育服务体系（略）

六、降低生育、养育、教育成本（略）

七、加强政策调整有序衔接（略）

八、强化组织实施保障（略）

③结尾部分：结尾部分主要包括对决策的要求和总结。在这一部分，可以明确提出对各相关部门、单位或个人的要求和责任，以确保决策的有效实施。同时，也可以对决策的预期效果进行总结和展望，以便读者能够了解决策的预期成果和效果。

【示例1】《中共中央关于认真学习宣传贯彻党的二十大精神的决定》

……

各地区各部门要及时将学习宣传贯彻党的二十大精神的情况报告党中央。

【示例2】《中共中央关于全面推进依法治国若干重大问题的决定》

……

各级党委要全面准确贯彻本决定精神，健全党委统一领导和各方分工负责、齐抓共管的责任落实机制，制定实施方案，确保各项部署落到实处。

全党同志和全国各族人民要紧密团结……，高举中国特色社会主义伟大旗帜，积极投身全面推进依法治国伟大实践，开拓进取，扎实工作，为建设法治中国而奋斗！

4.2.4 写作技巧

决定注重对事件的缘由和事项进行详略处理，主要有以下三种写法：

（1）全面详细：详细列举所有的决策依据、事项和要求，以确保读者能够全面了解决策的背景和内容。运用这种写法时，每个依据和事项都会进行详细的解释和说明，包括原因、目的、重要性等。这种写法适用于对决策有较高要求的场景，如重大政策和重要项目。

（2）精简概述：对决策的依据和事项进行概括性的描述，突出主要的关键点和要求。运用这种写法时，提炼最重要和最关键的依据和事项进行清晰说明，而对其他次要的内容进行简略处理。这种写法适用于对决策要求相对较低的场景，如一般行政决策和常规工作安排。

（3）层次分明：这种写法会将决策的依据、事项和要求按照层次结构进行呈现，突出重点和次重点。运用这种写法时，将主要的依据和事项放在最重要的位置，然后再逐级展开其他次要的内容。这种写法适用于决策内容较多、层次较复杂的场景，如涉及多个部门和多个环节的决策。

无论采用哪种写法，都需要保持逻辑清晰、语言简明的原则。根据具体情况选择合适的写作方式，以确保决定的正文能够清晰明了地传达决策的依据、事项和要求。

4.2.5　例文展示与解析

中共中央关于认真学习宣传贯彻党的二十大精神的决定

（2022 年 10 月 29 日）

［开头分析作出决定的社会背景、原因］

为深入学习宣传贯彻党的二十大精神，把全党全国各族人民的思想统一到党的二十大精神上来，把力量凝聚到党的二十大确定的各项任务上来，作出如下决定。

［正文主体分若干部分，详细说明认真学习宣传贯彻党的
二十大精神的具体要求］

一、充分认识学习宣传贯彻党的二十大精神的重大意义（略）

二、全面准确学习领会党的二十大精神

学习领会党的二十大精神，必须坚持全面准确，深入理解内涵，精准把握外延。要原原本本、逐字逐句学习党的二十大报告和党章，学习习近平总书记

在党的二十届一中全会上的重要讲话精神，着重把握以下几个方面。

1.深刻领会党的二十大的主题。（略）

2.深刻领会过去5年的工作和新时代10年的伟大变革。（略）

3.深刻领会开辟马克思主义中国化时代化新境界。（略）

4.深刻领会新时代新征程中国共产党的使命任务。（略）

5.深刻领会中国式现代化的中国特色和本质要求。（略）

6.深刻领会社会主义经济建设、政治建设、文化建设、社会建设、生态文明建设等方面的重大部署。（略）

7.深刻领会教育科技人才、法治建设、国家安全等方面的重大部署。（略）

8.深刻领会国防和军队建设、港澳台工作、外交工作等方面的重大部署。（略）

9.深刻领会坚持党的全面领导和全面从严治党的重大部署。（略）

三、认真做好党的二十大精神的学习宣传

学习宣传党的二十大精神，既要整体把握、全面系统，又要突出重点、抓住关键……

1.切实抓好学习培训。（略）

2.集中开展宣讲活动。（略）

3.精心组织新闻宣传。（略）

4.深入开展研究阐释。（略）

四、坚持知行合一，贯彻落实好党的二十大作出的重大决策部署

学习宣传贯彻党的二十大精神，要立足我国改革发展、党的建设实际，坚持学思用贯通、知信行统一，把党的二十大精神落实到经济社会发展各方面，体现到做好今年各项工作和安排好今后工作之中。

1.坚决做到"两个维护"。（略）

2.切实推动改革发展稳定。（略）

3.防范化解风险挑战。（略）

4.坚定不移全面从严治党。（略）

五、切实加强组织领导

学习宣传贯彻党的二十大精神，是当前和今后一个时期全党全国的首要政治任务。各级党委（党组）要把学习宣传贯彻党的二十大精神摆上重要议事日

程，切实加强组织领导。

　　1.切实负起领导责任。（略）

　　2.牢牢把握正确导向。（略）

　　3.着力提升实际效果。（略）

[**最后明确提出要求和责任，确保决定有效落实**]

各地区各部门要及时将学习宣传贯彻党的二十大精神的情况报告党中央。

4.3　命令（令）

　　《党政机关公文处理工作条例》第八条第三项规定，命令（令）适用于公布行政法规和规章、宣布施行重大强制性措施、批准授予和晋升衔级、嘉奖有关单位和人员。

　　命令（令）是一种特定形式的正式文件，由上级机关或领导发出，向下级机关或个人下达指示或命令（令）。它具有法律效力和强制力，要求被命令（令）方按照文件内容执行相应的行动或任务。命令（令）的目的是确保指示的准确传达和执行，以实现组织或机关的运作和目标的实现。它在行政、军事、政府、组织等领域中起着重要的作用，具有强制力和法律效力。

4.3.1　基本常识

（1）命令（令）的特点

　　①权威性：命令（令）通常是由上级、领导或权威机构发布的，具有一定的权威性和约束力。接收命令（令）的人通常需要按照命令（令）执行，不得违抗或忽视。

　　②强制性：命令（令）通常是具有强制性的，接收命令（令）的人需要按照命令（令）要求进行行动或执行特定任务。不执行命令（令）可能会受到相

应的惩罚或后果。

③明确性：命令（令）通常需要具备明确性，即清晰地表达出要求的内容、方式和时间等信息。这样可以避免歧义和误解，确保接收者准确理解和执行命令（令）。

④一致性：命令（令）通常是根据统一的标准和规则发布的，目的是确保行动的一致性和统一性。这样可以保证不同人员或部门在执行命令（令）时能够达到统一的目标和效果。

⑤不可抗辩性：命令（令）通常是不可抗辩的，即接收者不能以个人意愿或其他原因拒绝执行命令（令）。只有在特殊情况下，经过合法的程序和授权，才能进行合理的抗辩或申诉。

⑥法定性：命令（令）的使用具有严格的限制规定，并不是所有行政机关都有权发布命令（令）。按照《宪法》《立法法》《各级人民代表大会和地方各级人民政府组织法》的有关规定，只有法律规定的有权机关及其首脑才能发布命令（令）。例如：全国人民代表大会及其常务委员会通过的法律由国家主席签署主席令予以公布；行政法规由总理签署国务院令公布；有关国防建设的行政法规，可以由国务院总理、中央军事委员会主席共同签署国务院、中央军事委员会令公布；部门规章由部门首长签署命令予以公布；地方政府规章由省长、自治区主席、市长或者自治州州长签署命令予以公布；县级以上的地方各级人民政府执行本级人民代表大会及其常务委员会的决议，以及上级国家行政机关的决定和命令，规定行政措施，发布决定和命令；乡、民族乡、镇的人民政府执行本级人民代表大会的决议和上级国家行政机关的决定和命令，发布决定和命令。

需要注意的是，即使是有权机关发布的命令（令），也必须符合《宪法》《立法法》和上位法的规定。例如，《立法法》第九十一条规定，国务院各部、委员会、中国人民银行、审计署和具有行政管理职能的直属机构以及法律规定的机构，可以根据法律和国务院的行政法规、决定、命令，在本部门的权限范围内，制定规章。部门规章规定的事项应当属于执行法律或者国务院的行政法规、决定、命令的事项。没有法律或者国务院的行政法规、决定、命令的依据，部门规章不得设定减损公民、法人和其他组织权利或者增加其义务的规范，不得增加本部门的权力或者减少本部门的法定职责。

（2）命令（令）的类型

公文命令（令）的类型和特点根据不同的机关、领域和目的而有所不同。以下是一些常见的公文命令（令）类型及其特点：

命令（令）的主要类型包括任免令、公布令（发布令）、行政令、嘉奖令。以下将分别阐述并举例说明：

①任免令：任免令是指上级机关发布的对某个人员的任命或免职命令。任免令通常用于领导职务的任命和免职。例如：

依照《中华人民共和国香港特别行政区基本法》的有关规定，根据香港特别行政区选举委员会选举产生的人选，任命李家超为中华人民共和国香港特别行政区第六任行政长官，于2022年7月1日就职。（中华人民共和国国务院令第754号）

②公布令（发布令）：公布令是指上级机关发布的对某项法律、法规、政策等的公布和宣布命令。公布令通常用于将某项法律法规正式公开并告知大众，例如：

《中华人民共和国无障碍环境建设法》已由中华人民共和国第十四届全国人民代表大会常务委员会第三次会议于2023年6月28日通过，现予公布，自2023年9月1日起施行。（中华人民共和国主席令第六号）

③行政令：行政令是指行政机关为了行使职权、管理事务而发布的命令。行政令通常用于对具体领域行政事务进行组织和管理。

·《国务院关于严格保护珍贵稀有野生动物的通令》（1983年4月13日发布）

·《国务院关于在我国统一实行法定计量单位的命令》（1984年2月27日发布）

④嘉奖令：嘉奖令是指上级机关发布的对个人或集体的嘉奖和表彰命令。嘉奖令通常用于表彰和奖励在某项工作、任务中取得杰出成绩的个人或集体。例如：

《国务院、中央军委关于授予武警江西省总队吉安市支队井冈山市中队"井冈山爱民模范中队"荣誉称号的命令》（国函〔2006〕36号）。

（3）命令（令）的作用

①指导执行：公文命令（令）向机构、部门或个人发布具体的指令，要求

他们按照规定执行特定任务或采取行动。它们提供了明确的指导，确保各方了解并遵守规定。

②统一行动：公文命令（令）的发布可以确保组织内部各部门、个人在行动上保持一致。它们协调各方的工作，确保整体运作的一致性和协调性。

③约束力和责任：公文命令（令）具有法律效力，要求执行者按照要求履行职责。它们确立了责任和义务，确保工作按照规定的标准和流程进行。

④提高效率：公文命令（令）明确了行动的方向和目标，避免了混乱和不必要的重复工作。它们可以帮助机构和部门更高效地组织和管理工作，提高工作效率。

⑤传递信息：公文命令（令）作为一种正式的沟通方式，可以传达重要的信息和决策。它们可以向相关人员提供关键信息，确保他们了解相关政策、要求和变化。

（4）命令（令）的要求

公文命令（令）作为一种具有法定效力和权威性的文件，其行文要求严格，主要包括以下几个方面：

①准确清楚：必须清晰、明确地表达命令（令）的内容和要求，避免模糊性和歧义，以确保被命令（令）方能正确理解和执行。

②简练明了：应尽量使用简洁的语言和表达方式，避免冗长复杂的句子和术语，以提高阅读和理解的效果。

③规范格式：应符合相应的公文格式和规范，包括标题、编号、时间、发文机关、署名等要素，以确保文件的合法性和信任度。

④强制力要求：被命令（令）方必须按照文件内容执行，并可能涉及执行期限、执行方式、执行责任等方面的要求。

⑤适时发布：需要根据具体情况和需要，及时发布，确保命令（令）能够及时传达给被命令（令）方，并按时执行。

⑥一致性和协调性：需要与上位法以及其他相关文件和政策保持一致，确保各级机关和部门之间协调一致，避免产生矛盾和混乱，损害文件的合法性。

⑦保密性要求：某些命令（令）可能涉及敏感信息或涉密事项，需要严格

保密，确保文件内容不被未授权人员获取和泄露。

4.3.2 格式要点

（1）标题

从性质、功能和写作方法上看，"命令"和"令"在公文写作中没有实质差别，它们是同一种文种的两种名称。然而，在实际的公文写作中，这两种名称并存，其使用有一定的规律。一般来说，如果标题中包含主要内容项，通常使用"命令"；如果标题中没有主要内容项，由发令机关加文种组成，一般使用"令"。命令（令）的标题主要有以下两种构成形式：

①发令机关＋文种，这种情况下，标题也是文号，例如：

·中华人民共和国主席令第三号

·中华人民共和国国务院令第764号

·中华人民共和国国务院 中华人民共和国中央军事委员会令第759号

②发令机关＋主要事项＋文种，例如：

中华人民共和国国务院关于发行新版人民币的命令

以上构成形式根据具体情况和写作需要，可以灵活运用。无论使用"命令"还是"令"，都应根据公文的具体要求和规范进行使用，以确保公文的准确性和规范性。

（2）文号

命令（令）的文号通常是组合文号形式，文号由多个部分组成，分别表示发令机关、编号。

其中，编号有两种形式，一种是不以年为单位，连续编号。其中，有的以一届政府为期，在本届政府领导期间连续编号；有的不以一届政府为期，全部连续编号。例如：

·中华人民共和国主席令第一一七号

·北京市人民政府令第309号

另一种是以年为单位，一年内连续编号，每年重新编号。例如：

·中华人民共和国商务部令2022年第1号

·中华人民共和国农业农村部令2023年第1号

在实际应用中，根据具体情况和需要，可以选择适合的文号形式。无论哪种形式，都应遵循公文写作的规范，并确保文号的准确性和连续性。

（3）正文

不同类型的命令（令），其正文的写法各有不同，但总体来讲，一般包括发布命令（令）的根据、事项、执行要求等内容。

①发布命令（令）的根据：命令（令）的正文通常会首先说明发布该命令（令）的根据，即依据何种法律、法规、政策文件、现实情况等作出，以确保命令（令）的合法性、合理性。例如：

一九五九年国务院发布《关于统一计量制度的命令》，确定米制为我国的基本计量制度以来，全国推广米制、改革市制、限制英制和废除旧杂制的工作，取得了显著成绩。为贯彻对外实行开放政策、对内搞活经济的方针，适应我国国民经济、文化教育事业的发展，以及推进科学技术进步和扩大国际经济、文化交流的需要，国务院决定在采用先进的国际单位制的基础上，进一步统一我国的计量单位。经一九八四年一月二十日国务院第二十一次常务会议讨论，通过了国家计量局《关于在我国统一实行法定计量单位的请示报告》、《全面推行我国法定计量单位的意见》和《中华人民共和国法定计量单位》。现发布命令如下：……（《国务院关于在我国统一实行法定计量单位的命令》，国发〔1984〕28号）

②发布命令（令）的事项：命令（令）正文会明确规定具体的事项或要求。这些事项可能包括组织安排、工作措施、政策要求、行为规范等，根据命令的性质和目的而有所差异。例如，在上述《国务院关于在我国统一实行法定计量单位的命令》中，具体事项如下：

一、我国的计量单位一律采用《中华人民共和国法定计量单位》（附后）。

二、我国目前在人民生活中采用的市制计量单位，可以延续使用到一九九〇年，一九九〇年底以前要完成向国家法定计量单位的过渡。农田土地面积计量单位的改革，要在调查研究的基础上制订改革方案，另行公布。

三、计量单位的改革是一项涉及到各行各业和广大人民群众的事，各地区、各部门务必充分重视，制定积极稳妥的实施计划，保证顺利完成。

四、本命令责成国家计量局负责贯彻执行。

③发布命令（令）的执行要求：命令（令）正文会明确规定命令的执行要求，包括责任部门、责任人员、执行时间、工作流程等。这些要求有助于确保命令（令）的有效实施。例如，在上述《国务院关于在我国统一实行法定计量单位的命令》中，执行要求如下：

本命令自公布之日起生效。过去颁布的有关规定，与本命令有抵触的，以本命令为准。

此外，命令（令）的正文还可能包括其他内容，如附则、附件、处罚条款等，具体根据命令（令）的性质和需要而定。

（4）签发人职务、签名章和成文日期

命令（令）的签发人职务、签名章和成文日期是命令（令）正文中常见的要素，用于标识命令（令）的发布者和发布日期。这些要素的具体表述方式可能会因机关或组织的不同而有所差异，但通常包括以下内容：

①签发人职务：命令（令）的正文应标明签发人的具体职务或职称，以显示命令（令）发布者的身份和权威性。例如，省长、部长、局长、主任等。签发人职务的明确表述有助于确保命令（令）的权威性和可行性。

②签名章：命令（令）的签发人通常应在命令（令）正文最后的指定位置签署自己的名字，并加盖个人的签名章。签名章可以是个人的印章、公章或其他标识，用于确认签发人的身份和真实性。

③成文日期：命令（令）的正文还会注明命令（令）的成文日期，即命令（令）正式完成起草并最终定稿的日期。成文日期用于确定命令（令）的法律效力和适用范围。

这些要素的明确表述有助于确保命令（令）的合法性、权威性和可追溯性。在实际写作中，需要根据具体的机关或组织规定，按照规范的格式和要求来书写这些要素。

4.3.3　写作技巧

（1）明确目的和指令：在命令（令）中，清楚地表达出发出命令（令）的目的和具体要求。使用明确的语言，确保读者能理解并按照要求执行。

（2）简明扼要：命令（令）应该尽量精简，避免冗长的描述和复杂的句子结构。使用简洁明了的语言，突出核心要点，让读者能够快速理解和执行。

（3）使用正式语气和格式：命令（令）作为一种正式的文件，应该使用正式的语气和格式。遵循规定的文件结构和排版要求，使用适当的称谓和表达方式。

（4）清晰的标题和段落：给命令（令）拟一个明确的标题，简洁地概括出命令（令）的主要内容。在正文中，使用段落来组织信息，确保每个段落包含一个主要观点。

（5）强调重点和关键信息：使用格式化的文字，如加粗、斜体或下划线，来强调重要的关键信息。这样可以帮助读者更容易地识别和理解命令（令）的重点内容。

（6）使用明确的动词和动作词：在命令（令）中使用明确的动词和动作词，以指导具体的行动和任务。避免使用含混不清的词语，确保执行者能够准确理解要求。

4.3.4　例文展示与解析

公安部关于给四川省公安消防总队成都市支队都江堰市大队等52个集体和董绍棠等310名同志记功、嘉奖的命令[①]

[嘉奖令通常应写明主送机关]

各省、自治区、直辖市公安厅、局：

[嘉奖对象的功勋业绩，阐明嘉奖的背景、事由、根据等要素]

5月12日，四川汶川发生特大地震灾害，给人民生命财产造成重大损失。

---

① 《公安部关于给四川省公安消防总队成都市支队都江堰市大队等52个集体和董绍棠等310名同志记功、嘉奖的命令》，载公安部网站，https://www.mps.gov.cn/n2253534/n2253535/c4016745/content.html。

面对突如其来的自然灾害，全国公安边防、消防、警卫部队按照党中央、国务院的统一部署，在公安部党委的领导指挥下，快速行动，紧急调集13434名消防官兵和552名边防官兵，以最快速度开进灾区、展开救援。各参战单位领导干部身先士卒，深入一线，靠前指挥，充分发挥模范表率作用；广大官兵视人民利益高于一切，冲锋在前、勇挑重担，夜以继日、连续作战，争分夺秒抢救群众生命，共抢救被埋压群众8149人（其中生还1750人），解救转移群众51730人，救治伤病员20277人，受到了各级党委、政府的充分肯定和广大人民群众的普遍赞誉。为表彰先进，鼓舞士气，激励部队，公安部决定，给四川省公安消防总队成都市支队都江堰市大队等52个集体和董绍棠等310名同志记功、嘉奖：

[分类列举嘉奖对象]

一、给以下24个集体记一等功（略）

二、给以下23个集体记二等功（略）

三、给以下4个集体记三等功（略）

四、给以下1个集体嘉奖（略）

五、给以下70名同志记一等功（略）

六、给以下170名同志记二等功（略）

七、给以下64名同志记三等功（略）

八、给以下6名同志嘉奖（略）

[嘉奖令的结尾可表达鼓励、期待]

希望以上集体和个人谦虚谨慎，戒骄戒躁，保持荣誉，再接再厉，不断取得新的成绩。

此令。

公安部部长　×××

二〇〇八年七月九日

4.4 公报

《党政机关公文处理工作条例》第八条第四项规定，公报，适用于公布重要决定或者重大事项。

公报是一种官方发布的文件或声明，通常由政府机构、组织等发布。公报的主要目的是向公众、利益相关方或其他特定受众传达重要信息、决策或公开声明。公报通常以正式的语言和格式撰写，并在适当的媒体渠道上发布。发布公报的目的是确保信息的权威性、透明性和广泛传播，以促进受众的理解和参与。

4.4.1 基本常识

（1）公报的特点

公报是指一种正式文件，用于向公众或特定受众传达信息、通知事件、宣布政策等。公报的目的是提供准确、权威的信息，以便公众了解相关事务。以下是公报的一些基本常识：

①公报的形式：公报通常是以书面形式发布，可以是印刷品、电子文档或在线发布。公报的形式可以根据需要而变化。

②公报的内容：公报的内容可以是各种类型的信息，包括政策解读、事件通报、行动计划、统计数据等。公报通常提供详细的背景信息、相关事实和数据，以便读者充分了解和理解。

③公报的发布对象：公报可以是针对特定的受众群体发布，也可以是向全体公众发布。

④公报的发布渠道：公报可以通过多种渠道发布，包括政府官方网站、媒体发布会、社交媒体、报纸等。发布渠道通常由发布者根据目标受众和传播效果选择。

⑤公报的权威性：公报是由政府机构、组织等发布的正式文件，具有一定的权威性和可信度。公报的内容应该准确、客观，并经过相应的审议和批

准程序。

⑥公报的效力：公报发布后，受众可以依据其内容进行相应的行动或决策。公报的内容和政策常常具有一定的法定效力，要求受众遵守和执行。

（2）公报的类型

公报可以按照发布机构、内容特点和发布形式等不同方面进行分类。以下是几种常见的分类及其特点：

①中央政府公报：由中央政府发布，主要内容包括政府工作报告、政策解读、法律规定、官方通告等。特点是具有权威性、政策性、正式性。

②地方政府公报：由地方政府发布，主要内容包括地方政策、地方发展规划、地方重要动态等。特点是地方性强、针对地方事务、服务地方群众。

③组织公报：由各类组织、机构发布，主要内容包括组织内部动态、内部活动通知、组织决策等。特点是面向特定群体、围绕组织事务、传达组织决策。

④专业公报：由特定行业、领域的组织或机构发布，主要内容包括行业发展动态、行业政策解读、统计数据公开等。特点是专业性强、针对特定领域、服务相关从业者。

总体而言，公报具有权威性、正式性、政策性强、传达信息等主要特点。不同类型的公报在内容和发布形式上会有所差异，但其共同目标是宣传、传达重要信息，满足社会公众对权威信息的需求。

（3）公报的作用

①传达信息：公报通过官方渠道向公众、员工、相关利益相关者或其他特定受众传达重要信息。它可以提供及时、准确的消息和通知，帮助人们了解重要事件、政策变更、决策结果等内容。

②树立权威：作为官方发布的文件，公报具有权威性和可靠性。它可以提升发布者的形象和信誉，使人们更加相信其中的信息。

③保持透明度：通过发布公报，政府、组织能够向公众开放信息，保持透明度。这有助于建立信任关系，增加公众对政府、组织的理解和支持。

④消除不确定性：在发生重大事件、事故或灾难时，公报可以提供详细的信息，帮助公众了解事件的情况、影响和应对措施。这有助于消除不确定性，减少谣言和误解的传播。

⑤传递政策解读：政府机构可以通过公报来解读政策、法规的含义和适用范围。这有助于公众和相关方理解政策的目的、影响和遵守要求。

⑥公开承诺和声明：公报可以用于发布组织的公开承诺和声明，如对外投资、合作伙伴关系、环境保护、社会责任等方面的承诺和行动。这有助于建立组织的形象和声誉，树立良好的形象。

（4）公报的要求

①准确性：公报的内容应准确无误，不得有虚假、误导或不实的信息。发布者需要确保所发布的信息经过严谨地核实和验证，以保证信息的真实性和可信度。

②客观性：公报应以客观、中立的态度呈现信息，避免个人或特定群体的偏见或倾向性。发布者应尽量避免主观评价和个人情感的介入，以确保信息的客观性和公正性。

③透明度：公报的内容应清晰明了，不应含糊或模棱两可。发布者需要用清晰的语言和逻辑结构，明确传达政策、规定、决策等重要信息，以便读者准确理解。

④规范性：公报的语言应规范、准确，遵循相关的法律法规和规范要求。发布者应注意使用正确的词汇、语法和标点符号，以确保文本的规范性和专业性。

⑤及时性：公报应及时发布，以确保信息的时效性和实用性。发布者需要根据情况，设定合理的发布频率，并及时更新内容，以满足读者对最新信息的需求。

⑥清晰的结构和格式：公报应具备清晰的结构和合适的格式，使读者能够快速浏览和理解内容。发布者可以采用标题、副标题、段落和列表等方式，使文本条理清晰、易读易懂。

4.4.2　格式要点

（1）标题

公报的标题应简洁明了，能够准确概括公报的内容或主题。公报的标题常见的有三种形式：一是只写文种；二是由事项或会议名称和文种构成；三是联合公报，由发表公报的双方或多方国家的名称、事由、文种构成。例如：

· 《中华人民共和国国务院公报》

· 《中华人民共和国2022年国民经济和社会发展统计公报》

· 《中国共产党第十九届中央委员会第七次全体会议公报》

· 《中华人民共和国和洪都拉斯共和国关于建立外交关系的联合公报》

（2）成文日期

一般公报用括号在标题之下正中位置注明公报发布或审议通过的年、月、日。

（3）开头部分

公报开头部分通常会提供一个简短的概要或导语，介绍公报的主题、目的或重要性，以引起读者的兴趣。有的公报在开头还会提供一定的背景信息：包括相关事件、情况或上下文，以帮助读者更好地理解公报的内容。例如：

2022年是党和国家历史上极为重要的一年。党的二十大胜利召开，擘画了全面建设社会主义现代化国家、以中国式现代化全面推进中华民族伟大复兴的宏伟蓝图。面对风高浪急的国际环境和艰巨繁重的国内改革发展稳定任务，在以习近平同志为核心的党中央坚强领导下，各地区各部门坚持以习近平新时代中国特色社会主义思想为指导，按照党中央、国务院决策部署，统筹国内国际两个大局，统筹疫情防控和经济社会发展，统筹发展和安全，坚持稳中求进工作总基调，完整、准确、全面贯彻新发展理念，加快构建新发展格局，着力推动高质量发展，加大宏观调控力度，应对超预期因素冲击，经济保持增长，发展质量稳步提升，创新驱动深入推进，改革开放蹄疾步稳，就业物价总体平稳，粮食安全、能源安全和人民生活得到有效保障，经济社会大局保持稳定，全面建设社会主义现代化国家新征程迈出坚实步伐。(《中华人民共和国2022年国民经济和社会发展统计公报》①)

（4）正文

公报的正文是最主要的部分，其中包含了具体的信息、声明、决策等内容。正文要求结构清晰，语言简练，重点突出，以确保读者能够快速理解和获取所需信息。

通常公报的内容非常多，主要是对相关问题进行全面且详细的表述，常见的有分段式、序号式、条款式等写法。分段式写法即每段说明一层意思或一项决定；序号式写法多用于内容复杂、问题头绪较多的公报；条款式写法则多用于联合公报。例如，在上述《中华人民共和国2022年国民经济和社会发展统计公报》中，正文主要内容包括：

一、综合（略）

二、农业（略）

三、工业和建筑业（略）

四、服务业（略）

五、国内贸易（略）

六、固定资产投资（略）

七、对外经济（略）

八、财政金融（略）

九、居民收入消费和社会保障（略）

十、科学技术和教育（略）

十一、文化旅游、卫生健康和体育（略）

十二、资源、环境和应急管理（略）

---

① 《中华人民共和国2022年国民经济和社会发展统计公报》，载国家统计局网站，http://www.stats.gov.cn/sj/zxfb/202302/t20230228_1919011.html。

注释：（略）

资料来源：（略）

（5）签署

一般公报没有专门的结尾部分。联合公报需要在正文之后写明联合签发人的职务、签字、成文日期和签字地点。

以上是一份完整公报的基本组成部分，具体的公报结构和要求在不同机构和领域可能会有所不同。根据实际情况，还可以添加附件、图片、注释、参考资料等内容来支持公报的信息传达。

4.4.3　写作技巧

（1）简洁明了：使用简洁明了的语言表达信息，避免冗长和复杂的句子结构。使用简洁的词汇和短语，以便读者能够迅速理解文本内容。

（2）结构清晰：给公报设定清晰的结构，包括标题、副标题、段落和列表等，以便读者快速浏览和理解信息。使用有序的结构，确保文档逻辑顺畅，信息有条理。

（3）突出重点：突出重要信息，使用不同字体、字号等来强调关键词或短语。这有助于读者快速抓住关键信息，提高阅读效率。

（4）使用图表和图像：为了更直观地传达信息，可以使用图表、图像等可视化工具。这些工具可以帮助读者更容易地理解和记忆信息。

（5）专业术语的使用：在必要的情况下，使用专业术语来准确传达特定概念和信息，并可以添加注释对专业术语的含义进行说明。

（6）段落和标题的引导：使用清晰的段落和标题来引导读者，帮助他们理解信息的主要内容。

（7）注意文档格式：按照规范的格式要求设置文档，包括字体、字号、行距、页边距等，确保文档整体的美观和专业性。

4.4.4　例文展示与解析

中国共产党第十九届中央委员会第七次全体会议公报

（2022年10月12日中国共产党第十九届中央委员会第七次全体会议通过）

［简短的概要，介绍会议的日期、地点、参会人员情况等背景信息］

中国共产党第十九届中央委员会第七次全体会议，于2022年10月9日至12日在北京举行。

出席全会的有中央委员199人，候补中央委员159人。中央纪律检查委员会委员和有关负责同志列席会议。

全会由中央政治局主持。中央委员会总书记习近平作了重要讲话。

全会决定，中国共产党第二十次全国代表大会于2022年10月16日在北京召开。

［正文对会议讨论的事项进行了分段总结］

全会听取和讨论了习近平受中央政治局委托作的工作报告。全会讨论并通过了党的十九届中央委员会向中国共产党第二十次全国代表大会的报告，讨论并通过了党的十九届中央纪律检查委员会向中国共产党第二十次全国代表大会的工作报告，讨论并通过了《中国共产党章程（修正案）》，决定将这3份文件提请中国共产党第二十次全国代表大会审查和审议。习近平就党的十九届中央委员会向中国共产党第二十次全国代表大会的报告讨论稿向全会作了说明，王沪宁就《中国共产党章程（修正案）》讨论稿向全会作了说明。

全会充分肯定党的十九届六中全会以来中央政治局的工作……

全会总结了党的十九大以来5年的工作……

全会强调，党的十九大以来5年党和国家事业的重大成就，是在以习近平同志为核心的党中央坚强领导下、在习近平新时代中国特色社会主义思想指引下全党全国各族人民团结奋斗取得的……

全会总结了党的十九届中央纪律检查委员会的工作……

全会按照党章规定，决定递补中央委员会候补委员……

全会审议并通过了……

全会分析了当前形势和任务，深入讨论了新时代新征程坚持和发展中国特色社会主义、全面建设社会主义现代化国家的若干重大问题，为召开党的第二十次全国代表大会作了充分准备。

4.5 公告

《党政机关公文处理工作条例》第八条第五项规定，公告，适用于向国内外宣布重要事项或者法定事项。

公告是指由政府、机关、组织、企业事业单位等发布的一种公开通知或声明。它旨在向公众或特定群体传达重要信息、政策、规定、通知等内容。公告通常以书面形式发布，可以通过报纸、杂志、网站、公告栏、电子邮件等渠道进行传播。公告的目的是向相关人员或公众提供必要的信息，以便他们了解和遵守相关规定、政策或通知，并参与相关活动或采取相应的行动。公告通常具有官方性质，涉及的内容包括政府政策、公共事务、法律法规、公共安全提示、活动通知等，被广泛用于社会管理、行政管理、组织管理等领域。

4.5.1 基本常识

（1）公告的特点

①广泛性：公告的对象通常是公众或特定的利益相关方。公告通过公开途径传达信息，以确保尽可能多的人能够获得相关信息，以便公众了解并遵守公告内容。

②特定性：公告通常是关于特定事项的官方通知或公示。公告的内容通常围绕特定的政策、法规、规章、决定、通告等方面，以确保相关信息的准确传达和有效执行。

③重大性：公告通常涉及重大事项，具有重大性。它可能涉及国家政策、重要决策、紧急通告等方面，对公众利益、社会秩序或个人权益产生重大影响。

④公开性：公告具有公开性，即公告的内容是公开透明的。公告通常由政府机关、法院、企业事业单位等发布，以确保信息的公开和透明，让公众了解相关事项，提供公正、公平的环境。

⑤时效性：公告具有一定的时效性，即公告发布后需要公众及时了解、遵守和执行公告的规定。公告通常会规定一定的期限，公众需要在规定的时间内采取相应措施，以避免可能的不利后果。

综上所述，公告具有广泛性、特定性、重大性、公开性和时效性等特点。这些特点使公告成为一种重要的官方通知和公示方式，确保公众了解相关信息，遵守相关规定，并维护公共利益。

（2）公告的类型

①要事性公告：要事性公告是指对重要事项进行公开通告，以便相关方能够及时了解和采取相应措施。这类公告通常涉及重大事件、紧急事态或紧迫的情况。例如，地方政府发布关于自然灾害的紧急公告，提醒居民采取防护措施，转移至安全地带。

②政策性公告：政策性公告是指政府或相关机构发布的关于政策调整、政策解读、政策实施等方面的公告。这类公告通常用于明确政府的政策意图，向公众和相关利益方传达政策信息。例如，中央银行发布关于货币政策的公告，宣布利率调整、货币供应政策等重要信息。

③任免性公告：任免性公告是指对官员、高级管理人员或其他职位的任命、免职或调整进行公开宣布的公告。这类公告通常用于宣布人事任免决定，确保公众对政府机构的管理层变动有所了解。例如，中央政府发布关于部级官员的换届公告，宣布新任命的部级官员和免职的部级官员。

④法定性公告：法定性公告是指根据法律法规规定，由政府或相关机构发布的具有法律效力的公告。例如，《民事诉讼法》规定法院可以发布通知权利人登记公告，送达公告，开庭公告，宣告失踪、宣告死亡公告，财产认领公告，强制迁出房屋、强制退出土地公告等。

（3）公告的作用

①传递信息：公告是向公众传递信息的重要工具。公告可以及时、准确地向受众传达各类信息，包括政策解读、重要通知、安全提示、事件进展等。公告能够帮助人们了解最新消息，提供必要的知识和指导。

②维护公共秩序：公告可以发挥维护公共秩序的作用。例如，政府可以通过公告发布法律法规，告知公众应遵守的规则和法律要求，从而促进社会的有序运行。公告还可以提醒公众遵守交通规则、环境保护要求等，维护社会的公共秩序和安全。

③管理和组织内部沟通：公告在单位内部也起到重要的管理和沟通作用。公告可以向员工传达组织的工作安排、规章制度、内部变动等信息，确保内部沟通的及时性和一致性。公告有助于提高组织的协调性、凝聚力和工作效率。

④保障公众权益：政府部门通过发布公告向公众公示法律法规、政策措施等，提醒公众知晓自己的权益和义务，并通过公开透明的方式公布权益保护的渠道和方式。

⑤增加透明度和参与度：公告的发布可以增加社会的透明度和参与度。公告将信息公开，使公众能够了解政府决策的理由、过程和影响。公告还为公众提供了了解和参与公共事务的机会，促进民众对决策的监督和参与，增加政策的公正性和民主性。

⑥保障合法性和权威性：通过发布正式的公告，政府能够向公众展示其决策和管理的合法性和权威性。组织和企业事业单位通过公告向内外部传达信息和决策，展示其专业、负责和诚信的形象，提升信誉度和公众认可度。

（4）公告的要求

①准确性：公告需要确保所发布的信息准确无误，它应该经过充分地核实和审查，确保所发布的内容真实可信，以维护公众对官方媒体的信任。

②及时性：公告应该及时发布各种重要信息，包括政府决策、政策法规、组织活动、工作安排等。它需要紧跟时事，及时更新，以满足公众对信息的需求，避免信息滞后和过时。

③规范性：公告在内容和形式上应该符合一定的规范要求，应该遵循法律法规的规定。同时，还需要注意文风规范，语言简明扼要，排版整齐清晰，以便读者阅读和理解。

④公众参与：与公共利益密切相关的事项在公告发布前应该为公众提供参与的机会和渠道，鼓励公众对所发布的信息提出意见和建议。它可以通过征集读者来信、开展调查问卷、举办座谈会等方式，增强公众的参与度，提高信息的针对性和有效性。

4.5.2　格式要点

（1）标题

公告标题最常见的形式为"发文机关＋事项＋文种"，例如：

·《国家税务总局关于发布〈企业政策性搬迁所得税管理办法〉的公告》

·《财政部关于调整个人所得税政策的公告》

·《财政部、税务总局关于个人所得税综合所得汇算清缴涉及有关政策问题的公告》

这种公告标题的形式简洁明了，能够快速传达公告的主要内容和意图，方便公众浏览和查阅。通常包含以下几个要素：

①发文机关：指公告的发布机构或组织，确保公众能够准确了解发布者的身份和权威性。

②事项：简明扼要地描述公告涉及的主要事项或主题，以便读者能够迅速了解公告的内容和目的。

③文种：指出公告的文种，以便读者能够知晓公告的性质和形式。

（2）发文字号

发文字号是公告的标识符，用于确定公告的身份和发布机关。发文字号一般由一串数字和字母组成。例如，发文字号可以是"×××〔2023〕×××号"。有的公告没有发文字号。

（3）正文

公告的正文一般包含事由、事项和结语三个部分。

①事由：事由是公告正文的开头部分，用于阐明发布该公告的原因或背景。事由部分通常简明扼要地介绍与公告相关的事件、问题或情况。例如：

近期，部分地区因超强降雨引发洪涝。为保障洪涝地区重要民生商品和服务市场价格基本稳定，制止哄抬价格等价格违法行为，维护消费者合法权益和市场秩序，根据《中华人民共和国价格法》《价格违法行为行政处罚规定》《明码标价和禁止价格欺诈规定》等法律法规规章，现对相关经营者提醒告诫如下：……（《市场监管总局关于汛期维护市场价格秩序稳定的公告》[①]）

②事项：事项是公告正文的核心部分，用于具体阐述公告发布的内容、规定或通知。在事项部分，应该明确表达要传达的要点、细节或相关要求。例如，在上述《市场监管总局关于汛期维护市场价格秩序稳定的公告》中，具体事项包括：

一、不得捏造散布涨价信息。不得捏造散布货源紧张或者市场需求激增的信息。不得捏造散布其他经营者已经或者准备提价的信息。不得散布信息，诱导其他经营者提高价格。

二、不得囤积居奇。不得无正当理由，超出正常的存储数量或者存储周期，大量囤积市场供应紧张、价格发生较大波动的重要民生物资。

三、不得推动价格过快过高上涨。不得强制搭售商品，变相大幅度提高价格。不得在成本未明显增加时大幅度提高价格，或者成本虽有增加但价格上涨幅度明显高于成本增长幅度。

四、不得串通涨价。不得相互串通，操纵市场价格，损害其他经营者或消费者的合法权益。

五、不得违反明码标价规定。标价要做到真实准确、货签对位、标识醒目，价格变动要及时调整。不得在标价之外加价出售商品或者提供服务，不得

---

① 《市场监管总局关于汛期维护市场价格秩序稳定的公告》，载国家市场监督管理总局网站，https://www.samr.gov.cn/xw/zj/art/2023/art_8bf2410326124629b7d9de4599f3ff33.html。

收取任何未予标明的费用。

六、不得价格欺诈。经营者不得利用虚假的或者使人误解的价格手段，诱骗消费者或者其他经营者与其进行交易。不得虚假标价、虚假折价、虚假减价、低价诱骗高价结算、无正当理由不履行价格承诺。网络交易平台经营者不得利用技术手段等强制平台内经营者进行虚假的或者使人误解的价格标示。

七、不得违反法律法规规定，利用价格手段侵犯消费者和其他经营者合法权益，扰乱市场价格秩序。

③结语：结语是公告正文的结尾部分，用于总结、强调或呼吁。结语部分通常用于强调公告内容的重要性、提醒相关人员遵守规定或向公众传达一定的呼吁。例如，在上述《市场监管总局关于汛期维护市场价格秩序稳定的公告》中，结语为：

有关经营者要认真对照上述要求，及时开展自查自纠。各级市场监管部门将加强执法检查，依法查处各类价格违法行为。对情节恶劣的典型案件，将依法从重处罚并公开曝光。欢迎社会各界参与监督，若发现违法线索，及时拨打12315进行投诉举报。

（4）发文机关署名

发文机关署名是指公告发布机关的名称或标识，用于显示公告的发出单位。发文机关署名通常位于公告的末尾，放置在公告正文之外，并使用较小的字体。例如，发文机关署名可以是"××市人民政府办公厅"。

（5）成文日期

成文日期是指公告的起草或成文日期，用于确定公告的有效期限和时效性。成文日期通常位于公告的右下角，放置在发文机关署名的下方。成文日期的格式通常是年、月、日的形式。

需要注意的是，公告的具体格式和组成部分可能会根据不同单位或法规的规定而有所不同。以上是公告的一般组成部分和举例，实践中还需要根据实际的公告要求来编写。

4.5.3 写作技巧

（1）简明扼要：公告的特点是简洁明了，应尽量避免冗长的句子和复杂的词汇。用简洁的语言表达核心信息，让读者能够迅速理解公告的内容。

（2）结构清晰：公告应具备清晰的结构，包括标题、导语、主体内容和结尾等。使用标题分级和段落分隔，使读者能够快速浏览和理解文档。

（3）强调重点信息：在排版格式上使用加粗、转行等方式，突出公告中的重要信息。这样可以让读者更容易注意到关键内容。

（4）语言规范：遵循语言规范，注意语法和标点的正确使用。使用正确的语言表达，使公告更加专业、可信。

（5）格式清晰：公告的排版应整齐清晰，注意字体、字号和行距的统一，合理运用分段、缩进和空白，使公告易于阅读和理解。

（6）提供联系方式：在公告中可以提供相关联系方式，方便读者获取更多信息或提出疑问。这样可以增强公告的实用性和交流性。

4.5.4 例文展示与解析

关于延续执行农户、小微企业和个体工商户融资担保增值税政策的公告[①]

财政部 税务总局公告2023年第18号

［阐明发出公告的原因、目的和背景］

为进一步支持农户、小微企业和个体工商户融资，现将有关税收政策公告如下：

［公告事项的具体内容、概念的释义、政策要求］

一、纳税人为农户、小型企业、微型企业及个体工商户借款、发行债券提供融资担保取得的担保费收入，以及为上述融资担保（以下称原担保）提

---

① 《关于延续执行农户、小微企业和个体工商户融资担保增值税政策的公告》，载中国政府网，https://www.gov.cn/zhengce/zhengceku/202308/content_6896607.htm。

供再担保取得的再担保费收入，免征增值税。再担保合同对应多个原担保合同的，原担保合同应全部适用免征增值税政策。否则，再担保合同应按规定缴纳增值税。

二、本公告所称农户，是指长期（一年以上）居住在乡镇（不包括城关镇）行政管理区域内的住户，还包括长期居住在城关镇所辖行政村范围内的住户和户口不在本地而在本地居住一年以上的住户，国有农场的职工。位于乡镇（不包括城关镇）行政管理区域内和在城关镇所辖行政村范围内的国有经济的机关、团体、学校、企事业单位的集体户；有本地户口，但举家外出谋生一年以上的住户，无论是否保留承包耕地均不属于农户。农户以户为统计单位，既可以从事农业生产经营，也可以从事非农业生产经营。农户担保、再担保的判定应以原担保生效时的被担保人是否属于农户为准。

本公告所称小型企业、微型企业，是指符合《中小企业划型标准规定》（工信部联企业〔2011〕300号）的小型企业和微型企业。其中，资产总额和从业人员指标均以原担保生效时的实际状态确定；营业收入指标以原担保生效前12个自然月的累计数确定，不满12个自然月的，按照以下公式计算：

营业收入（年）＝企业实际存续期间营业收入/企业实际存续月数×12

纳税人应将相关免税证明材料留存备查，单独核算符合免税条件的融资担保费和再担保费收入，按现行规定向主管税务机关办理纳税申报；未单独核算的，不得免征增值税。

三、本公告执行至2027年12月31日。

［结尾一般写"特此公告"］

特此公告。

财政部 税务总局

2023年8月1日

4.6　通告

《党政机关公文处理工作条例》第八条第六项规定，通告，适用于在一定范围内公布应当遵守或者周知的事项。

通告是指由政府机关、组织、企业事业单位等发布的一种公开通知或声明。它旨在向公众或特定群体传达重要信息、政策、规定、通告等内容。通告通常以书面形式发布，可以通过报纸、网站、新媒体、通告栏、电子邮件等渠道进行传播。通告的目的是向相关人员或公众提供必要的信息，以便他们了解和遵守相关规定、政策或通知，参与相关活动或采取相应的行动。通告通常具有官方性质，涉及的内容包括政府政策、公共事务、法律法规、公共安全提示、活动通知等，被广泛用于社会管理、行政管理、组织管理等领域。

4.6.1　基本常识

（1）通告的特点

通告是常用的具有周知性和一定约束力的文种，它具有以下特点：

①周知性：通告的目的是向公众或特定受众广泛传达信息，确保他们能够了解重要事项或决策。通告以公开方式发布，通过多种渠道传达，以确保信息的广泛传播和周知。

②法定性：有的通告涉及法律法规、政策的要求和规定。它们是依法发布的，要求受众按照规定行事，以维护社会秩序和公共利益。

③实践性：通告通常注重实际问题和实用性。它们关注当前或即将发生的事项，以提供实际指导、规定或要求。通告的内容务实，旨在促使受众采取相应的行动来应对特定情况。

（2）通告的类型

根据通告发布的范围、目的和内容来划分，通告包括以下类型：

①知照性通告：知照性通告是一种通告，旨在向特定受众传达或告知某

些信息，提醒受众了解相关事项或决策，但不要求受众采取具体的行动。

②办理性通告：办理性通告是一种通告，旨在向特定受众传达具体的事项、要求或规定，要求受众进行具体的手续办理或其他行动。这类通告通常涉及行政、业务或法律程序的办理，要求受众按照规定的要求进行相应的办理。

③禁管性通告：禁管性通告是一种通告，旨在向特定受众传达某些禁止或限制的规定，要求受众不得进行某些特定的行为或活动。这类通告通常是为了维护社会秩序、保障公共利益或防止违法行为而发布的。

需要注意的是，具体的通告类别可能会根据不同的发布机关或地区的规定而有所差异。这是通告类别的一般说明，实际情况可能有所变化。

（3）通告的作用

①传递信息：通告作为官方发布的媒体，可以及时、准确地传递各种重要信息，如政府决策、政策法规、组织活动、工作安排等。它可以帮助公众了解官方动态、政策变化和组织运营情况，确保信息的真实性和权威性。

②引导舆论：通告可以通过选择报道的内容和角度来引导舆论，塑造舆论氛围。它可以通过发布权威信息、解读政策、报道典型事例等方式，引导公众对特定问题的认识和态度，推动社会舆论的形成和发展。

③组织管理：通告可以用于组织内部的管理和沟通。它可以向组织成员传达重要的决策、工作安排、目标任务等信息，提高组织成员的归属感和执行力。同时，它也可以用于向外部利益相关者传递组织的形象、业绩、责任等信息，维护组织的声誉和形象。

④促进互动：通告可以通过宣传活动、征集意见、征集读者来信等方式，与读者进行互动。它可以为公众提供参与、反馈和建言献策的机会，增强公众的参与度，促进公众与政府、组织之间的互动和合作。

⑤促进社会发展：通告可以通过宣传和倡导社会公益事业、社会责任等，引导公众积极参与社会发展。它可以通过报道典型事例、宣传模范人物等方式，传递正能量和价值观，推动社会的进步和发展。

（4）通告的要求

①准确性：通告需要确保所发布的信息准确无误，应该经过充分地核实和

审查，确保所发布的内容真实可靠，以维护官方媒体的权威性和公信力。

②及时性：通告应该及时发布各种重要信息，包括政府决策、政策法规、组织活动、工作安排等。它需要紧跟时事，及时更新，以满足公众对信息的需求，避免信息滞后和过时。

③规范性：通告在内容和形式上应该符合一定的规范要求，应该遵循法律法规。同时，还需要注意文风规范，语言简明扼要，排版整齐清晰，以便读者阅读和理解。

④公众参与：与公共利益密切相关的事项在通告发布前应该为公众提供参与的机会和渠道，鼓励公众对所发布的信息提出意见和建议。它可以通过征集读者来信、开展调查问卷、举办座谈会等方式，增强公众的参与度，提高信息的针对性和有效性。

（5）通告和公告的区别

通告和公告都具有晓谕性和公布性，面向公众知照。区别主要有如下几个方面：

①发布范围和对象：通告通常是针对特定的受众或特定的群体发布的，目的是向特定的部门、单位、个人或特定区域传达信息或要求。通告的发布对象可以是内部人员、相关部门、特定群体等。而公告则通常是针对公众广泛发布的，目的是向社会公众传达重要事项、政策、规定或决策等。公告的发布范围更广泛，旨在引起公众的注意和遵守。

②内容和形式：通告通常具有更具体的内容，可能涉及特定事项、具体要求、规章制度等。通告的内容通常比较详细，旨在提供具体的指导或要求。通告的形式可以是书面文档、内部通知或特定场所的告示等。公告的内容通常更加概括和宏观，旨在传达重要的决策、政策、规定或通知。公告的形式可以是公告板、官方网站、报纸、宣传栏等多种形式。

③法定效力和权威性：有的通告具有一定的法定效力，要求受众按照规定行事，违反通告要求可能要承担相应的法律责任。通告的发布机构通常具有一定的权威性和管理职能。而公告通常具有较高的法律效力和权威性，公告的内容往往是基于相关法律、法规或政策的规定制定的，具有约束力和强制执行力。

需要注意的是，通告和公告的区别可能会根据不同的机构、部门或地区的规定而有所差异。具体的区别还需要根据实际情况和特定要求来判断。

4.6.2 格式要点

（1）标题

①由"发文机关＋事由＋文种"组成：这种写法通过将发文机关、具体事由和文种进行组合，能够清晰地概括通告的主题和内容。例如：

《北京市人民政府关于做好2022年本市高考组织保障工作的通告》

②由"发文机关＋文种"组成：这种写法直接注明发文机关和文种，简明扼要地表达通告的发布机构和文种。例如：

《石景山区人民政府通告》

③由"事由＋文种"组成：这种写法通过明确事由和文种来概括通告的主题和内容。例如：

《关于在本市部分区域试鸣防空警报的通告》

④只标记文种"通告"二字：这种写法直接标注通告文种，仅表达通告的性质，而不指出具体事项。

（2）主送机关

由于通告属于普发性公文，因此主送机关这一格式要素经常会省略。

（3）正文

通告的正文由三个部分构成，即通告的缘由、事项和结语。

①通告的缘由：通告的缘由部分用于说明发布通告的原因、背景或动机。它可以提供对特定事件、问题或决策的解释或背景信息。通告的缘由部分通常以简明扼要的方式阐述。例如：

为增强市民的国防观念和防空防灾意识，提高对防空警报信号的识别和认知度，根据《中华人民共和国人民防空法》《中华人民共和国国防教育法》及《北京市人民防空条例》有关规定，市政府决定，2022年9月17日（全民国防教育日）在本市部分区域试鸣防空警报。现就有关事项通告如下：……（《关

于在本市部分区域试鸣防空警报的通告》，京政发〔2022〕30号）

②通告的事项：通告的事项部分是通告的核心内容，用于具体阐述通告发布的具体事项、规定或要求。事项部分应清晰明了、准确具体，并提供相关的指导或规定。例如，在上述《关于在本市部分区域试鸣防空警报的通告》中，具体事项包括：

一、警报试鸣时间

2022年9月17日（星期六）上午10时00分至10时23分。

二、警报试鸣范围

本市五环路以外区域。

三、警报试鸣形式

防空警报鸣放按照"预先警报""空袭警报""解除警报"的顺序进行，每种警报鸣放时间3分钟、间隔7分钟。

预先警报：10时00分至10时03分，试鸣预先警报，鸣36秒、停24秒，反复3遍，时间3分钟。

空袭警报：10时10分至10时13分，试鸣空袭警报，鸣6秒、停6秒，反复15遍，时间3分钟。

解除警报：10时20分至10时23分，试鸣解除警报，连续鸣放，时间3分钟。

③通行的结语：通告的结语部分用于总结、强调或呼吁。它可以对通告的重要性进行强调，提醒受众遵守通告的要求，或向公众传达特定的呼吁。例如，在上述《关于在本市部分区域试鸣防空警报的通告》中，结语包括：

防空警报试鸣期间，请广大市民和临时来京人员在听到警报后保持正常的工作和生活秩序。

特此通告。

需要注意的是，以上是通告正文的一般组成部分和举例说明，实践中可能会根据不同的通告要求而有所变化。在编写通告时，应根据实际情况和特定要求合理安排和组织通告的各个部分。

（4）发文机关署名和成文日期

①发文机关署名：通告的发文机关署名用于标识发布该通告的具体机构、部门或单位。发文机关署名通常位于通告的末尾部分，在正文内容之外，并使用较小的字体。它可以是机关、部门、单位的名称或标识，旨在显示通告的发

布机构的身份和权威。

②成文日期：通告的成文日期是指通告的起草或成文日期，用于确定通告的有效期限和时效性。成文日期通常位于通告的右下角或左下角，并放置在发文机关署名的下方。成文日期的格式通常是年、月、日的顺序，如"2023年5月5日"。成文日期的目的是确保通告的时效性和及时性，使受众了解通告的发布时间。

4.6.3　写作技巧

（1）简明扼要：通告的特点是简洁明了，应尽量避免冗长的句子和复杂的词汇。用简洁的语言表达核心信息，让读者能够迅速理解通告的内容。

（2）结构清晰：通告应具备清晰的结构，包括标题、导语、主体内容和结尾等。使用标题分级和段落分隔，使读者能够快速浏览和理解文档。

（3）强调重点信息：在排版格式上使用加粗、转行等方式，突出通告中的重要信息。这样可以让读者更容易注意到关键内容。

（4）语言规范：遵循语言规范，注意语法和标点的正确使用。使用正确的语言表达，使通告更加专业和可信。

（5）格式清晰：通告的排版应整齐清晰，注意字体、字号和行距的统一。合理运用分段、缩进和空白，使通告易于阅读和理解。

（6）提供联系方式：在通告中可以提供相关联系方式，方便读者获取更多信息或提出疑问。这样可以增强通告的实用性和交流性。

4.6.4　例文展示与解析

北京市人民政府关于做好2020年本市高考组织保障工作的通告①

［说明发布通告的原因和依据，过渡到正文］

2020年高考将于7月7日（星期二）至10日（星期五）举行。为切实做好

---

① 《北京市人民政府关于做好2020年本市高考组织保障工作的通告》，载北京市人民政府网，https://www.beijing.gov.cn/zhengce/zhengcefagui/202007/t20200703_1937985.html。

本市高考组织保障工作，确保高考顺利进行，现就有关事项通告如下：

[逐条逐项说明通告具体内容和政策要求]

一、本市各级教育、公安、交通、住房城乡建设、应急、保密、宣传、卫生健康、市场监管、城管执法、疾控、电力、无线电管理等单位要按照分工，认真履行职责，密切协作配合，切实做好高考期间各项服务保障工作。气象部门要密切监测天气变化，及时为考生和考试服务保障单位提供高考期间气象信息。

二、本市各级教育部门要在卫生健康部门、疾控机构的指导下，制定工作方案，明确职责任务，建立健全考试期间疫情防控定期会商、监测预警、应急处置等机制，严格落实疫情防控要求，统筹抓好高考组织和疫情防控工作。

三、高考期间，本市所有工程一律禁止在夜间进行产生噪声污染的施工作业；在考点周边500米范围内的建筑工地，全天不得安排产生噪声污染的施工作业。各建筑施工企业要合理安排工程进度，制定并公告施工现场噪声污染防治管理措施，积极做好减噪、降噪工作。

四、为减少对考点的噪声干扰，部分线路公交车辆将分时段对考点周边公交站点甩站绕行，请广大市民给予理解，合理安排出行。

五、高考期间，市政府号召社会各界根据考试时间安排，尽量减少考点周边各种非必要活动，共同为高考创造良好环境。

北京市人民政府
2020年7月1日

4.7　意见

《党政机关公文处理工作条例》第八条第七项规定，意见，适用于对重要问题提出见解和处理办法。

意见通常指的是一种观点、看法或建议，表示对某个问题或事物的态度或主张。意见可以用来表达对某个特定主题的支持、反对、评价或提出改进的建议。意见的形式可以是口头的、书面的或通过其他形式进行表达。意见的目的是促进工作交流、决策制定和问题解决的过程，以推动政府、组织、社会的发展和进步。

4.7.1　基本常识

（1）意见的特点

意见是对某个特定议题进行分析和评价，并提出改进或解决问题的建议。意见具有来源多向性、针对性和多样性等特点。

①来源多向性：意见可以来自不同的机构、组织或个人。意见可以来自个人、群体、专家、政府等各种不同的来源。这种多向性使得意见能够代表不同的观点、利益和立场。

②针对性：意见是对特定问题或情况的回应或提出的建议。意见往往是针对特定的政策、事项、决策或行为进行表达的。它可以针对问题的不足之处、需要改进的方面或推动某种变化提出的建议。

③多样性：意见可以涵盖不同的观点、建议、意见和立场。不同的机构、组织或个人都有不同的经验、知识、价值观和利益，他们对同一问题可能会有不同的意见。

（2）意见的类型

一是按照行文方向，意见可以分为：指示性意见、建议性意见、参考性意见。

①指示性意见：指示性意见是对下级如何开展某项工作作出具体指示、进行部署和提出要求的文书。它通常以明确的措辞和具体的行动要求指导下级单位。具有以下特点：

A.开头部分：在发文机关署名和成文日期后，说明发文目的和背景，以明确下级单位收到这份指示性意见的原因和依据。

B.指示部分：在指示性意见的核心部分，明确具体的要求、部署和行动指导。以清晰、简明的语言提出指示，确保下级单位明确工作方向和执行要求。

指示部分应具体、明确，以便下级单位准确理解和按要求执行。

C.执行要求：详细列出需要下级单位采取的具体行动和措施，包括时间安排、责任分工、工作流程等。确保指导的全面性和可操作性。

②建议性意见：建议性意见是对特定事项提出建议、意见或改进措施的文书。它通常以辩证、客观的语气提出意见，旨在为问题解决和决策提供参考。具有以下特点：

A.背景分析：在建议性意见的开头部分，对问题或情况进行详细的背景分析，包括问题的成因、现状、影响等。确保建议的针对性和合理性。

B.建议部分：提出具体的建议、意见或改进措施，以解决问题或优化现状。建议部分应具备可行性、可操作性，以确保建议能够在实际应用中产生积极影响。

C.实施方案：针对建议或意见，给出具体的实施方案和步骤，包括时间安排、资源配置、责任分工等，确保建议能够顺利实施并取得预期效果。

D.总结：在建议性意见的结尾，对提出的建议进行总结并强调其重要性，强调建议的可行性和意义，为决策者提供明确的方向和决策支持。

③参考性意见：参考性意见是对特定事项提出建议、意见或改进措施的文书。它通常以辩证、客观的语气提出意见，旨在为问题解决和决策提供参考。具有以下特点：

A.问题分析：在参考性意见的开头部分，提供对问题或现状的详细分析。包括问题的原因、影响以及可能存在的挑战和机遇。

B.建议提出：根据问题分析，提出具体的建议、意见或改进措施。建议应重点考虑可行性和可操作性，旨在解决问题或提升现状。

C.实施计划：为建议或意见提供具体的实施计划和步骤。包括时间安排、资源配置、责任分工等。实施计划应具体明确，确保建议能够顺利实施并取得预期的效果。

D.评估与反馈：建立评估与反馈机制，用于跟踪和评估建议的执行效果。定期收集反馈意见，对建议进行调整和改进，以保持建议的有效性和可持续性。

E.总结：在参考性意见的结尾，对提出的建议进行总结并强调其重要性，强调建议的可行性和意义，为决策者提供明确的方向和决策支持。

二是按照行文内容，意见可以分为：规划性意见、实施意见、具体工作意见。

①规划性意见：规划性意见是对特定事项或项目的规划方向、目标和策略提出的指导性意见。具有以下特点：

A.背景分析：在规划性意见的开头部分，提供详细的背景分析，包括问题、挑战、机遇和需求等方面。确保规划性意见的基础具备全面性和准确性。

B.目标设定：根据背景分析，明确规划的目标和愿景。目标应该具体、可衡量、可实现，并与整体发展战略相一致。

C.策略提出：针对实现规划目标，提出明确的策略和措施。策略应具备可行性、可操作性，并与规划背景相契合。

②实施意见：实施意见是为了落实规划性意见而提出的具体行动计划和推进措施。具有以下特点：

A.行动计划：制订具体的行动计划，列出实施规划所需的具体步骤、时间安排和责任分工等，确保实施过程有条不紊、有序推进。

B.资源配置：确定规划实施所需的资源，包括人力、物力、财力等。应合理配置资源，以确保实施的可行性和有效性。

C.监测与评估：建立监测与评估机制，监测规划实施进展，及时调整和纠正问题。定期评估规划实施的效果和影响，为后续决策提供依据。

③具体工作意见：具体工作意见是为了完成特定任务、工作或项目而提出的具体建议和指导。具有以下特点：

A.任务描述：详细描述需要完成的任务或工作，并阐明任务的目的和重要性。确保对具体工作的理解和认知一致。

B.工作步骤：列出完成任务所需的具体步骤和操作指南，确保工作的有序进行和高效完成。每个步骤都应具体、明确，便于执行人员理解和操作。

C.时间安排：安排合理的时间表，明确任务的起止时间和里程碑节点。确保任务按计划进行和完成。

D.责任分工：明确每个执行人员的职责和任务，确保工作的分工合理、协同配合。

E.总结：在具体工作意见的结尾，对任务的完成进行总结和强调其重要性。再次强调任务的目标和意义，为决策者和执行人员提供明确的方向和决策支持。

（3）意见的作用

①作出决策：意见提供了多元的观点和建议，提供了更全面的信息和思考的角度。通过制定意见，可以更好地权衡利弊，作出更明智的决策。

②解决问题：意见可以帮助发现问题并提供解决方案。它能够揭示问题的本质、原因和可能的解决途径，为解决困境和改进现状提供指导。

③反馈机制：意见反映了对某个主题或事物的态度和看法。通过收集和分析各种意见，可以了解公众的需求和期望，从而更好地满足他们的需求。

④促进思想交流：意见的表达可以激发对话和讨论，促进思想的碰撞和交流。这有助于扩大视野、拓展知识、培养创新思维，并推动社会的进步和发展。

⑤参与民主决策：意见的表达是有关单位和个人参与政治决策的重要方式之一。通过表达意见，人们能够对公共政策、法律和社会议题发表自己的看法，参与决策过程，为社会变革作出贡献。

（4）意见的要求

在写作意见时，有一些常见的要求和注意事项，包括：

①明确目的：在写作意见之前，需明确目的是什么，是要解决某个问题，提出改进建议，还是表达对某事物的评价和观点。目的明确可以帮助你更好地组织和表达意见。

②提供背景信息：在提出意见之前，需要提供相关的背景信息，包括问题的背景、现状、影响因素等。这有助于读者更好地理解问题的本质和背景。

③清晰明确的表达：在写作意见时，要注意清晰明确地表达观点和建议。使用简明扼要的语言，避免含混不清或模棱两可地表达，以便读者能够准确理解你的意见。

④提供支持性证据：为了增强意见的可信度，可以提供支持性的证据或数据来支撑观点和建议，包括实际案例、研究结果、统计数据等，有助于增加说服力。

⑤具体的改进建议：如果你的意见是针对问题的改进，那么要提出具体的改进建议。这些建议应该是可行的、可操作的，并且能够解决问题或提升效果。

⑥结束语：在结尾处，可以对意见进行总结，并强调其重要性和价值。也可以鼓励读者对意见进行进一步的思考和行动。

4.7.2　意见与相似文种的区别

意见，特别是上行意见，与报告容易混淆，而实际上它们在使用上是有明显区别的。

（1）写作目的不同：报告的主要目的是提供信息、分析数据、讲述事实或说明特定问题的状况。它可以提供对某一问题的全面了解，并在决策和规划过程中提供参考。意见的主要目的是提出具体的建议、观点或改进措施。它侧重于表达对某一问题的看法和推荐的行动方向。

（2）内容重点不同：报告通常着重于提供全面的信息和数据，用于描述事实、分析问题、总结状况和提供解决方案。意见则侧重于提出建议、观点或改进措施，旨在为决策者或相关方提供具体的行动方向和决策支持。

（3）格式和结构不同：报告通常包含引言、背景、方法、结果、分析和结论等部分，通过逻辑和有条理的结构来传达信息和分析。意见可以采用更简洁的格式，通常包含问题陈述、建议或观点的论述及支持理由，并在结尾给出总结或建议的重点。

（4）受众不同：报告的受众通常是决策者、管理层、相关专业人员或需要了解问题背景和状况的人群。意见的受众通常是决策者、管理层或需要行动指导和建议的相关方。

需要注意的是，报告和意见的具体形式和要求可能会根据不同的机构、部门或场合有所不同。

4.7.3　格式要点

（1）标题

意见的标题常有两种写法，具体如下。

①由"发文机关＋事由＋文种"构成：这种写法通过将发文机关、具体事

由和文种进行组合，能够清晰概括意见的主题和内容。例如：

《国务院关于进一步优化外商投资环境加大吸引外商投资力度的意见》（国发〔2023〕11号）

②由"事由＋文种"构成：这种写法通过明确事由和文种来概括意见的主题和内容。例如：

《关于进一步支持西部科学城加快建设的意见》（国科发规〔2023〕31号）

（2）主送机关

在一般情况下，意见应该明确写明主送机关，以确保意见的传达和指定接收方。主送机关可以是指意见具体要送达的机构、部门或个人。这有助于确保意见能够准确传达给目标受众，并明确责任和行动方向。

然而，对于涉及面较广的意见，如对整个组织、行业或公众的意见，主送机关可以省略。因为此类意见面向广泛的受众，不针对特定的机构或个人。无须明确主送机关，以保持意见的普适性和适用范围。

（3）正文

意见的正文一般由发文缘由、具体意见和结语三个部分组成。

①发文缘由：发文缘由部分主要用来说明发布该意见的原因或背景。它可以提供上下文信息，使读者了解相关的背景和动因。这部分通常是引子，用来引出具体的意见内容。例如：

民营经济是推进中国式现代化的生力军，是高质量发展的重要基础，是推动我国全面建成社会主义现代化强国、实现第二个百年奋斗目标的重要力量。为促进民营经济发展壮大，现提出如下意见。（《中共中央、国务院关于促进民营经济发展壮大的意见》）

②具体意见：具体意见部分是意见的核心，用来具体说明所提出的具体建议、措施或要求。这部分内容通常是意见的重点，包括明确的政策、指导方针和实施细则等。例如，在《中共中央、国务院关于促进民营经济发展壮大的意见》中，具体意见包括：

一、总体要求（略）

二、持续优化民营经济发展环境（略）

三、加大对民营经济政策支持力度（略）

四、强化民营经济发展法治保障（略）

五、着力推动民营经济实现高质量发展（略）

六、促进民营经济人士健康成长（略）

七、持续营造关心促进民营经济发展壮大社会氛围（略）

八、加强组织实施（略）

③结语：结语部分通常用来总结意见的主要内容，并强调相关的重要事项或提醒，部署工作，加强组织领导，促使意见措施落实落地。这部分内容可以起到强调和总结的作用，引起读者重点关注。例如：

各地方、各相关部门要以习近平新时代中国特色社会主义思想为指导，坚决贯彻党中央、国务院决策部署，高度重视做好稳外贸工作，在支持企业保订单方面加大工作力度，全力实现进出口保稳提质任务目标。各地方要结合实际，出台针对性配套措施，认真组织实施，推动各项政策措施在本地区落地见效。商务部要会同各相关部门加强政策指导，密切跟踪分析形势变化，多措并举稳定外贸。各相关部门要按职责分工，密切协作配合，抓好贯彻落实，确保各项政策措施落实到位。（《国务院办公厅关于推动外贸保稳提质的意见》，国办发〔2022〕18号）

指导性意见、实施性意见常用"以上意见，请结合实际情况贯彻执行"等作为结语；呈报性意见一般用"以上意见供领导决策参考""以上意见供领导参考"作为结语；呈转性意见一般用"以上意见如无不妥，请批转×××执行"之类语句作为结语；有的则无结尾。

（4）发文机关署名和成文日期

意见的结尾一般包括发文机关署名和成文日期。这两个元素的作用是为了明确发布意见的机关和时间，以体现意见的权威性和时效性。

发文机关署名是指在意见的结尾处明确标明发布该意见的机关名称。这样可以使读者清楚地知道该意见的来源和发布机构，增加其可信度和权威性。例如，党政机关发布的意见可以"中共××市委办公厅"、"××市政府办公厅"等形式署名。

成文日期是指在意见的结尾处标明该意见的成文日期。这一信息对于读者来说是非常重要的，因为它可以提供意见的时效性和参考价值。读者可以根据成文日期了解到意见的发布时间，并根据实际情况进行参考和应用。成文日期通常以年、月、日的形式进行标注。

4.7.4 写作技巧

（1）明确表达观点：要确保清晰明了地表达观点。使用简洁明了的语言，尽量避免模棱两可或含混不清的陈述，使读者能够准确理解。

（2）提供理由和证据：为了支持意见和建议，应提供相关的理由和证据，包括统计数据、研究结果、专家意见等，可以增加说服力。

（3）结构清晰：使用清晰的结构来组织思路。可以采用分段和标题来划分不同的观点或建议，使读者能够更容易地理解。

（4）提供解决方案：如果前文提出了问题或批评，尽量提供相应的解决方案，为改进提供具体的可操作的建议。

（5）简洁明了：尽量使用简洁明了的语言，避免使用冗长的句子或复杂的词汇，让读者感到困惑。

（6）逻辑连贯：保持逻辑的连贯性是写作意见的关键。确保观点和论据之间有明确的逻辑关系，使读者能够理解思路和论证过程。

4.7.5 例文展示与解析

**国务院关于进一步优化外商投资环境
加大吸引外商投资力度的意见**

国发〔2023〕11号

［说明提出意见的背景和目的］

各省、自治区、直辖市人民政府，国务院各部委、各直属机构：

积极吸引和利用外商投资，是推进高水平对外开放、构建开放型经济新体制的重要内容。为进一步优化外商投资环境，提高投资促进工作水平，加大吸引外商投资力度，现提出如下意见。

[分段分项阐述具体政策措施]

一、总体要求

以习近平新时代中国特色社会主义思想为指导，全面贯彻落实党的二十大精神，坚持稳中求进工作总基调，完整、准确、全面贯彻新发展理念，构建新发展格局，推动高质量发展，更好统筹国内国际两个大局，营造市场化、法治化、国际化一流营商环境，充分发挥我国超大规模市场优势，更大力度、更加有效吸引和利用外商投资，为推进高水平对外开放、全面建设社会主义现代化国家作出贡献。

二、提高利用外资质量

（一）加大重点领域引进外资力度。（略）

（二）发挥服务业扩大开放综合试点示范引领带动作用。（略）

（三）拓宽吸引外资渠道。（略）

（四）支持外商投资企业梯度转移。（略）

（五）完善外资项目建设推进机制。（略）

三、保障外商投资企业国民待遇

（六）保障外商投资企业依法参与政府采购活动。（略）

（七）支持外商投资企业依法平等参与标准制定工作。（略）

（八）确保外商投资企业平等享受支持政策。（略）

四、持续加强外商投资保护

（九）健全外商投资权益保护机制。（略）

（十）强化知识产权行政保护。（略）

（十一）加大知识产权行政执法力度。（略）

（十二）规范涉外经贸政策法规制定。（略）

五、提高投资运营便利化水平

（十三）优化外商投资企业外籍员工停居留政策。（略）

（十四）探索便利化的数据跨境流动安全管理机制。（略）

（十五）统筹优化涉外商投资企业执法检查。（略）

（十六）完善外商投资企业服务保障。（略）

六、加大财税支持力度

（十七）强化外商投资促进资金保障。（略）

（十八）鼓励外商投资企业境内再投资。（略）

（十九）落实外商投资企业相关税收优惠政策。（略）

（二十）支持外商投资企业投资国家鼓励发展领域。（略）

七、完善外商投资促进方式

（二十一）健全引资工作机制。（略）

（二十二）便利境外投资促进工作。（略）

（二十三）拓展外商投资促进渠道。（略）

（二十四）优化外商投资促进评价。（略）

[结尾部署工作，促使意见措施落实落地]

八、加强组织实施

各地区、各部门和有关单位要坚决落实党中央、国务院决策部署，提高政治站位，切实做好进一步优化外商投资环境、加大吸引外商投资力度工作，全力实现利用外资促稳提质目标。鼓励各地区因地制宜出台配套举措，增强政策协同效应。商务部要会同有关部门和单位加强指导协调，做好政策宣介，及时落实政策措施，为外国投资者营造更加优化的投资环境，有效提振外商投资信心。

国务院

2023 年 7 月 25 日

4.8 通知

《党政机关公文处理工作条例》第八条第八项规定，通知，适用于发布、传达要求下级机关执行和有关单位周知或者执行的事项，批转、转发公文。

通知是一种书面或口头形式的沟通工具，用于向特定的个人、组织或公众传达信息或消息。通知通常包含重要的事实、事件或决策，并旨在提供必要的信息，引起注意或引导行动。通知可以用于各种场合，如政府通知、单位内部通知等。

4.8.1 基本常识

（1）通知的特点

通知是党政机关在履行职责过程中，向相关单位或个人发布具有法定效力的文件。它具有以下特点：

①法定效力：通知是党政机关根据法律法规、规章制度等法定依据发布的，具有法定效力。相关单位和个人必须按照通知的规定履行相应的义务和责任。

②强制性：通知通常是对特定事项作出具体要求或安排，相关单位和个人必须按照规定的内容和要求进行操作，具有强制性。

③明确性：通知中的内容应当明确具体，以便被执行对象明确其任务和义务。通常包括要求、时间、地点、方式等具体信息，确保执行的明确性和规范性。

④时效性：通知通常会规定一定的执行时限或有效期限，相关单位和个人必须在规定的时限内履行相应的义务。

⑤广泛适用性：通知通常是向公众或特定群体发布的，其内容和要求适用范围较广，往往涉及某领域或多个对象。

（2）通知的类型

通知根据其用途和内容的不同，可以分为：发布指示的通知，颁发规章的通知，批转、转发文件的通知，晓谕性通知，任免通知，会议通知等。

①发布指示的通知：其主要用途是向特定单位或个人发布指示、要求或安排。以下是发布指示的通知的一些常见用途：

A.下达任务：通知可以被用于向下级单位或个人下达具体的工作任务。例如，党政机关可以通过通知向部门、机构或个人发布任务要求，明确工作目标、时间要求、具体内容等。

B.传达指示：通知可以用于传达上级机关或领导的指示。例如，上级机关可以通过通知向下级机关传达决策、政策、指导意见等，指导下级机关的工作。

C.安排活动：通知也可以用于安排培训、座谈会等活动。通过发布通知，可以向相关单位或个人告知活动的时间、地点、议程等信息，确保活动的顺利进行。

D.调整工作安排：通知还可以用于调整工作安排。在工作需要发生变化或者出现紧急情况时，可以通过通知及时通知相关单位或个人进行调整。

E.发布通告或通知：通知还可以用于发布通告或通知。例如，党政机关可以通过通知向社会公布重大决策、政策变化、公共事务等信息。

②颁发规章的通知：颁发规章的通知主要用于在一定范围内向特定群体颁发规章、规定，包括颁发政策法规、组织规定、行业规定等。以下是颁发规章的通知的一些常见用途：

A.颁发政策法规：通知可以用于向各级单位、特定群体或公众颁发政策法规。例如，政府机关可以通过通知在一定范围内颁发新的政策法规，指导相关单位和个人的行为。

B.颁发组织规定：通知可以用于向机构、部门或企业事业单位颁发组织规定。例如，单位可以通过通知向员工颁发内部规章制度，明确工作要求、纪律要求等。

C.颁发行业规定：通知还可以用于向特定行业或职业颁发行业规定。例如，行业管理部门可以通过通知向从业人员颁发行业标准、操作规程等，确保行业的安全和规范运行。

③批转、转发文件的通知：批转、转发文件的通知主要用于将文件或口头信息转发给特定的单位或个人。通知可以明确指示文件的处理方式，确保文件得到正确的传递和执行；也可以用于征求意见、传阅信息等目的，以促进信息的流通和交流。以下是批转、转发文件的通知的一些常见用途：

A.批转文件：通知可以用于将上级机关发来的文件批转给下级单位。例如，上级政府可以通过通知将相关政策文件批转给下级政府，要求其研究执行并报告情况。

B.转发文件：通知可以用于将单位内部的文件转发给其他相关单位或个人。例如，某部门可以通过通知将某项工作的文件转发给其他部门，要求其协助处理或提供反馈意见。

C.传阅文件：通知可以用于将文件传阅给相关单位或个人，以便了解内容或征求意见。例如，某机构可以通过通知将某项决策草案传阅给相关部门，征求意见和建议。

D.转达口头信息：通知也可以用于将口头信息转达给相关单位或个人。例如，可以通过通知将某次会议的决议内容转达给会议参与人员或其他相关单位。

④晓谕性通知：晓谕性通知是一种用于传达重要决策、指示或通告的通知形式。它的主要特点是具有明确的命令性和强制性。晓谕性通知的用途包括但不限于以下几种情况：

A.传达重要决策：当上级机关或领导作出重要决策时，可以通过晓谕性通知将决策内容传达给下级单位或个人，确保决策的执行。

B.下达命令和指示：晓谕性通知可以用于下达命令和指示，要求下级单位或个人按照通知要求进行工作或行动。

C.发布通告和公告：晓谕性通知也可以用于发布通告和公告，例如发布关于节假日安排、工作安排或政策变动的通知。

⑤任免通知：任免通知是一种用于宣布人员职务变动的通知形式。它主要用于以下几种情况：

A.任免领导职务：当上级机关对某个单位或组织的领导职务进行任免时，可以通过任免通知将相关信息传达给相关单位或个人。

B.任免工作岗位：任免通知也可以用于宣布某个人员的工作岗位变动，例如调岗、晋升或降职等。

⑥会议通知：会议通知是一种用于邀请参会人员参加会议的通知形式。它的主要用途包括但不限于以下几种情况：

A.召开会议：会议通知可以用于通知相关人员召开某个会议，包括会议的时间、地点、议程等内容。

B.传达会议决议：会议通知也可以用于传达上次会议的决议内容，以便参会人员了解和执行。

C.变更会议安排：当会议的时间、地点或议程发生变更时，可以通过会议通知及时通知参会人员作出相应的调整。

（2）通知的作用

①传达信息：通知的主要作用是传达特定的信息，确保接收方了解重要的

事实、事件或决策。通过通知，人们可以获得所需的信息，了解具体的要求、安排或变更，并及时作出相应的行动。

②提醒：通知可以用于提醒人们重要的事项或截止日期。例如，单位内部通知可以提醒员工有关会议、培训或项目的重要日期和进程。

③引起注意：通知通常以醒目的方式呈现，如标题、摘要或突出的文字，引起接收方的注意，促使他们阅读通知的内容。

④传达指导和指令：通知可以为接收方提供必要的指导和指令，以指导他们的行动或针对特定情况作出特定的反应。例如，政府发布通知，要求公众采取特定的措施以确保公共安全。

⑤交流和沟通：通知是一种有效的沟通工具，可以促进信息的流动和交流。通过通知可以传达意见或重要的消息，促进团队合作、组织管理和社会互动。

（3）通知的要求

①清晰明了：通知的内容应该简明扼要，用清晰的语言表达，避免使用复杂的词汇和长句子，确保读者能够迅速理解通知的目的和内容。

②确定性：通知应该具备确定性，即明确表述事项的时间、地点、要求等具体信息。避免使用模棱两可的词汇，以免引起歧义或误解。

③正式规范：通知属于正式文书，应该采用正式的语气和格式。使用恰当的称呼和敬语，遵循通知的常见格式，如标题、时间、正文、落款等。

④突出重点：通知应繁简得当，层次分明，将重点信息放在首段或标题中，以便读者迅速获取关键信息。

⑤适当友好：尽管通知属于正式文书，但在语气上可以适当友好。在表达要求或提醒时，使用礼貌的措辞和谦虚的口吻，以增加读者的接受度和配合度。

4.8.2　格式要点

（1）标题

通知的标题通常由以下几个部分构成：

①发文机关：通知的标题一般以发文机关的名称开头，以标明通知的来源和发布单位。

②事由：通知的标题中应包含主要事由，即通知发布的原因或主题。

③文种：通知的标题最后一部分是文种，用于说明该文件的性质和形式。

综上所述，通知的标题一般采用公文标题的常规写法，由"发文机关+事由+文种"组成。如：《国务院关于开展第五次全国经济普查的通知》（国发〔2022〕22号）

（2）主送机关

通知的发文对象一般都是比较明确的，因此要有主送机关。需要注意的是，如果主送机关较多，应注意主送机关排列的规范性，即一般按机关单位的级别高低排列。

在通知中，主送机关一般在正文的开头明确指出，可以包括单个机关或多个机关。主送机关的选择通常基于以下考虑：

①责任机关：主送机关应为直接负责相关事务的机关，能够及时采取行动并落实通知内容。

②领导机关：如果通知涉及决策或需要领导层的支持和指导，主送机关可能包括上级领导机关。

③相关部门或单位：通知的内容可能涉及多个部门或单位的合作和协调，主送机关可能包括这些部门或单位。

（3）正文

通知的正文主要包括通知缘由、通知事项和执行要求。

①通知缘由：通知缘由是指通知发布的原因或背景。在通知的正文中，应简要说明通知的缘由，使接收者能够理解通知的目的和背景。通知缘由可以是某项工作的需要、政策变动、重要会议的召开等。如下内容为事务性通知缘由的写法，说明了发布此通知的背景和目的。

为全面贯彻党的二十大精神，深入贯彻习近平生态文明思想，完整、准确、全面贯彻新发展理念，加快构建新发展格局，着力推动高质量发展，紧扣碳达峰碳中和目标任务，实施全面节约战略，广泛开展节能降碳宣传教育，推动形成绿色低碳的生产方式和生活方式，积极营造节能降碳浓厚氛围，进一步推动形成勤俭节约、合理用能的社会风尚，国家发展改革委等部门决定组织开展2023年全国节能宣传周和全国低碳日活动。现将有关事项通知如下：……（《国家发展改革委等部门关于开展2023年全国节能宣传周和全国低碳日活动的通知》，发改环资〔2023〕770号）

②通知事项：通知事项是指具体要通知的内容。在通知的正文中，应明确列出需要通知的各项事项，例如工作安排、会议时间地点、政策要求、工作流程等。例如，在上述《国家发展改革委等部门关于开展2023年全国节能宣传周和全国低碳日活动的通知》中，通知事项包括：

一、今年全国节能宣传周定为7月10日至16日，活动主题是"节能降碳，你我同行"。全国低碳日定为7月12日，活动主题是"积极应对气候变化，推动绿色低碳发展"。

二、全国节能宣传周期间，国家发展改革委将会同有关部门和单位围绕活动主题，积极开展形式多样、内容丰富的宣传教育活动，进一步加强生态优先、节约集约、绿色低碳发展等理念知识的科普宣传，持续提升全社会节能降碳意识和能力……

三、全国节能宣传周期间，有关部门和单位将按照分工开展分主题专项宣传活动。牵头部门和单位要加强组织实施，聚焦重点任务，强化部门联动，形成宣传合力。具体安排如下：……

四、全国低碳日当天，生态环境部将会同有关部门和单位围绕宣传主题，开展"线上＋线下"宣传活动……

五、各地区节能宣传周和低碳日活动牵头部门要切实加强统筹协调，会同联合主办部门和单位做好本地区节能宣传周和低碳日活动的组织工作……

③执行要求：通知的正文中应包括明确的执行要求。执行要求是指对接收者在执行通知事项时的具体要求和规定。执行要求可能包括工作时间要求、工作方式、报告要求、文件格式要求等内容。执行要求应具体明确，避免模糊和歧义。例如，在上述《国家发展改革委等部门关于开展2023年全国节能宣传周和全国低碳日活动的通知》中，执行要求包括：

六、各有关部门和单位、各地区节能宣传周和低碳日活动牵头部门要及时报送活动进展及宣传材料，国家发展改革委和生态环境部将把有关活动纳入全国节能宣传周和全国低碳日整体宣传范畴。活动结束后，各有关部门和单位、各地区节能宣传周和低碳日活动牵头部门要对本年度节能宣传周和低碳日活动情况进行总结，并于7月28日前将书面总结材料报送国家发展改革委（环资司）、生态环境部（气候司）。

（4）发文机关署名和成文日期

通知的发文机关署名和成文日期没有特别之处，按党政机关公文的一般要求编排在最后。在写作上，通知的发文机关署名和成文日期通常应符合以下格式要求：

发文机关名称一般使用全称，例如北京市人力资源和社会保障局，不写作"北京人社局"。有时署名也可以使用规范化简称，但应当和正文、附件、页眉等位置出现的发文机关名称写法保持一致。

成文日期一般位于发文机关署名的下方，署名与成文日期居中对齐。成文日期的格式一般为年、月、日。

这些是一份通知的基本组成部分，具体的通知结构和要求在不同机构和领域可能会有所不同。根据实际情况，还可以添加附件、图片、注释、参考资料等内容来支持通知的信息传达。例如，在上述《国家发展改革委等部门关于开展2023年全国节能宣传周和全国低碳日活动的通知》中，附件以此种方式列出：

附件：2023年全国节能宣传周和全国低碳日宣传重点

4.8.3 写作技巧

（1）简明扼要：通知应使用清晰简洁的语言，避免冗长和复杂的句子，确保接收方能够迅速理解和记住主要内容。

（2）明确目的：在通知中明确表达目的和意图，确保接收方明白为什么收到该通知以及应当采取何种行动。

（3）重要信息优先：将重要的信息放在通知的开头部分或每个段落的首部，以引起接收方的注意。这样可以确保即使在匆忙阅读或速读的情况下，关键信息也能被接收方捕捉到。

（4）清晰明了的行动要求：在通知中明确指出接收方需要采取的具体行动，并提供必要的细节和指导。这样可以避免混淆或误解，并确保接收方按照预期执行。

（5）语气礼貌和正式：通知应以礼貌和正式的语气撰写，以显示尊重和专业性。避免使用不正式的语言，特别是在正式场合或对外传达时。

（6）格式清晰整齐：通知应具备清晰的格式和布局，使其易于阅读和理解。使用标题、段落、编号或分条目来组织信息，以确保内容结构清晰，并提供必要的视觉引导。

4.8.4　例文展示与解析

国务院办公厅关于2023年部分节假日安排的通知

国办发明电〔2022〕16号

各省、自治区、直辖市人民政府，国务院各部委、各直属机构：

［ 阐明通知的依据、背景、目的 ］

经国务院批准，现将2023年元旦、春节、清明节、劳动节、端午节、中秋节和国庆节放假调休日期的具体安排通知如下。

［ 分项列举具体通知事项 ］

一、元旦：2022年12月31日至2023年1月2日放假调休，共3天。

二、春节：1月21日至27日放假调休，共7天。1月28日（星期六）、1月29日（星期日）上班。

三、清明节：4月5日放假，共1天。

四、劳动节：4月29日至5月3日放假调休，共5天。4月23日（星期日）、5月6日（星期六）上班。

五、端午节：6月22日至24日放假调休，共3天。6月25日（星期日）上班。

六、中秋节、国庆节：9月29日至10月6日放假调休，共8天。10月7日（星期六）、10月8日（星期日）上班。

[提出具体工作要求]

节假日期间，各地区、各部门要妥善安排好值班和安全、保卫、疫情防控等工作，遇有重大突发事件，要按规定及时报告并妥善处置，确保人民群众祥和平安度过节日假期。

国务院办公厅

2022 年 12 月 8 日

4.9　通报

《党政机关公文处理工作条例》第八条第九项规定，通报，适用于表彰先进、批评错误、传达重要精神和告知重要情况。

通报是指向特定的对象发布信息、通知或消息的文件。通报的目的是向相关方传达重要的或紧急的事项，以便他们及时了解并采取相应的行动。通报通常包括发出通报的机构或部门的名称、通报的主题和内容、相关的日期和时间、接收通报的对象以及其他相关信息。通报的内容可以涉及各种主题，如安全事故通报、紧急事件通报、人事变动通报、规章制度通报等。通报可以通过邮件、内部网站、公告栏等方式进行发布，以确保信息有效传播和及时反馈。

4.9.1　基本常识

（1）通报的特点

通报是指向特定人群或组织传达重要信息或决策的文件。以下是通报的一些基本特点：

①典型性：在通报中，可以选择具有代表性的案例、事件或数据进行描述和说明。这些典型性的例子可以帮助读者更好地理解问题的重要性和典型性，从而更好地应对类似问题。

②引导性：通报通常会提供一些指导性的建议、要求或措施，以引导读者

采取相应的行动或处理方式。这些指导性的内容可以帮助读者更好地应对问题或采取必要的措施。

③时效性：通报应及时发布，以确保信息的有效传达和问题的及时解决。通报的内容通常与当前的事件或情况密切相关，需要在一定时间内得到处理或回应。因此，通报在时间上具有明确的要求和限制。

④真实性：通报的内容应当客观、准确地描述事件或问题，并提供真实的数据和信息作为支持。同时，通报应当遵循相应的信息披露规定，确保信息的真实性和可信度。

⑤公开性：通报通常面向广大受众，包括相关部门、机构、个人等，以确保信息的公开透明。非涉密的通报可以通过适当的渠道和方式进行发布，确保公众的知情权和参与权。

（2）通报的类型

根据通报内容和目的，通报一般可分为三种：一是表彰通报，用于在一定范围内表扬好人好事。二是批评通报，用于在一定范围内批评错误，纠正不良倾向。三是情况通报，多用于向有关方面知照应该掌握和了解的信息、动态，以供工作参考，多作下行文，也兼作平行文。

①表彰通报：表彰通报主要用于向受表彰的个人或单位给予公开的表彰和赞扬。这种通报通常用于表彰在某个领域或事件中取得杰出成绩、突出贡献或良好表现的个人或单位。表彰通报的目的是树立典型、激励他人、提高工作积极性和效率。

②批评通报：批评通报主要用于向受批评的个人或单位进行公开的批评和警告。这种通报通常用于批评在某个领域或事件中存在问题、失职、失误、违规或不良行为的个人或单位。批评通报的目的是对问题进行曝光、警示和惩戒，促使其改正错误、提高工作水平和纪律意识。

③情况通报：情况通报主要用于向相关部门、机构或个人通报某个事件、事态或情况的最新进展、情况说明或解释。这种通报通常用于及时传达重要信息、解答疑问、澄清误解或引导相关行动。情况通报的目的是提供准确的信息、保持透明度、避免谣言和误导，以便相关方作出正确决策和采取相应行动。

需要注意的是，表彰通报和批评通报属于奖惩性通报，这是一种特殊的通报形式，其主要目的是对个人或单位的奖励或惩罚进行公开通报。奖惩性通报可以作为表彰通报或批评通报的一种形式存在，制发单位在级别上没有限制，可以由上级单位或同级单位进行制发。

（3）通报的作用

①信息传递：通报是将重要信息传达给相关人员的有效方式。它可以传达各种信息，包括政策变动、重要决策、组织变革、工作安排等。通过通报，相关人员能够及时了解到重要信息，确保信息的准确传递与理解。

②组织协调：通报可以帮助组织协调各个部门或团队之间的工作。通过通报，各部门或团队可以了解彼此的工作进展、计划和需求，促进合作与协调，避免信息断层和工作冲突。

③规范行为：通报可以对相关人员的行为进行规范和指导。通过通报，组织可以明确工作要求、规定和准则，使相关人员了解自己的职责和义务，以及组织对他们的期望。它可以帮助建立起明确的工作规范和行为准则，促进良好的工作风气和行为习惯。

④激励与表彰：通报可以用于激励和表彰个人或团队的优秀表现。通过通报，组织可以公开表彰那些在工作中表现出色、取得重大成绩或作出杰出贡献的人员或团队。这不仅可以激励他们继续努力，还可以树立正面榜样，激发其他人的积极性和创造性。

⑤知识沉淀与共享：通过发布通报，可以将重要的经验教训、行业动态、研究成果等进行归纳和总结，形成知识库或数据库。这样可以方便相关人员查阅和学习，提高组织的学习和创新能力。

（4）通报的要求

通报作为一种官方发布的公文，需要满足以下几个要求：

①明确的目的和主题：在通报的首部，应明确表达通报的目的和主题，让读者能够迅速理解通报的内容和意图。

②简明扼要的陈述：通报应简洁明了，用简练的语言概括要点和重点，使用简明的句子和段落，让读者能够快速理解和获取信息。

③清晰的组织结构：通报应有清晰的组织结构，包括引言、正文和结尾等部分。每个部分应有明确的小标题或总起句，以帮助读者快速浏览和定位所需信息。

④逻辑清晰：通报应按照逻辑顺序组织，确保内容的连贯性和一致性。每个段落应有明确的主题和论点，以帮助读者理解和厘清思路。

⑤语言准确和得体：通报应使用准确、得体的语言表达，避免使用含混不清的词语。注意语法和标点符号的正确使用，以确保通报的可读性和专业性。

⑥重点突出：在通报中突出重要的信息、事件或事实，可以使用加粗、转行或其他格式来强调关键内容。这有助于读者快速获取核心信息并理解重点。

4.9.2　通报与通知的区别

通报和通知是两种截然不同的公文，其区别如下：

（1）内容范围不同：通报主要用于宣布、介绍或表彰某个事件、事迹或情况，可以是一次性的或定期的，通常用于向公众传达特定信息或展示典型经验；而通知则用于向特定的个人、团体或机构传达具体的要求、指示、安排或决定，目的是引导行为或推动工作的进行。

（2）发布对象不同：通报通常面向广大公众，包括相关部门、机构、公众等，用于传达信息、宣传事迹或表彰先进；而通知则通常面向特定的群体、团体或机构，用于传达具体的要求、指示或安排。

（3）形式不同：通报通常以较为简短的篇幅介绍事实、经过和意义，并可能包含表彰决定或希望、号召、警示；而通知通常较为详细，包括具体的要求、安排、时间、地点等信息，以确保接收者能够准确理解并按照要求行动。

（4）目的不同：通报的目的是传达信息、宣传事迹或表彰先进，旨在引起公众的关注、学习和参与；而通知的目的是向特定人员或单位传达具体的要求、指示或安排，以便推动工作的顺利进行。

总之，通报和通知在内容范围、发布对象、形式和目的等方面存在明显的区别。正确区分并运用这两种公文形式，能够更好地满足在不同情况下的传达需求和工作要求。

4.9.3　格式要点

（1）标题和主送机关

通报的标题通常由"发文机关＋事由＋文种"构成。其中，"发文机关"指发出通报的具体机构或部门名称，"事由"指通报的具体内容或事件，"文种"指通报的文书形式，如通报、通告等。例如：

《浙江省人民政府关于表彰无偿献血先进集体和先进个人的通报》（浙政发〔2016〕43号）

通报的主送机关一般为直属下级机关，或需要了解该内容的不相隶属的单位，通报的受文机关一般都比较明确，所以主送机关这个要素不能省略。

（2）正文

对于表彰通报和批评通报而言，正文分为三个部分："主要事实＋教育意义＋决定要求"，即通过典型案例反映教育意义，进而提出相应的要求；情况通报则可以只对有关事实做客观叙述，也可以对有关情况加以分析说明，甚至针对具体问题提出相应的指导性意见。例如，天津市河西区纪委监委2021年4月1日发布《关于对3起不担当不作为、履职不力问题的通报》[①]：

为进一步严明纪律要求、强化责任意识，提振全区广大党员干部干事创业精气神，营造担当作为、履职尽责、狠抓落实的良好氛围，现将3起不担当不作为、履职不力典型问题通报如下：

1.河西区城市管理委员会四级调研员常某、城市管理考核科科长吕某某工作履职不力问题。我区城市管理综合考评在全市排名靠后，日前区纪委监委在对城市管理工作进行监督检查中发现，部分街道、部门存在城市管理考核数字化指挥平台"城市管理问题件"结案率、按期办结率低的问题，甚至有的街道发生办结率为"0"的现象。经查，吕某某在日常工作中，作为区城管委考核科科长，未正确履行指导、检查、考核、监督问责职责，不担当不作为，违反

---

① 《关于对3起不担当不作为、履职不力问题的通报》，载天津市河西区纪委监委网站，https://hexi.tjjw.gov.cn/jdbg/2021/04/01/xqing_20210401662.html。

工作要求，对上述问题的发生负主要责任。常某作为该项工作的分管领导，在督促考核科组织开展全区城市管理综合考评工作中履职不力，把关不严，负领导责任。2020年12月，常某、吕某某受到政务警告处分。

2.……

3.……

上述3起不担当不作为、履职不力问题的发生，暴露出我区个别党员干部纪律意识淡薄，在政治站位、思想认识、履职尽责、工作作风等方面还存在着一定差距和不足。广大党员干部特别是领导干部要以案为戒为鉴，深刻汲取教训，真正把责任担当起来，把职责履行起来，将担当作为体现在具体工作中。

"干在实处永无止境，走在前列要谋新篇"。当前我区开展讲担当促作为抓落实、持续深入治理形式主义官僚主义不担当不作为问题专项行动，在"十四五"起步之年，面对新形势新任务，全区广大党员干部必须扛起对党忠诚、为党分忧、为党尽职、为民造福的政治担当，认真履职尽责，主动担当作为，以时不我待、只争朝夕的紧迫感和使命感推动各项工作落实落地。各级党组织要进一步提高政治站位，深入贯彻落实市委、区委部署要求，切实担负起全面从严治党主体责任，教育引导党员干部始终保持积极向上的精神状态和苦干实干的竞进姿态，以务实作风迈好开局之步。

各级纪检监察组织要强化监督执纪问责，聚焦治理重点，铁腕重拳查处突出问题。对发现的失职失责、敷衍塞责、生冷硬推、庸懒散拖等不担当不作为问题，严肃追责问责，绝不姑息纵容，以严明的纪律保障作风建设向上向好，营造干事创业的强大气场，为建设首善之区、打造品质城区，奋力建设社会主义现代化大都市核心区提供坚强有力保障。

（3）发文机关署名和成文日期

通报的发文机关署名和成文日期通常位于正文结尾的右上角位置。

发文机关署名一般为发文机关的全称或规范化简称，例如："××省人民政府""××市教育局"等。有时候也会在发文机关署名前加上"通报""通知"等词语，以明确文件形式。

成文日期指的是通报的具体编写日期，一般以年、月、日的顺序排列。

请注意，具体的署名和日期格式可能会根据不同机关、地区或国家的规定而略有差异。在实际写作中，应根据相关规定和要求来进行准确的署名和日期填写。

4.9.4 写作技巧

（1）表彰通报

表彰通报用于表彰先进人物或先进集体，介绍先进事迹、推广典型经验。正文分为四个部分：

①事迹介绍：首先介绍被表彰人物或集体的基本情况，包括姓名、职务、单位等。然后详细描述其先进事迹，突出其在工作中的出色表现、创新成果或突破，以及对组织或团队的积极影响。

②经验总结：在此部分，对被表彰人物或集体的先进经验进行总结和分析。可以探讨其成功的原因、方法和策略，以及取得的成果和效益。突出先进经验的可借鉴性和普遍适用性，为其他人员提供借鉴和启示。

③推广意义：阐述被表彰人物或集体的先进事迹和经验对组织或团队的推广意义。分析其对组织的发展、业务的提升、团队的凝聚力等方面的积极影响，强调其为组织作出的突出贡献。

④表彰激励：最后，对被表彰人物或集体表示衷心的祝贺和感谢，肯定其先进性和努力付出。鼓励其他人员以其为榜样，积极学习、宣传和推广其先进事迹和经验，激励更多人为组织作出贡献。

（2）批评通报

批评通报通常用于指出个人或团体在工作、行为或业绩方面存在的问题或不足，并提出批评和改进意见。正文分为以下四个部分：

①问题描述：首先明确指出被批评者在哪个方面存在问题或不足，具体描述问题的性质、影响和严重程度。可以通过客观数据、案例或事实来支持问题的存在和认识。

②批评分析：对问题进行逐一分析和批评。清楚说明问题的原因和产生的背景，分析其影响和可能带来的风险。同时，可以提供相应的数据、调研结果

或对比来加强批评的说服力。

③建议措施：在此部分，提出解决问题的具体方法和建议。可以根据问题的性质和原因，提供改进措施、培训或指导方案。建议应具体、可操作性强，能够解决问题并改善工作。

④结尾：在批评通报的结尾部分，强调对被批评者的期望和希望。鼓励被批评者接受批评，积极改进和提升自己，避免类似问题再次发生。同时，可以表达对其他人员的警示和告诫，以促进个人发展和组织共同进步。

通过以上四个部分的构建，批评通报可以明确指出问题并提供具体的改进方案，促使被批评者认识到问题的严重性，并采取行动来改善和提升。同时，批评通报也可以为其他人员提供借鉴和警示，促进整个组织的进步和发展。

（3）情况通报

情况通报用于传达重要精神和沟通重要情况，其正文通常由开头、主体和结尾三个部分构成。

①开头：在情况通报的开头部分，应明确说明发送者的身份和发送时间，以及通报的目的和背景。可以简要概述即将讨论的重要情况，并引起读者的兴趣和注意。

②主体：在情况通报的主体部分，详细介绍和阐述重要情况。可以提供相关背景信息、数据和事实，以及对该情况的分析和解释。重点突出关键信息，如事件的发生经过、影响范围、解决进展等。同时，还可以补充相关证据或专家意见来支持所述情况的真实性和可信度。

③结尾：在情况通报的结尾部分，总结重要情况并强调其意义和影响。可以对读者提出具体的要求、期望或建议，鼓励他们采取行动或参与进一步的讨论和决策过程。同时，可以表达对读者的感谢和支持，以增强合作关系和共同努力的意愿。

通过以上三个部分的构建，情况通报可以清晰、准确地传达重要精神和沟通重要情况，确保通报的信息清晰传达，并促使读者积极参与和响应。

4.9.5 例文展示与解析

浙江省人民政府关于表彰无偿献血先进集体和先进个人的通报

浙政发〔2016〕43号

[陈述通报的背景、事实情况]

各市、县（市、区）人民政府，省政府直属各单位：

2012年以来，在各地、各有关部门和社会各界的共同努力，在广大群众的积极参与下，我省的无偿献血工作取得了可喜的成绩。全省无偿献血占临床用血比例继续保持100%，保障了医疗救治用血需求，涌现出一批先进集体和先进个人。

[阐明通报的目的、依据和具体决定]

为表彰先进，弘扬奉献精神，激励全社会积极参与无偿献血工作，根据《中华人民共和国献血法》《全国无偿献血表彰奖励办法》及《浙江省实施办法》有关规定，省政府决定，对杭州市等6个无偿献血先进市和杭州市上城区等45个无偿献血先进县（市、区）予以通报表彰；授予2012—2015年度累计献血3万毫升以上的丁燕等275人无偿献血特别奉献奖荣誉称号，授予累计献血1万毫升以上的1761人无偿献血之江杯奖荣誉称号。

[结尾提出要求和希望，附件列出详细名单]

希望受表彰的市、县（市、区）和个人珍惜荣誉，再接再厉，继续发扬互助奉献精神，树立新标杆，作出新贡献。各地、各部门和广大干部群众要向先进学习，主动参与无偿献血活动，为进一步推动我省无偿献血事业发展、建设健康浙江作出应有的贡献。

附件：2012—2015年度全省无偿献血先进集体和先进个人名单

浙江省人民政府

2016年11月29日

4.10　报告

《党政机关公文处理工作条例》第八条第十项规定，报告，适用于向上级机关汇报工作、反映情况，回复上级机关的询问。

报告是一种书面传达方式，用于向特定的受众提供关于特定主题、问题或事件的信息和分析。报告通常基于对数据、事实和研究的收集和分析，并以结构化的方式呈现，以便读者能够理解和运用这些信息。报告的内容通常包括背景介绍、目的意义、方法论、数据和分析、结论和建议等部分。

4.10.1　基本常识

（1）报告的特点

报告针对某个主题或问题进行详细说明、分析和总结。它是一种正式的文书，通常用于向上级汇报工作、研究、调查情况等。其具有以下特点：

①单向性：报告是下级机关向上级机关汇报工作、反映情况、提出建议时使用的单向上行文。报告不需要上级机关批复，而是按照阅知件处理。

②陈述性：报告在汇报工作、反映情况时，所表达的内容和使用的语言都是陈述性的。报告人需要以简明扼要的方式陈述事实，而不能过于详细描述。这种叙述和说明必须概括性地呈现，以便上级机关能够快速了解情况。

③事后性：报告多数情况下是在工作开展一段时间后或某种情况发生后向上级机关汇报。它通常是基于实际情况和已有数据作出的分析和总结。然而，建议性报告需要在陈述事实的基础上提出建议，报告人需要在深入分析现状的基础上，提出具有前瞻性的建议，帮助上级机关作出决策或改进工作。

综上所述，报告作为单向上行文，以陈述性的方式汇报工作、反映情况和提出建议。报告人需要简洁明了地陈述事实，并在适当的情况下给出具有预见性的建议。这样能够帮助上级机关迅速了解情况并作出相应的决策。

（2）报告的类型

根据报告反映的内容，可以将报告划分为工作报告、情况报告、建议报告、答复报告和呈送报告。

①工作报告：工作报告是向上级汇报常规工作。工作报告可分为两种：一是综合报告，涉及面宽；二是专题报告，涉及面窄。

A.综合报告：综合报告是对一段时间内的常规工作进行全面汇报。它通常包括工作目标、完成情况、遇到的问题和解决方案、工作中的亮点和不足等内容。综合报告涉及的工作范围广，能够全面展示工作的整体情况，帮助上级机关了解工作的进展和成果。

B.专题报告：专题报告是对某个特定工作或问题进行详细的汇报和分析。它通常针对某个具体的工作项目、政策实施或团队管理等进行深入研究并提出建议。专题报告涉及面相对窄，更加专注和具体，能够提供对特定问题的深入了解和解决方案。

无论是综合报告还是专题报告，工作报告都是向上级机关汇报常规工作的重要方式。通过工作报告，下级机关能够及时向上级机关展示工作的进展和成果，提供数据支持和反馈，以便上级机关了解工作情况并作出相应的决策和指导。

②情况报告：情况报告是向上级机关反映情况，重点是事情来由、基本过程、性质、本单位的认识、分析、采取的措施等。情况报告常用于向上级汇报下列事项：

A.突发事件：情况报告常用于向上级机关汇报突发事件，如自然灾害、事故、重大犯罪等。报告内容会详细描述事件的来由、发生的基本过程、事件的性质和对本单位的影响，同时分析事件原因和可能的后果，并提出采取的应急措施。

B.重大问题：情况报告也常用于向上级机关汇报重大问题，如重大违法违纪行为、重大经济损失、重大安全隐患等。报告内容会详细描述问题的发现、问题的性质、问题的影响范围，同时分析问题的原因和产生的根源，并提出解决问题的具体措施和建议。

C.社会舆情：情况报告还可以用于向上级机关汇报社会舆情，如突发的社会事件、重大的舆论争议等。报告内容会详细描述舆情的背景、舆论的主要观点和情绪，同时分析舆情对本单位的影响和可能产生的风险，并提出应对舆情的策略和措施。

情况报告的目的是向上级机关提供准确、全面的情况反映，帮助上级机关了解问题的实际情况并作出相应的决策和指导。报告内容应客观、准确地陈述事实，分析问题的原因和解决方法，并提出改进措施和建议。

③建议报告：建议报告主要是向上级机关提出工作建议和措施，以解决问题或改进工作。报告内容通常包括以下两个主要部分：

A.情况分析：在建议报告中，应对问题或情况进行详细的分析和评估。这包括对问题的背景、原因、影响范围等进行全面的描述和分析，以便上级机关了解问题的实质和重要性。情况分析应该客观、准确，并基于充分的数据和信息支持。

B.意见措施：在建议报告中，应提出具体的工作建议和措施。这些意见和措施应该基于情况分析的基础上，具有可行性和可操作性。建议报告应该提出明确的目标和行动计划，同时还要说明实施这些建议和措施所需的资源、时间和责任分工等。

建议报告的目的是为上级机关提供具体的工作方向和行动计划，帮助上级机关制定决策和指导。因此，建议报告的内容应该清晰、具体，并提供充分的依据和分析，以增加其可信度和可行性。

④答复报告：答复报告是一种向上级机关提供答复的正式文件，用于回答上级机关的询问或要求。其中，检查报告是答复报告的一种，主要用于对工作中出现的重大过错进行检讨并向上级汇报。

答复报告的主要内容包括两个部分：

A.答复依据：在答复报告中，需要明确指出答复的依据。这包括相关的法律法规、政策文件、会议纪要、工作指引等。答复依据的明确性能够有效地支持答复的合理性和可行性。

B.答复事项：在答复报告的正文中，需要明确回答上级机关的询问或要求。答复内容应该具体、准确，并与上级机关的关切点相对应，针对具体问题提供具体答复。答复事项的清晰性能够帮助上级机关快速了解到关键信息和解决方案。

总之，答复报告作为一种正式的文件，需要准确回答上级机关的询问或要求，并同时提供充分的依据和解决方案。通过清晰、简明的语言和严谨的逻辑结构，答复报告能够有效地传达信息并满足上级机关的需求。

⑤呈送报告：呈送报告是指将报告正式提交给上级机关或领导，以供审阅、批示或决策。在呈送报告时，需要注意以下几个方面：

A.报告的格式和规范：报告应按照规定的格式进行编写，包括标题、正文、附件等都应符合公文写作规范。同时，还需要遵守机关或领导的报告要求，如字数限制、样式要求等。

B.呈送报告的封面：呈送报告时，通常需要编制一份封面，用于标明报告的名称、呈送单位、呈送日期等信息。封面需要清晰、简洁，并遵循相关规定。

C.报告的送达方式：呈送报告可以通过邮寄、传真、电子邮件等方式进行。需要根据具体情况选择适当的送达方式，并确保报告能够及时送达上级机关或领导。

D.呈送报告的附件：如果报告中涉及一些数据、图表、研究报告等，可以作为附件一同呈送。附件应该与报告内容相关，并能够进一步支持报告的观点和结论。

E.报告的保密性：在呈送报告时，需要根据报告内容的保密性确定是否需要进行保密处理。对于涉密信息，需要遵守相关保密规定，并采取相应的措施确保报告的安全性。

在呈送报告之前，需要进行仔细的审核和校对，确保报告的内容准确、完整，并符合上级机关或领导的要求。此外，还可以附上一份简短的呈送信，用于说明报告的目的和重要性。

（3）报告的作用

①传达信息：报告是传达信息的一种有效方式。通过报告，人们可以向特定的受众提供关于特定主题、问题或事件的详细信息。报告可以包含数据、事实、分析和解释，以便读者或听众能够全面了解相关内容。

②决策支持：报告为决策提供重要的支持。通过对数据和信息的收集、整理和分析，报告可以提供决策所需的背景知识和洞察力。报告的结论和建议可

以帮助决策者作出决策。

③沟通和交流：报告是组织内部和外部沟通和交流的重要工具。通过报告，可以向上级、组织、合作方或利益相关方传达信息，协调行动，澄清问题，提供更新或解决方案等。

④问题解决和改进：报告可以用于问题解决和改进过程。通过对问题的分析和评估，报告可以提供解决问题的建议和行动计划。报告还可以用于评估和监测改进措施的效果，并提供反馈和调整建议。

⑤知识共享和记录：报告可以用于共享知识和记录经验。通过报告，人们可以将研究结果、项目经验、最佳实践、发展趋势等知识进行记录和分享。这有助于组织内部的学习和知识积累，促进持续改进和创新。

（4）报告的要求

①主送机关要尽量少：在写报告时，应尽量限制主送机关的数量，以确保报告的重点和目标清晰明确。过多的主送机关可能导致报告内容不明确，缺乏针对性。

②报告开头导语部分的四种类型：概述型，即简要概述报告的主要内容；问题型，即提出需要解决的问题；背景型，即介绍报告的背景和相关情况；引证型，即引用相关的数据或事实来引起读者的兴趣。

③报告主体部分的两种类型：报告的主体部分可以采用总结式或指导式的写法。总结式写法主要是对过去的工作、情况或数据进行总结和分析；指导式写法则是对未来的工作、措施或建议进行具体指导和说明。

④报告结语部分简洁：报告结语部分应简明扼要，对报告的主要内容进行总结，并可以提出进一步建议或展望。

⑤报告中不应夹带请示事项：报告是用于向上级汇报工作、情况或建议的文件，不应夹带需要请示的事项。请示事项应以独立的请示函或文件形式提交。

总之，在撰写报告时，应注意以上要求，以确保报告的准确、清晰和规范。同时，根据具体的报告要求和机构规定，灵活运用不同的写作技巧和结构，使报告内容更具针对性和可读性。

4.10.2　格式要点

（1）标题

根据需要，报告的标题可以省略发文机关，但事由和文种不能省略。事由是指报告的具体内容或目的，文种是指报告的文件形式，如报告、调研报告、工作汇报等。

省略发文机关后，标题将由"事由＋文种"构成，以准确概括报告的主题和性质。这样的标题格式简洁明了，突出了报告的核心内容，使读者能够快速理解报告的目的和重点。

但需要注意的是，省略发文机关的标题应与具体机构或部门的规定和要求相符，确保在合适的场合和范围内使用。有些特定情况下，可能需要保留发文机关，以便更好地标识和归属报告的来源。

（2）主送机关

在撰写报告时，应确保准确标识并署名主送机关，以便报告能够按照正确的渠道传达和处理。报告的主送机关通常是发文单位的直属上级领导机关，一般情况下只有一个主送机关。主送机关是指报告的主要接收单位，负责审阅、批示或决策相关事项。

通过指定主送机关，可以确保报告传达给相关的上级领导或决策者，以便他们及时了解报告的内容并采取相应的行动。主送机关的确定通常基于组织机构的层级关系和职责分工。

需要注意的是，对于一些较复杂的机构或涉及多个部门的问题，可能会存在多个主送机关的情况。但总体来说，一份报告通常只有一个主要的主送机关。

（3）正文

报告的正文结构通常由缘由、事项和结尾组成，与一般公文的结构相似。下面是对报告正文结构各部分的解释：

①缘由部分：缘由部分是报告的开头部分，也称为导语部分。它主要介绍

报告的背景、目的和动机，解释为什么要进行该报告和对应的事件或问题的缘由。缘由部分通过介绍相关背景信息、提出问题或挑战，引起读者对报告内容的兴趣和关注。

②事项部分：事项部分是报告的核心内容，包括详细的事实、数据、分析和解释。在事项部分，报告可以根据具体的目的和内容，采用不同的写作方式，如描述、分析、对比、总结、建议等。事项部分应结构清晰、逻辑严密，以便读者能够清晰地理解报告的内容和观点。

③结尾部分：结尾部分是报告的结束部分，也称为结语或结论部分。在结尾部分，报告可以对事项部分的内容进行总结和归纳，强调重要观点和结论，并提出建议、措施或对后续工作的展望。结尾部分通常简要明了，给读者一个清晰的结束信号。

需要注意的是，报告的正文结构可以根据具体的报告类型、目的和读者需求进行调整和扩展。有时候，报告还可以包括其他部分，如目录、附录、参考文献等，以进一步提供支撑材料和依据。

（4）发文机关署名和成文日期

报告的发文机关署名和成文日期通常位于报告正文的结尾部分。

发文机关署名是指报告的具体发文单位或机构的名称。它可以是完整的机关名称或规范化简称，如"××省人民政府""××市教育局"等。发文机关署名的目的是确保报告的来源可信，并清晰标识报告的发起机构。

成文日期是指报告的撰写完成日期，一般以年、月、日的顺序排列。它提供了一个时间参考，显示报告的时效性和时代背景。

4.10.3　写作技巧

（1）明确目标和读者：例如，一份市场调研报告的目的可能是了解目标市场的需求和竞争环境，读者可能是单位的高级管理人员或市场营销团队。在写作过程中，可以根据目标读者的背景和需求，选择合适的数据和信息。

（2）结构清晰：例如，在撰写报告时，可以先拟定条理清晰的大纲，然后有所侧重地划分段落层次，灵活运用序号、小标题、总领句，提炼每个段落的主旨,再分别展开论述,注意对重要部分详细阐述,对次要部分简要描述。一个完整的部分结束后可以简要书写几句结语,并自然过渡到下一部分。

(3)使用简明扼要的语言:例如,在写一份经济数据报告时,可以使用简单明了的句子来描述各项指标数据和趋势。避免使用过多的复杂句子结构,以确保读者能够理解报告的内容。

(4)提供充分的证据和数据支持:例如,在写一份研究报告时,可以引用相关的研究数据和调查结果来支持观点和结论,包括统计数据、图表等,以增加报告的可信度和说服力。

(5)图表和图像的使用:例如,在写一份项目进展报告时,可以使用甘特图来展示项目的时间表和里程碑。此外,还可以使用柱状图或饼图来呈现项目的进展情况和资源分配情况。这些图表和图像可以使报告更具可读性和可视化。

(6)简洁明了地总结:例如,在写一份年度工作报告时,可以在结尾部分提供简洁明了的总结,强调工作成果和未来的发展方向。

4.10.4　例文展示与解析

市政府机关党组2022年落实全面从严治党主体责任情况报告①

[报告的背景、目的]

2022年,市政府机关党组坚持以习近平新时代中国特色社会主义思想为指导,认真贯彻落实党的十九大和十九届历次全会精神,全面学习贯彻党的二十大精神和中央决策部署,深入落实市第十二次党代会精神,按照市委部署和市政府党组、市纪委监委要求,坚持严的主基调不动摇,发扬伟大建党精神和自我革命精神,以党的政治建设为统领,坚定不移推进全面从严治党,持续提升"三服务"工作水平,以实际行动和成效坚定捍卫"两个确立"、坚决做到"两个维护"。

---

① 《市政府机关党组2022年落实全面从严治党主体责任情况报告》,载天津市人民政府网,https://www.tj.gov.cn/sy/tzgg/202301/t20230104_6068347.html。

[**紧扣主题，分项阐述报告的具体事项**]

一、强化理论武装，坚持不懈用习近平新时代中国特色社会主义思想凝心铸魂

一是及时跟进学习贯彻习近平总书记重要讲话和重要指示批示精神。（略）

二是深入学习宣传贯彻党的二十大精神。（略）

三是扎实开展"迎盛会、铸忠诚、强担当、创业绩"主题学习宣传教育实践活动工作。（略）

二、坚持正确的政治方向，把党的领导落实到机关各项工作全过程

一是持续开展政治机关和政治工作者意识教育。（略）

二是严格落实党的全面领导制度。（略）

三是一体推进政治生活、政治生态、政治文化建设。（略）

四是严格落实意识形态和安全保密工作责任制。（略）

三、压紧压实管党治党责任，进一步增强机关党组织政治功能和组织功能

一是加强谋划部署压责任。（略）

二是大抓基层党建促融合。（略）

三是狠抓作风纪律严管理。（略）

四、打造高素质干部队伍，在服务中心大局中展现忠诚干净担当作为

一是坚持树立正确选人用人导向。（略）

二是强化干部能力素质培养。（略）

三是持续提高办文办会办事质效。（略）

四是增强联系和服务群众能力。（略）

五是提升服务大局能力水平。（略）

[**下一步工作安排和展望**]

下一步，市政府机关党组坚持以习近平新时代中国特色社会主义思想为指导，深入学习贯彻党的二十大精神和市第十二次党代会精神，认真落实中央决策部署和市委、市政府部署要求，坚定不移推进全面从严治党，持续加强政治机关建设，着力抓好干部队伍建设，加强和改进作风建设，坚持以严的基调强化正风肃纪，涵养良好政治生态，进一步激发机关党员干部干事创业的积极性

主动性创造性，为全面建设社会主义现代化大都市"添秤"。

4.11　请示

《党政机关公文处理工作条例》第八条第十一项规定，请示，适用于向上级机关请求指示、批准。

请示是指向上级提出请求、咨询或征求意见的行为。它通常用于在作出重要决策、处理复杂问题、解决困难情况或执行特定任务之前，向上级征求授权、指导或意见。通过请示，下级能够获取更高层级的指导和支持，确保决策的合理性和行动的有效性。请示的内容通常包括问题的描述、需要解决的困难、建议或解决方案，以及请求的支持或批准等。

4.11.1　基本常识

（1）请示的特点

请示是一种正式的沟通方式，通常用于向上级汇报工作并征求意见、解决问题或寻求决策。请示是一种特殊的公文形式，具有以下特点：

①请求性：请示的目的是向上级请求批准、指示、决策或提供意见。请示表达了对某个问题或决策的需求，请求对方作出相应的回应或决策。

②回复性：请示通常期待对方给予明确的回复或答复，以便解决问题或作出决策。请示和回复之间形成一种相互关联和相应的关系。

③单一性：每一份请示通常只针对一个具体的问题或事项，以保证清晰明确的沟通和回应。请示的内容应该具体而明确，避免涉及多个不相关的问题。

④针对性：请示应直接针对问题或决策的相关方面，提供必要的背景信息和详细的请求或建议。请示的内容应精准而具体，以便对方能够准确理解并作出相应的回应。

⑤提前性：请示通常在需要作出决策或行动之前提出，以确保有足够的时

间进行审批、讨论或准备。请示的时间要合理安排，并考虑到上级或相关单位的工作节奏和流程。

⑥可行性：请示应具备可行性和合理性，提出的请求或建议应基于实际情况，考虑到资源、时间和限制等因素。请示的内容应经过合理的分析和评估，以确保提出的请求可行且符合实际情况。

需要注意的是，请示的具体特点可能会根据不同机构、部门或领域的规定和实际情况有所不同。在撰写请示时，应根据具体需求和要求，合理运用以上特点，以确保请示的质量和效果。

（2）请示的必备条件和适用范围

请示作为一种特殊的公文形式，具有一些必备条件和适用范围。

①必备条件

A.上下级关系：请示通常是下级向上级的正式沟通方式。请示的发起方与接收方之间必须存在明确的上下级关系，以确保请示的合法性和有效性。

B.决策需求：请示的目的是请求上级作出决策、批准、指示或提供意见。请示必须基于某个具体问题或事项的决策需求，以解决问题、获得指导或决策支持。

C.相关性和重要性：请示应具有明确的相关性和重要性。请示的内容必须与上级或有关单位的职责、权限或决策范围相关，且具有一定的重要性和紧迫性，需要上级或有关单位作出相应的回应或决策。

②适用范围

A.请示决策：当下级机关需要上级机关作出具体决策时，可以通过请示的方式请求上级领导的批准、指示或决策意见。

B.请示意见：当下级机关需要上级机关提供相关意见、观点或建议时，可以通过请示的方式征求上级领导的意见。

C.请示批准：当下级机关需要上级机关的批准或许可时，可以通过请示的方式请求上级领导的批准、许可或授权。

D.请示指示：当下级机关需要上级机关的具体指示、安排或行动指导时，可以通过请示的方式请求上级领导的指示、安排或指导。

（3）请示的类型

根据请示的作用，可以将请示划分为以下四类：

①请求指示性的请示：这种请示是向上级或有关单位请求具体的指示、安排或行动指导。例如：

·请示如何组织一场重要会议，包括会议议程、参会人员和会议安排等。

·请示如何处理突发事件或紧急情况，请求上级指示应采取的措施和行动方案。

·请示如何开展某项重要工作或项目，请求上级对工作计划、资源调配和进度安排的指导。

②请求批示、解决问题的请示：这种请示是向上级或有关单位请求批示、决策或解决特定问题。例如：

·请示某一具体问题的处理意见或决策，如人事安排、财务审批、项目投资等。

·请示相关政策、法规的解释和应用，请求上级给出明确的指导和解答。

·请示涉及跨部门或跨领域的问题，请求协调和合作达成共识。

③请求批转文件的请示：这种请示是向上级或有关单位请求对特定文件的批转或审阅。例如：

·请示将某份文件转发给上级领导或其他部门进行审阅、批示或意见反馈。

·请示将某份文件转发给上级机关进行正式的审核、签署或授权处理。

④请求发文的请示：这种请示是向上级或有关单位请求发文，即撰写并发出正式的文件。例如：

·请示向上级机关提交某份重要报告、计划、提案等，请求发文进行正式的提交。

·请示向上级机关提出某项建议、意见或决策，请求发文表达并传达到相关部门或人员。

（4）请示的作用

①征求指导和决策支持：通过请示，下级可以向上级或相关部门咨询，征求他们的意见和建议。上级可能拥有更丰富的经验和决策能力，能够为下级提供指导和决策支持，帮助他们作出更明智的决策。

②解决问题和困难：请示可以帮助下级解决遇到的问题和困难。上级或相关部门可能具备更高层次的资源和解决方案，能够为下级提供必要的支持，帮助他们克服困难并推动工作的顺利进行。

③增强沟通和合作：请示是一种有效的沟通方式，它能够促进下级与上级之间的交流与合作。通过请示，下级能够与上级建立更密切的联系，分享信息、交流想法，以及协商解决问题，从而增强合作和协同效应。

④表示尊重和遵守规定：通过请示，下级向上级或相关部门表达了对他们的尊重和重视。请示是一种遵守组织内部制度和流程的表现，能够确保决策的合法性和合规性，并维护组织的秩序和稳定。

（5）请示的要求

①明确目的和问题：请示应明确表达请求的目的和具体问题，确保上级能够准确理解发文机关的需求和期望。

②清晰、准确地表达：请示应使用简明、准确的语言表达请求，避免含混不清的表述，以便他人能够准确理解意图。

③提供必要的背景信息：为了使上级能够更好地理解问题的背景和上下文，应该提供必要的背景信息，以便他们可以在充分考量后作出明智的决策或提供适当的指导。

④具体化：请示应尽量具体化，明确需要的指示、决策或支持的具体问题，以便上级能够给予明确的回复或处理。

⑤提供合理的建议或解决方案：如果可能的话，在请示中提供对问题的初步分析和可能的解决方案或建议，以展示发文机关的考虑和准备工作。

⑥符合规定的格式和要求：请示应符合机关或组织的规定的格式和要求，包括标题、署名、机关印章等，以确保请示的合法性和规范性。

⑦适时提交和跟进：请示应在合适的时间提交，以确保上级或相关单位有足够的时间作出回应或决策。同时，在适当的时候进行追踪和跟进，以确保请示得到及时处理和回复。

请注意，具体的请示要求可能会根据不同机构、部门或领域的规定和实际情况有所不同。在撰写请示时，应根据具体需求和要求合理运用以上要求，以确保请示的质量和效果。

4.11.2　请示与报告的区别

请示和报告都是公务活动中常见的沟通方式，它们有以下区别：

（1）目的不同：请示的目的是征求上级或相关方的批准、意见、建议或决策，以便能够继续进行或完成某项工作或项目。而报告的目的是向上级或相关方提供信息、进展或结果，以便能够向其展示工作的进展或成果。

（2）内容不同：请示主要包括请求、问题陈述、背景信息和建议等，以便为上级或相关方提供有关决策的必要信息。而报告主要包括重要事件、重要情况、结果分析和建议等，以便为上级或相关方提供工作或项目的全面情况。

（3）时间要求不同：请示通常需要在决策之前或工作开始之前进行，以确保上级或相关方的及时批准或决策。而报告通常是在工作完成或重要阶段结束后进行，以向上级或相关方传达信息或结果。

（4）对象不同：请示通常是向上级或相关方发起的，以征求他们的意见和决策。而报告通常是向上级或相关方汇报的，以便他们了解工作的情况或结果。

虽然请示和报告有一些区别，但在实际工作中，它们常常是相互补充和配合的，以确保适当的沟通和决策流程。

4.11.3　格式要点

（1）标题

请示的标题常用的结构可以是"发文机关＋事由＋文种"，也可以省略发文机关，直接由"事由＋文种"构成。例如，一个请示的标题可以是"××省人民政府关于某项工作的请示"或是"关于某项工作的请示"。

在具体的请示中，发文机关可以是具体的机构、部门或单位的全称或规范化简称。事由部分应准确概括请示的内容和目的，说明具体的问题、需求或建议。文种部分是指请示的公文形式，如请示、请示函等。

请示的标题应简明扼要地概括请示的主题和内容，使读者能够快速理解请示的目的和重点。实践中，根据具体的请示需求和机构规定，可以灵活运用标题结构和内容，以确保请示的准确传达和规范性。

（2）主送机关

请示的主送机关是指请示正式提交的具体机关或上级单位。主送机关是请示的直接接收方，负责审阅、批示或决策相关事项。

请示的主送机关可能会根据具体情况而有所不同，取决于请示的内容、层级关系和机构设置。一般情况下，主送机关是请示发起单位的直接上级机关或上级部门。

请示的主送机关通常会在请示文件中署名，以示文件正式发出和审核。

需要注意的是，在撰写请示时，应确保准确标识和署名主送机关，以便请示能够按照正确的渠道传达和处理。同时，必须遵守相关规定和要求，确保请示的合法性和规范性。

（3）正文

请示的正文通常由以下三个部分构成：

①请示缘由：在请示正文的开头部分，需要明确列出请示的缘由或原因。请示缘由应该简明扼要地说明为什么需要请示，并提供背景信息，以便上级或相关方能够了解请示的背景和上下文。这部分内容类似于问题陈述，可以包括相关的事件、情况或需求。例如：

×××（主送单位）：

根据×××党委要求，我单位拟开展一项社区健康咨询活动，旨在提升社区居民的幸福指数。为此，特向上级请示，寻求指导和支持。

②请示事项：在请示正文的中间部分，需要具体列出请示的具体事项或请求。请示的具体事项应该明确说明所需的决策、批准、意见或建议等，并提供必要的细节和信息。这部分内容类似于具体的问题陈述和请求。可以使用清晰的语言和逻辑来描述，请示的事项和所需的帮助。例如：

本场社区健康咨询活动涵盖健康讲座、义诊服务等多项内容。具体安排如下：

时间：活动将于××年×月×日上午9点开始，预计持续4个小时。

地点：活动将在本社区的社区中心举行，该场所已得到社区居民的认可和支持。

活动内容：我们计划邀请专业医生进行健康讲座，提供免费的身体检查和咨询服务。此外，还将设置健康知识问答环节，以促进居民对健康的关注和学习。

为了确保该活动的顺利进行，我们请求上级机关给予以下支持和指导：

一、在活动前提供相关宣传支持，包括宣传材料的印制和发布，以吸引更多的社区居民参与。

二、给予活动所需物品的支持，如宣传展板、药品样品等。

三、派遣10名专业医生或卫生人员参与活动，以提供专业的健康咨询和服务。

四、给予活动所需经费的支持，确保活动的顺利进行。

（物品和经费明细详见附件）

③请示结语：在请示正文的结尾部分，需要恰当地总结请示，并表达对上级或相关方的期待。请示结语应该简洁明了，重点包括对批准、意见、建议或决策的期待，并表示愿意配合和执行决策。例如：

·以上请示，请予批复。

·以上请示，请审批。

·特此请示，盼复。

请示正文的格式应该清晰、简洁，并且符合相应的业务或组织的要求。根据具体的上下文和需求，可能需要调整请示正文的内容和顺序。

（4）发文机关署名与成文日期

请示的发文机关署名和成文日期通常位于请示正文之后。

发文机关署名是指请示的具体发出机关或部门的名称，它可以是完整的机关名称或规范化简称。发文机关署名的目的是确保请示的来源可信，并清晰标识请示的发起单位。

成文日期是指请示的撰写完成日期，一般以年、月、日的形式作出。它提供了一个时间信息，表明请示的时效性和时间背景。

发文机关署名和成文日期通常位于请示正文的右上角位置，并在署名之前留下适当的空行。有时候，会在发文机关署名前使用"致""敬启"等开头语来引导读者的注意。

需要注意的是，在正式发文前，应确保发文机关署名和成文日期的准确性，根据相关规定和要求进行填写。这些信息的准确与规范性对于请示的合法性和可信度非常重要。

4.11.4　写作技巧

（1）清晰明了地陈述问题：在请示中，需要清楚地阐明问题的背景、目的和具体内容，以便对方能够准确理解并给出相应的指导或决策。

（2）提供充分的信息和数据支持：在请示中，提供充分的信息和数据支持可以增加说服力和可行性。

（3）清晰列出可选方案和建议：如果请示中需要提供多个可选方案和建议，可以使用列表的方式进行列举，便于对方理解和比较。

（4）简洁明了的语言和结构：请示应尽量使用简洁明了的语言和结构，避免冗长的句子和复杂的表达，以便对方能够迅速理解并作出决策。

4.11.5　例文展示与解析

关于申报全国农民合作社质量提升整县推进试点的请示

（青农委〔2021〕149号）

上海市农业农村委员会：

［阐明请示缘由、事项］

为充分发挥农民专业合作社在发展现代农业中的积极作用，使之成为振兴乡村产业兴旺的中坚力量。根据农业农村部办公厅《关于开展2021年农民合作社质量提升整县推进试点工作的通知》（农办经〔2021〕2号）和《关于全国农民合作社质量提升整县推进试点单位的批复》（农办经〔2021〕5号）文件要求，我区提请申报农民合作社质量提升整县推进试点。现结合本区实际，我委制定了《青浦区农民合作社质量提升整区推进试点实施方案》，现予以报送。

以上妥否，请批示。

[附件列出具体方案]

附件：青浦区农民合作社质量提升整区推进试点实施方案（略）

上海市青浦区农业农村委员会

2021 年 6 月 30 日

4.12　批复

《党政机关公文处理工作条例》第八条第十二项规定，批复，适用于答复下级机关请示事项。

批复是指上级对下级或者领导对下属提出的请示、报告、建议等内容作出明确回应的行为。批复通常包括批准、驳回、指示、要求补充材料等不同的回复方式。批复的目的是对下级的请求或报告进行审批、决策或指导，以确保组织的正常运行和工作的顺利进行。通过批复，上级向下级传达了对请求或报告的决策和指示，下级可以根据批复的内容进行后续的行动或处理。

4.12.1　基本常识

（1）批复的特点

①回应性：批复通常是对请示、申请或问题的回应，上级机关根据下级的请求或问题进行审阅、决策或批准。批复反映了上级对下级的指导、决策或批示。

②针对性：批复应针对具体的请示、问题或申请进行详细回应。它应明确指示、答复或决策涉及的具体事项，确保对请求的准确回应，避免模糊或笼统

的表述。

③及时性：批复应在合理的时间范围内作出回复，以便下级能够及时获知上级的决策、指示或批准。及时地批复能够促进工作的顺利进行和问题的解决。

④合法合理性：批复应具备合法合理性，即回复的内容和决策应符合法律法规、政策和组织规定，并基于事实和合理的考虑。批复的合法合理性确保了决策的权威性。

⑤规范格式：批复应符合机关或组织规定的格式和要求。它应包括发文机关署名、成文日期等必要的信息，并按照规定的格式进行排版，以确保文档的规范性和统一性。

这些特点确保了批复的严谨性和可靠性，使其在机关和组织内部发挥了重要的决策和指导作用。在实际写作中，应遵循相关规定和规范，确保批复的准确性和专业性。

（2）批复的类型

根据批复的内容和形式，可以作出不同的类型，每种类型都有其特点。

①根据具体作用，批复可以分为以下几类：

A.批准性批复：用于上级对下级的请求、申请或建议进行批准。这种批复表示上级同意下级的请求，并给予相应的授权或许可，使下级能够进行相应的行动或决策。

B.指示性批复：用于上级对下级的工作进行具体指示和要求。这种批复通常包含具体的指示、步骤、要求或建议，以指导下级进行相应的工作或决策。

C.确认性批复：用于上级对下级的报告或提供的信息进行确认和认可。这种批复表示上级已经收到并认可下级的报告或信息，并对其内容进行确认，给予肯定或反馈。

D.驳回性批复：用于上级拒绝下级的请求、建议或申请。这种批复表示上级不同意下级的请求，并给出相应的理由或解释。

②根据行文内容，批复可以分为以下几类：

A.决策批复：主要用于上级对下级的重要决策进行批复，包括批准决策、指示决策、确认决策或驳回决策等。

B.授权批复：主要用于上级对下级进行授权，授予下级相应的权限或权力，使其能够进行特定的行动或决策。

C.意见批复：主要用于上级对下级提出具体的意见、建议或反馈，以指导下级的工作或决策，并提供相应的参考。

D.答复批复：主要用于上级对下级的请求、询问或问题进行答复，给出相应的回答、解决方案或决策。

批复的分类和用途可以根据具体的组织和业务需求进行调整及细分。不同类型的批复在公务活动中起着不同的作用，有助于确保工作的顺利进行和决策的准确执行。

（3）批复的作用

①指导性作用：批复给予下级单位或个人明确的指导和指示，指导其工作方向、方式和具体操作。它可以提供上级对下级工作的具体要求和期望，引导下级按照上级的指示进行工作。

②决策性作用：批复对下级单位或个人的请求、提案或申请进行决策和批示。它可以涉及重大事项、项目或问题的决策，确保决策的合法性、权威性和有效性。

③授权性作用：批复可以授权下级单位或个人进行特定的工作、项目或行动。它给予下级单位或个人权力和权限，使其能够在授权范围内自主开展工作和作出决策。

④约束性作用：批复可以对下级单位或个人的行为、计划或决策进行约束和规范。它可以要求下级单位或个人按照批复的要求进行工作，确保工作符合规定和要求。

⑤传递信息作用：批复是上级向下级传递信息、意见和决策的重要方式和渠道。通过批复，上级可以向下级传达重要的决策、意见或指示，确保信息的及时传递和沟通。

总之，批复作为一种正式的回应和决策方式，对于指导工作、决策问题和传递信息具有重要的作用。它具有明确的指导性、决策性和约束性，能够确保工作的顺利进行和问题的解决。

（4）批复的要求

批复作为一种公文形式，具有以下详细要求，以确保批复的准确性、规范性和有效性：

①准确性和明确性：批复的内容应准确反映上级对下级单位或个人提出的请示、问题或申请的回应。批复应使用明确的语言表达，避免含混不清的表述。应确保批复的内容清晰明了，让下级能够准确理解上级的意图和要求。

②规范格式和结构：批复应符合机关或组织规定的规范格式和结构要求。它应包括标题、正文、署名等部分，并按照规定的规范格式进行排版，以确保文档的规范性和统一性。

③逻辑性和衔接性：批复的内容应具备合理的逻辑性和衔接性，各个部分之间应有明确的逻辑衔接和联系。批复的内容应按照合理的顺序组织，确保文章逻辑清晰、条理分明。

④权威性和合法性：批复的决策、指示或指导应具有法律、法规或相关规定的依据，确保合法性和权威性。批复的内容和决策应基于事实和合理的考虑，符合法规和组织规定。

⑤及时性和有效性：批复应在合理的时间范围内作出回复，以保证批复的及时性。及时地批复能够促进工作的顺利进行和问题的解决，确保上级的决策或指示能够及时传达给下级。

请注意，具体的批复要求可能会根据不同机构、部门或领域的规定和实际情况有所不同。在撰写批复时，应根据具体需求和要求合理运用以上要求，以确保批复的质量和效果。

4.12.2 格式要点

（1）标题

批复的标题可以由"发文机关+发文事由+文种"组成，如《国务院关于〈广东省国土空间规划（2021—2035年）〉的批复》（国函〔2023〕76号）；

也可以由"发文机关＋表态用语＋发文事由＋文种"组成，如《国务院关于同意在北京等22个城市设立跨境电子商务综合试验区的批复》（国函〔2018〕93号）。

（2）主送机关

批复的主送机关是指批复正式发送的具体机关。主送机关是批复的直接接收方，负责审阅、批示或决策相关事项。

批复的主送机关可能会根据具体情况而有所不同，取决于批复的内容、层级关系和机构设置。一般情况下，主送机关是批复回应的请示、报告的发起单位或相关责任单位，也是批复发起单位的直接下级机关。

请注意，在撰写批复时，应确保准确标识和署名主送机关，以便批复能够按照正确的渠道传达和处理。同时，必须遵守相关规定和要求，确保批复的合法性和规范性。

（3）正文

①批复依据：说明批复的依据文件，如批复回应的请示、报告，或相关法律法规，以明确批复的回应对象或法规、政策依据。这部分内容可以阐明批复的合法性和权威性，为后续的批复事项提供依据和支持。例如，《国务院关于新时代洞庭湖生态经济区规划的批复》（国函〔2023〕9号）的开头部分如下：

湖南省、湖北省人民政府，国家发展改革委：

国家发展改革委《关于报送〈新时代洞庭湖生态经济区规划〉（送审稿）的请示》（发改地区〔2022〕1654号）收悉。现批复如下：……

②批复事项：详细说明被批复的具体事项，包括请求、申请或建议的内容，以及上级对该事项的批准、指示、确认或驳回等决策结果。这部分内容可以清晰地表达上级对下级的决策意见和态度。例如，在上述《国务院关于新时代洞庭湖生态经济区规划的批复》中，批复事项如下：

一、原则同意《新时代洞庭湖生态经济区规划》（以下简称《规划》），请认真组织实施。

二、《规划》实施要以习近平新时代中国特色社会主义思想为指导，全面贯彻落实党的二十大精神，按照党中央、国务院决策部署，坚持稳中求进工作总基调，完整、准确、全面贯彻新发展理念，加快构建新发展格局，着力推动高质量发展，更好统筹发展和安全，全面深化改革开放，坚持创新驱动发展，以生态环境保护修复为前提，坚持以水定城、以水定地、以水定人、以水定产，着力构建和谐人水关系，着力推动产业绿色转型升级，着力增进社会民生福祉，把洞庭湖生态经济区建设成为更加秀美富饶的大湖经济区。

三、湖南省、湖北省人民政府要切实承担洞庭湖生态经济区高质量发展的主体责任，强化责任分工，完善工作机制，制定具体实施方案，确保《规划》明确的任务措施落到实处。《规划》实施涉及的重要政策、重大工程、重点项目等要按程序报批。

③执行要求：针对批复事项，明确具体的执行要求和措施，包括时间要求、任务分工、责任人等。这部分内容可以指导下级进行具体的操作和落实，确保批复决策的顺利实施。例如，在上述《国务院关于新时代洞庭湖生态经济区规划的批复》中，执行要求如下：

国务院各有关部门要按照职责分工，切实加强工作指导，围绕《规划》确定的总体目标和重点任务，在专项规划编制、重大项目安排、体制机制创新等方面给予积极支持。国家发展改革委要加强综合协调和督促指导，研究解决《规划》实施中的重点难点问题，会同湖南省、湖北省人民政府适时开展《规划》实施情况评估，总结推广经验做法。重大事项及时向党中央、国务院报告。

批复的正文应言简意赅、逻辑清晰，以确保读者能够准确理解批复的内容和要求。同时，正文中应避免使用模糊的措辞，以便于下级能够准确理解和执行批复决策。

（4）结尾

常用固定结尾"此复""特此批复"等，有的批复也可以省略结尾。例如，有的批复虽然没有"此复""特此批复"等固定结尾，但指出了意义，提出了希望，这有助于下级机关能够更加主动地完成工作。

（5）发文机关署名与成文日期

批复的发文机关署名和成文日期通常位于批复正文之后。

发文机关署名是指批复的具体发出机关或部门的名称，它可以是完整的机关名称或规范化简称。发文机关署名可以标识批复的来源，并确保批复的合法性、权威性。

成文日期是指批复的撰写完成日期，一般以年、月、日的形式作出。成文日期提供了批复的时间信息，表明批复的时效性和时间背景。

4.12.3　写作技巧

（1）开门见山：在批复的开头部分直接表明批复的目的和结论，避免冗长的引言。

（2）使用简洁明确的语言：使用简洁明确的语言表达批复的内容，避免使用含混不清或模棱两可的词句。

（3）提供合理的解释和理由：在批复中提供合理的解释和理由，说明决策的依据和考虑因素。这有助于增加批复的可信度和理解度。

（4）引用相关的政策、规定：在批复中可以引用相关的政策、规定，以加强批复的合法性和权威性。

4.12.4　例文展示与解析

国务院关于《江苏省国土空间规划（2021—2035年）》的批复

国函〔2023〕69号

［批复依据］

江苏省人民政府、自然资源部：

自然资源部《关于报请批准〈江苏省国土空间规划（2021—2035年）〉的请示》（自然资发〔2023〕73号）收悉。现批复如下：

［批复事项］

一、原则同意《江苏省国土空间规划（2021—2035年）》（以下简称《规划》)。《规划》是江苏省空间发展的指南、可持续发展的空间蓝图，是各类开发保护建设活动的基本依据，请认真组织实施。江苏省处于丝绸之路经济带和21世纪海上丝绸之路的交汇点，是支撑长江经济带发展、长三角一体化发展等国家区域重大战略实施的重要地区。《规划》实施要坚持以习近平新时代中国特色社会主义思想为指导，全面贯彻落实党的二十大精神，完整、准确、全面贯彻新发展理念，坚持以人民为中心，统筹发展和安全，促进人与自然和谐共生，奋力谱写"强富美高"新江苏现代化建设新篇章。

二、筑牢安全发展的空间基础。（略）

三、构建支撑新发展格局的国土空间体系。（略）

四、系统优化国土空间开发保护格局。（略）

五、坚决维护规划严肃性权威性。（略）

［提出执行要求］

六、做好规划实施保障。江苏省人民政府要加强组织领导，明确责任分工，健全工作机制，完善配套政策措施。做好《规划》印发和公开，强化社会监督。组织完成地方各级国土空间总体规划、详细规划、相关专项规划编制工作，加快形成统一的国土空间规划体系。加快建立《规划》实施的全生命周期管理制度，确保实现《规划》确定的各项目标和任务。强化对水利、交通、能源、农业、信息、市政等基础设施以及生态环境保护、文物保护、林业草原等专项规划的指导约束，在国土空间规划"一张图"上协调矛盾冲突，合理优化空间布局。建立健全省市县国土空间规划委员会制度，发挥对国土空间规划编制实施管理的统筹协调作用。依据国土空间规划，统筹国土空间开发保护"一盘棋"，提升全省规划、建设、治理水平。自然资源部要会同有关方面根据职责分工，密切协调配合，加强对《规划》实施的指导、监督和评估。各有关部门要坚决贯彻党中央、国务院关于"多规合一"改革的决策部署，不在国土空间规划体系之外另设其他空间规划。《规划》实施中的重大事项要及时请示报告。

国务院

2023 年 7 月 25 日

4.13　议案

《党政机关公文处理工作条例》第八条第十三项规定，议案，适用于各级人民政府按照法律程序向同级人民代表大会或者人民代表大会常务委员会提请审议事项。

《全国人民代表大会组织法》第十六条规定，全国人民代表大会主席团，全国人民代表大会常务委员会，全国人民代表大会各专门委员会，国务院，中央军事委员会，国家监察委员会，最高人民法院，最高人民检察院，可以向全国人民代表大会提出属于全国人民代表大会职权范围内的议案。第十七条规定，一个代表团或者三十名以上的代表联名，可以向全国人民代表大会提出属于全国人民代表大会职权范围内的议案。

《地方各级人民代表大会和地方各级人民政府组织法》第二十二条第一款、第二款规定，地方各级人民代表大会举行会议的时候，主席团、常务委员会、各专门委员会、本级人民政府，可以向本级人民代表大会提出属于本级人民代表大会职权范围内的议案，由主席团决定提交人民代表大会会议审议，或者并交有关的专门委员会审议、提出报告，再由主席团审议决定提交大会表决。县级以上的地方各级人民代表大会代表十人以上联名，乡、民族乡、镇的人民代表大会代表五人以上联名，可以向本级人民代表大会提出属于本级人民代表大会职权范围内的议案，由主席团决定是否列入大会议程，或者先交有关的专门委员会审议，提出是否列入大会议程的意见，再由主席团决定是否列入大会议程。

可以看出，议案是指在会议中提交的提案或建议，用于讨论和决策事务的文件。议案通常包含问题的描述、解决方案的提出以及相关的背景信息和理由。议案的目的是引发讨论、交流意见、达成共识或决策，并最终推动相关事项的实施。议案可以涉及各种议题，包括政治、经济、社会、文化等各个领域。

4.13.1　基本常识

（1）议案的特点

①法定主体：根据我国的法律规定，只有少数法定机构有权提出议案，包括各级人民政府等。此外，议案只能向同级人民代表大会或人民代表大会常务委员会行文，不能向其他部门和单位行文。

②特定内容范围：议案必须属于人民代表大会及其常委会职权范围之内的事项，才能被接受审议。这意味着议案涉及的内容必须与人民代表大会的职权范围相符合。

③特定时限要求：议案只有在各级人民代表大会或其常委会举行会议期间提出才能列为议案。这意味着议案的提出时间有限制，不能随时提出。

④事项重要可行：议案一般涉及较为重要的事项，而对于一些小事或政府职权范围内可以自行决定的事项，不能作为议案提出。

⑤程序法定：对于单一性的议案，一般由主管部门代拟议案草稿，经政府办公厅（室）修改后；对于涉及多个部门的综合性议案，由政府办公厅（室）组织协调，撰写议案草稿后，再提请政府常务会审议通过，然后按照法律程序向同级人民代表大会或人民代表大会常务委员会提请审议。

（2）议案的类型

议案根据内容可分为：立法性议案、重大事项的决策性议案、任免性议案、建议性议案。

①立法性议案：立法性议案，也称为法律案，是用于提请审议法律的议案。《立法法》第十七条规定，全国人民代表大会主席团可以向全国人民代表大会提出法律案，由全国人民代表大会会议审议。全国人民代表大会常务委员会、国务院、中央军事委员会、国家监察委员会、最高人民法院、最高人民检察院、全国人民代表大会各专门委员会，可以向全国人民代表大会提出法律案，由主席团决定列入会议议程。

②重大事项的决策性议案：这类议案通常是针对具有重大意义和影响的事项。例如，关于国民经济和社会发展规划纲要、计划、预算等重大事项的

议案。

③任免性议案：任免性议案主要用于提请人民代表大会或其常委会任命、免去或撤销行政机关工作人员的职务。这类议案通常由相关部门或机构提出，旨在进行人事安排和管理。任免性议案的行文和内容包括被提名人的个人背景、资格条件、工作经验等方面的说明，以便人民代表大会或其常委会对提名人进行评议和决策。议案的通过与否将直接影响相关人员的职务安排和工作岗位。任免性议案在维护行政机关的工作正常运转和提高行政效能方面扮演着重要的角色。

④建议性议案：这类议案主要是为了提出对政府的建议和意见。它通常涉及政治、社会民生、经济发展、教育、科学、文化、卫生、生态环境保护等方面的问题，并提出具体的政策建议。

（3）议案的作用

①提出解决问题的方案：议案通过明确问题和解决方案，为决策者提供具体的方向和方法，帮助解决社会、经济、政治等领域的问题。

②指导政府政策制定：议案通常与政策密切相关，可以作为政府制定政策的重要依据。议案提供具体的政策措施、目标和效果等，有助于政府更好地制定和实施相关政策。

③规范行政行为：议案的提出和审议均需严格遵循法律规定，可以对行政行为进行规范和约束，确保行政机关按照正确的程序和规则进行工作，提高行政效能和公正性。

④加强民主监督：议案作为决策文件，需要经过相关议会或机构的审议和表决，这种审议过程可以提供民主监督的机会，确保决策过程的透明度和公正性。

⑤促进社会参与：议案的提出和审议过程通常需要广泛的社会参与，包括征集各利益相关方的意见和建议，可以增加决策的合法性和可接受性，提高决策的质量和效果。

（4）议案的要求

①标题明确：议案的标题必须要素齐全，写明发文机关、事由、文种。

②简明的背景介绍：在议案的开头，应简要介绍议题的背景和意义。

③清晰的目标和目的：议案应明确阐述所期望达到的目标和目的。这些目标和目的应该具体、可实现。

④详细的方案和措施：议案应提供详细的方案和措施，用于实现所设定的目标和目的。这包括具体的行动步骤、时间表、责任分配等。

⑤充分的论证和证据支持：议案应提供充分的论证和证据支持，以支持所提出的方案和措施的合理性和可行性。这包括数据、研究结果、专家意见等。

⑥风险评估和对策：议案应对可能的风险和挑战进行评估，并提供相应的对策和应对措施。这有助于增加议案的可行性和成功实施的可能性。

⑦结论和建议：议案应有明确的结论和建议，对所提出的方案和措施进行总结和推荐。结论应简明扼要，建议应具体、可操作。

4.13.2 格式要点

（1）标题

议案的标题由发文机关、事由和文种构成，每一项都是必要的，不能省略。

①发文机关：标题中要明确标注发文机关，即议案的提出者或提交者的机构或部门。这样可以清楚地说明议案的来源和责任主体，确保决策者能够准确识别发文机关。

②事由：标题中的事由要概括得清楚明确，以简洁的语言准确表达议案的主题或问题。事由应该具备足够的信息量，使读者能够迅速理解议案的主要内容和目的。

③文种：标题中一般写明"议案"两个字。文种的明确标注有助于准确描述文书的性质和用途，确保决策者能够迅速识别文书的类别。

（2）主送机关

议案的主送机关一般只有一个。主送机关根据具体情况可能有所不同，取决于议案的性质、内容和目的。

一般情况下，议案的主送机关包括：

①所属的上级行政机关：如果议案是由下级行政机关提出的，主送机关通常是其所属的上级行政机关。

②相关的立法机构：如果议案涉及法律的制定、修改，主送机关通常是相关的立法机构，如全国人民代表大会。

③政府决策机构：如果议案涉及重大事项的决策，主送机关可能是政府的决策机构，如地方各级人民代表大会。

（3）正文

议案的正文包括案据、方案、结语三个部分。

①案据：案据是指对提案的背景和理由进行详细描述和说明。它包括了问题的提出、存在的原因、相关数据和资料等。案据的目的是让决策者对问题有充分的了解，理解为什么需要制定相应的方案。

②方案：方案是指具体解决问题的措施、步骤和方法。方案应该清晰明确，包括了解决问题的具体步骤、实施的措施、所需资源等。方案要具体可行，注重实际操作和实际效果。

③结语：结语是指对方案的总结和概括，对决策者提出建议。结语可以强调方案的必要性、重要性，并对其实施的效果进行预期。结语还可以包括对可能存在的问题和挑战的预警，提出相应的对策和建议。

议案正文的这三个部分相互衔接，案据提供了解决问题的背景和理由，方案提出了具体的解决措施，结语总结了方案的主要内容并提出建议。这样的结构设计可以使得议案的正文更加清晰、有逻辑性，便于决策者理解和评估议案的重要性和可行性。

（4）发文机关署名与成文日期

在一般情况下，议案的发文机关署名需要由相应级别的政府首长签署。具体的签署人员应该与议案的提交层级相对应，以确保议案的合法性和权威性。

例如，国务院提交给全国人民代表大会的议案，通常由总理签署。而各省、自治区、直辖市政府提交给本级人民代表大会的议案，则应分别由省长、自治区主席、市长签署。

签署格式通常是以首长的职务为开头，紧接着是签字。例如，总理签署的议案，签署格式可以为"总理：（签字）"。相应地，省级、市级或自治区级的签署格式则可以为"省长：（签字）""市长：（签字）""自治区主席：（签字）"。

成文日期是指议案的撰写完成日期，一般以年、月、日的形式作出。成文日期提供了提出议案的时间信息，表明议案的时效性和时间背景。

4.13.3　写作技巧

（1）清晰明确的目的：在议案开头明确表达出议案的目的和意图，确保决策者能够准确理解写作者期待解决的问题或达到的目标。

（2）逻辑严密的结构：议案应有清晰的结构和逻辑，包括引言、背景介绍、问题陈述、解决方案、实施计划等部分。

（3）充分的信息和证据支持：议案需要提供充分的信息和证据来支持观点和建议，可以包括统计数据、研究结果、专家意见等，以增加议案的可信度和说服力。

（4）精练简明的语言：议案的篇幅不宜过长，应使用简洁明了的语言，避免冗长的句子，清晰表达观点和建议，使决策者易于理解。

（5）全面考虑各方利益：在写作议案时，要全面考虑各方的利益和观点，并提出合理的权衡和折中方案。确保议案的内容能够平衡各方的需求和利益，提高议案的可行性和可接受性。

（6）以法律和政策为依据：决策性议案应该符合现有的法律和政策，可以在必要时提出修改或调整建议，确保议案的合法性和可操作性，避免与现有法律和政策相冲突或矛盾。

（7）事项明确：每个议案通常只涉及一个具体的事项，避免多个事项混杂在一个议案中，以确保议案的专注性、清晰性、可操作性。

4.13.4　例文展示与解析

国务院关于提请审议《中华人民共和国企业所得税法（草案）》的议案

国函〔2006〕101号

［说明提出议案的原因、背景和目的］

全国人民代表大会常务委员会：

为了适应对外开放的新形势，统一内资、外资企业所得税，创造企业公平竞争的市场环境，促进社会主义市场经济健康发展，国务院有关部门在认真调查研究、总结实践经验、广泛听取各方面意见的基础上，拟订了《中华人民共和国企业所得税法（草案）》。这个草案已经国务院常务会议讨论通过，现提请审议。

国务院总理　温家宝

2016年9月28日

［附提请审议的草案全文］

中华人民共和国企业所得税法（草案）

……

注意：立法性议案主要在两种情况下使用。一是有权机关制定了某项法律法规草案之后提请人民代表大会审议；二是建议、请求有权机关制定某项法律法规。立法性议案首先要明确拟订法律法规的原因、目的，然后写出建议拟订法律法规的内容，结尾以"提请审议"等表述结束。

4.14　函

《党政机关公文处理工作条例》第八条第十四项规定，函，适用于不相隶属机关之间商洽工作、询问和答复问题、请求批准和答复审批事项。

函是指信函，是一种用于传递信息、商洽工作的文书形式。它通常用于组织、机构之间进行沟通和交流。在函中，发信人以一种正式的方式表达自己的意见、请求、建议或其他内容。函的撰写需要注意语言的准确性、礼貌性和清晰性，以确保传达的信息得到正确理解和回应。

4.14.1　基本常识

（1）函的适用范围

函作为公文中的一种平行文种具有广泛的适用范围，可用于各种情况下的行文。以下是函的使用范围的一些常见情况：

①平行机关之间的行文：函可以用于同级别的平行机关之间进行沟通和交流。

②不相隶属机关之间的行文：函可以用于不相隶属机关之间进行行文。例如，不同部门之间的沟通、协调，或者不同地区政府之间的交流等。

③机关与其他单位、组织之间的行文：函也可以用于机关与其他单位、组织（如企业事业单位、社会团体等）之间的行文。例如，政府与企业之间的合作函、政府与社会组织之间的协商函等。

函的使用范围相当广泛，可以适应各种机关之间的沟通、协调和交流需要。在撰写函时，应根据实际情况和目的明确行文的对象、目的和内容，以确保行文的准确性、合规性和有效性。

（2）函的特点

①平等性和沟通性：函具有平等性，可以平行行文。函的撰写方式更为亲切和直接，有助于促进单位之间的平等沟通和交流。

②灵活性和广泛性：函作为一种公文形式，具有较高的灵活性和广泛性。它适用于各种商谈、沟通情况下的行文，函的内容和形式可以根据具体情况进行调整和变动。

③单一性和实用性：函通常涉及单一的事项或问题。函的内容一般集中于特定的事项，目的是解决特定的问题、提出特定的建议或请求。这使得函具有

实用性，有助于准确传达信息和实现目标。

函作为公文形式的特点使得它成为机关之间进行沟通和交流的重要工具。函的平等性和沟通性、灵活性和广泛性、单一性和实用性都有助于提高沟通效果。根据具体情况和目的，可以通过函来促进各方之间的合作、协调和决策。

（3）函的类型

①业务函：这类函主要用于商务、工作或行政方面的交流和沟通。特点是正式、规范，包括对方称呼、自我介绍、明确的目的和要求，以及礼貌的问候和结束语。

②询问函：这类函主要用于向对方提出询问、咨询或请求信息。特点是清晰明了地陈述问题、需求或疑问，提供必要的背景信息，并礼貌地请求对方提供回复或帮助。

③答复函：这类函主要用于针对对方提出的问题、请求事项等作出解答、回应等。特点是明确表达答复意见或态度，提供充足的依据、理由，并礼貌地回应对方。

④邀请函：这类函主要用于邀请他人参加活动、会议或庆典等。特点是表达邀请的目的、时间、地点、活动内容等，并提供必要的参加方式和联系方式。

⑤推荐函：这类函主要用于向他人推荐或引荐某人、某项目、某单位。特点是介绍被推荐对象的背景、能力和优点，并提供联系方式，以便对方取得进一步联系或了解。

以上是函的一些常见类型及其特点，每种函都有其特定的目的和要求，撰写时需要注意语言的准确、清晰和礼貌，以确保信息的传达和理解。另外，根据不同场合和对象，还需注意适当的称呼和敬语的使用。

（4）函的作用

①沟通交流：函通过书面形式，促进机关、组织之间的沟通和交流。函可以传递信息、提出要求、征求意见或解答问题，有助于促进各方之间的合作、协调和决策。

②准确传达信息：函作为正式的公文形式，具有明确和准确传达信息的作用。通过明确的文字、结构和格式，可以确保信息的准确性、一致性和可追溯性，避免信息传达上的误解或混淆。

③留存记录：函以书面形式记录了机关单位之间沟通交流的重要事务。函作为书面文件，可以作为证据或记录留存，用于追溯、核查或审查特定事件或决策的过程和结果。

④明确责任和效力：函通常由相应机关或组织的负责人签署，凭借其正式性和权威性，表达了机关或组织的意愿和责任。函的发文机关署名方式体现了机关或组织的决策和管理层级，增强了函的效力和合法性。

⑤规范行政行为和流程：函作为一种公文形式，遵守特定的格式和规范，有助于规范行政行为和流程，确保行文的一致性、可读性和专业性。

（5）函的要求

①明确的目的和主题：在函的开头，应明确表达函的目的和主题，让读者能够迅速理解函的内容和意图。

②清晰的组织结构：函应有清晰的组织结构，包括引言、正文和结尾等部分。每个部分应有明确的总领句，以帮助读者快速浏览和定位所需信息。

③简明扼要的陈述：函应简洁明了，用简练的语言概括要点和重点，避免冗长的描述，让读者能够快速理解和获取信息。

④逻辑清晰：函应按照逻辑顺序组织，确保内容的连贯性和一致性。每个段落应有明确的主题和论点，以帮助读者理解和跟随思路。

⑤语言准确和得体：函应使用准确、得体的语言表达，避免使用模糊的词语。注意语法和标点符号的正确使用，以确保函的可读性和专业性。

⑥尊重和礼貌：函应以尊重和礼貌的方式表达，使用适当的称呼和敬语，以示对收件人的尊重。

⑦重点突出：在函中突出重要的信息、请求或建议，可以使用加粗或其他格式来强调关键内容。这有助于读者快速获取核心信息并理解重点。

4.14.2 格式要点

（1）标题

函的标题一般有两种形式。一种是由"发文机关＋事由＋文种"构成；另一种是省略发文机关名称，直接由"事由＋文种"构成。

①"发文机关＋事由＋文种"形式：这种形式的标题包括发文机关的名称、具体的事由和文种。发文机关的名称体现了函的来源，事由描述了函的目的或主题，文种表示函的文种属性。例如：

·《文化部关于提请解释〈互联网上网服务营业场所管理条例〉有关条文的函》（文市函〔2003〕560号）

·《农业农村部办公厅关于农药原药能否委托生产问题答复的函》（农办法函〔2021〕13号）

②"事由＋文种"形式：这种形式的标题省略了发文机关的名称，直接由事由和文种构成。例如：

《关于征求11项消防领域国家标准（征求意见稿）意见的函》（2023年8月21日）

（2）主送机关

一般情况下，函通常只主送一个单位，以确保函的目标明确和传达的准确性。然而，在某些情况下，函的内容可能涉及多个单位。

当函的内容涉及多个单位时，可以在主送部分列出全部主送机关。这样可以确保所有相关单位都能够及时收到函，及时对函内容作出处理和回复。

例如，如果函是多个单位联合询问有关事项，那么答复时也可以同时主送这些单位，以确保所有相关单位都能够收到答复并了解相关情况。

在列出多个主送机关时，应遵循相应的格式和规定，确保函的主送部分清晰、准确，并以适当的方式标注各个主送机关。

需要注意的是，函的主送机关的确定应根据实际情况和相关规定来确定。在撰写函时，应遵循相应的规范要求，确保函的主送机关的准确性和合规性。

（3）正文

函的正文是函的主要部分，其中的写法应根据不同的用途和目的来确定。总体而言，函的正文应具备以下特点：

①事实清楚：函的正文应准确、清晰地陈述相关事实和情况，确保受文单位能够清楚了解函所涉及的事项。避免使用含混不清的语言，确保信息的准确性和可理解性。

②依据准确：函的正文应提供准确的依据和事实支持，确保所提出的要求或观点具有可信度和可靠性。例如，可以引用准确的数据、法律法规或相关文件，增强函的说服力。

③要求合理：函的正文应明确、合理地提出所需的要求或建议。要求或建议应基于事实和逻辑，符合相关规定和程序，以增加函的可接受性和实施性。

函的正文一般由开头、主体、结尾和结束语几个部分组成，以下是这些部分的主要内容：

①开头：函的开头一般包括称呼、问候语和引言等。称呼通常根据收信单位的级别和职务来确定，以示尊重和礼貌。问候语可以根据具体情况，例如致以敬意或表达祝愿。引言部分可以引入函的主题或目的，提供背景信息。

②主体：函的主体部分是函的核心内容，包括具体事项的陈述、请求、询问、答复等。主体部分应当准确、清晰地陈述事实和要求，理由充分，逻辑严密。使用简练、明了的语言，突出重点，确保受文单位能够准确理解函的内容和目的。

③结尾：函的结尾部分一般包括总结和过渡。总结部分用于总结或重申函的主题和重点，强调所提出的要求或观点。过渡部分则用于引导下一步的行动或进一步的讨论。

④结束语：在函的结尾可以根据情况撰写恰当的结束语。例如，在期待对方答复的函中，可以写"专此函达，请复""以上意见妥否，请研究函复"；在答复函中可以写"特此函复""专此函复"；在征求意见的函中，可以留下联系方式，方便对方反馈意见。

（4）发文机关署名与成文日期

函的发文机关署名和成文日期格式与其他公文一致。

4.14.3　写作技巧

（1）得体的称呼和问候语：在信函的开头，使用得体的称呼和问候语，以建立友好的沟通氛围。

（2）说明发函目的：在信函的开头，明确陈述发函的目的和意图。

（3）提供背景信息：在信函的主体部分，提供相关的背景信息，解释为什么需要对方的帮助或协助。

（4）清晰明了的问题陈述：在信函中，使用清晰明了的语言陈述问题或需求。

（5）提供依据或支持材料：在答复函中，可以提供依据或支持材料，以增强内容的可信度。

4.14.4　例文展示与解析

【示例1】

农业部办公厅关于同意开展激光灼刻检疫验讫印章试点工作的函

（农办医函〔2017〕24号）

广东省农业厅：

[说明背景，答复函的开头写明要答复的文件]

你厅《关于启用激光灼刻检疫验讫印章的请示》（粤农〔2017〕171号）收悉。经研究，函复如下。

[阐明答复函的具体意见和理由]

同意你省在东莞市中心定点屠宰场试点使用激光灼刻检疫验讫印章。激光灼刻检疫验讫印章印迹应与现行国家规定的检疫验讫印章印迹的尺寸、规格、内容一致，不能对动物产品产生污染。使用激光灼刻检疫验讫印章的动物产品可在全国范围流通。

[结束语]

特此函复。

农业部办公厅

2017年9月27日

【示例2】

上海市民政局关于补领婚姻证书中相关字段如何填写的函

（沪民婚发〔2006〕19号）

民政部办公厅：

[说明背景，请示函的开头写明要请示的具体问题、意义、建议措施和理由]

《婚姻登记工作暂行规范》（民发〔2003〕127号）对关于补领婚姻证书事项中婚姻证书上如何填写姓名、登记日期、婚姻证书字号、国籍、身份证件号码、备注等字段都没有具体的规定。因为补领婚姻证书涉及历史和现在，关系到当事人的合法权利和婚姻登记工作的规范。我局认为补领婚姻登记证书应尊重历史，补领的婚姻登记证书上的内容应该是历史的重现，即证书上的内容应该是查档证明上反映出的当事人原来的个人信息和登记信息，登记日期和证书号也是原来领取证书时的日期和号码，在备注栏中写明补领登记日期和给予的补领登记证书号。如果证书是为了给当事人最新的个人身份以方便的话，那么补领婚姻证书上包括姓名、国籍、身份证件号码等事项都应该以当事人补领证书时出具的身份证件为准，并且登记日期、婚姻证字号就应该对应的是补领登记日期和补领证书号，在备注栏中写明原来登记时的日期和号码。

[结束语]

以上两种填写方式，哪一种为妥，请函复。

二〇〇六年十一月二十日

4.15 纪要

《党政机关公文处理工作条例》第八条第十五项规定,纪要,适用于记载会议主要情况和议定事项。

纪要是指对会议、研讨会、讨论会等活动的内容和要点进行记录和总结的文件。纪要的目的是记录会议的讨论和决策过程,以及确定下一步的行动计划和责任分工。纪要通常包括会议的基本信息(如时间、地点、参与人员)、会议讨论的主题和要点、各方观点的摘录、重要决策的记录以及未来行动计划的概述。纪要的撰写应准确、简明、客观地表达会议的内容,遵循一定的格式和结构。纪要可以作为会议参与者的参考和回顾,也可以作为未参加会议人员了解会议进展和结果的依据。通过纪要,可以促进信息的传递和沟通,提高会议效率和决策质量。

4.15.1 基本常识

(1)纪要的特点

①纪实性:纪要主要用于记录会议或会谈的内容和讨论情况。因此,纪要应准确反映会议或会谈的实际情况,包括参会人员、讨论的议题、意见和决策等。纪要的内容应尽可能客观、真实,避免主观性和个人观点的加入。

②概括性:纪要应具有概括性,即在有限的篇幅内精练地总结会议或会谈的要点。纪要应提炼出会议讨论的重点内容、关键意见和决策结果等,以便读者快速了解主要信息。纪要应避免冗长,突出重点,使核心信息一目了然。

③指导性:纪要具有一定的指导性,可以对后续工作的指导和决策提供参考。纪要可以包括对讨论的问题的总结、解决方案的建议、行动计划的安排等,为相关工作提供具体的指导和行动方向。

纪要的纪实性、概括性和指导性为读者提供了有效的信息和指引,以便他们更好地理解和应用会议或会谈的结果和决策,指导后续工作。

（2）纪要的类型

①根据会议是否作出决定或决议、是以交流为主还是以研讨为主，纪要可分为以下三种类型：

A.决策型纪要：用于记录决策会议的内容和决议。这种纪要强调对决策过程和结果的准确记录，包括决策的讨论过程、关键意见、决策结果和实施措施等。决策型纪要具有权威性和指导性，为后续的行动和决策提供参考。

B.交流型纪要：用于记录交流会议、工作汇报会议等的内容。这种纪要侧重记录会议的交流和信息共享情况，包括与会人员的发言要点、重要意见和建议、相关事项的交流等。交流型纪要对会议的讨论和交流进行记录和回顾。

C.研讨型纪要：用于记录研讨会议、专题研讨等的内容。这种纪要侧重记录会议的研讨过程和重要发现，包括研讨的议题、专家意见、研究成果和建议等。研讨型纪要对会议的研究探讨和结论总结进行记录和归档。

②根据出席会议人员的不同，纪要可以分为以下常见类型：

A.工作会议纪要：记录组织内部的工作会议，参会人员通常是组织内部的工作人员。工作会议纪要主要涵盖工作进展、问题讨论和决策等内容。

B.代表会议纪要：记录代表大会或代表性会议的内容，参会人员通常是各部门、地区或团体的代表。代表会议纪要主要记录会议议题、代表发言、决议和决策等内容。

C.座谈会议纪要：记录座谈会或讨论会的内容，参会人员通常是各方利益相关者、专家学者等。座谈会议纪要主要记录讨论议题、意见交流、建议和共识等内容。

D.联席会议纪要：记录多个组织或部门参与的联席会议的内容。联席会议纪要主要记录各方意见、协调问题、合作方案等内容。

E.办公会议纪要：记录办公室或行政机构内部的会议内容。办公会议纪要主要记录重要事项、工作安排、部门协调等内容。

F.汇报会议纪要：记录汇报会议的内容，参会人员主要是汇报人和相关领导。汇报会议纪要主要记录汇报内容、问题讨论、决策等。

（3）纪要的作用

①信息记录与传递：纪要记录了会议或活动的重要内容和讨论要点，包括决议、建议、行动计划等。它可以帮助与会者回顾会议的内容，也可以传达给未能参加会议的人员，确保信息的准确传递与理解。

②决策参考：纪要对会议中的决策过程和结果进行了记录，成为后续决策和行动的重要参考。它可以帮助决策者了解会议讨论的背景、理由和各方意见，以便作出明智的决策。

③问题解决与追踪：纪要记录了会议中讨论的问题和解决方案，有助于追踪问题的解决进展。它可以成为问题解决过程中的参考，帮助相关人员了解问题的起因、处理过程和结果，以便评估解决方案的有效性。

④沟通和合作：纪要可以促进沟通和合作。它可以将会议中的各方意见和建议进行整理和梳理，使得各方能够更清楚地了解彼此的立场和观点，促进合作和协商。

⑤存档和回顾：纪要作为对会议或活动的记录，具有存档和回顾的作用。它可以作为历史资料，供后来者了解过去的决策、讨论和活动，从中得到经验教训和启示。

（4）纪要的写作要求

①准确记录：确保准确记录会议或活动的关键信息，包括主要议题、讨论要点、决策结果、行动计划等。避免遗漏或错误地表达重要内容。

②逻辑清晰：纪要应按照时间或议题的逻辑顺序组织，确保内容的连贯性和一致性。每个部分应有明确的小标题和总领句，以帮助读者快速浏览和定位所需信息。

③重点突出：在纪要中突出重要的观点、决策和行动计划，可以使用加粗或其他格式来强调关键信息。这有助于读者快速获取核心内容并理解主要焦点。

④语言规范：纪要应使用准确、清晰、简练的语言表达，避免使用模糊的词语。注意语法和标点符号的正确使用，以确保纪要的可读性和专业性。

⑤客观公正：纪要应客观、公正地记录会议或活动的内容，避免个人偏见或主观评价的介入。应以第三人称的方式表述，避免使用个人代词或态度词。

4.15.2　纪要的几种写法

根据会议性质、规模、议题等不同，纪要大致可以有以下几种写法：

（1）集中概述法：采用集中概述的方式，对会议或会谈的主要内容进行简明扼要的概述和总结。主要将会议的议题、讨论要点、意见和决策结果等重点信息进行集中呈现，突出核心内容。

（2）分项叙述法：按照会议的议题或不同的讨论内容，分别叙述每个议题或讨论的主要内容和要点。通过分项叙述可以清晰地展示会议中各部分的讨论和决策情况，方便读者查找和理解特定议题。

（3）发言提要法：对会议或会谈中的每个发言者进行提要总结，包括其主要观点、意见和建议。通过对每个发言者的精要总结，突出各方观点和意见的多样性，确保纪要的全面性和客观性。

这些写法可以根据具体会议的性质、规模、议题等特点来灵活运用。在撰写纪要时，应根据实际情况选择合适的写法，以准确记录会议的重要信息，并使纪要易于阅读和理解。

4.15.3　纪要与记录的区别

（1）内容与焦点：纪要主要关注会议或会谈的主要议题、讨论要点、重要观点和决策结果等核心内容。纪要以概括性和提炼性为主，将会议的关键信息和决策要点进行总结和归纳。而记录更注重全面性和详细性，尽可能准确地记录会议的每个细节和发言。

（2）简洁性与详尽性：纪要以简明扼要的方式呈现会议的主要信息，突出重点，使读者能够迅速了解会议的要点。相比之下，记录更加详尽，力求尽可能全面地记录会议的细节、发言、提问和讨论等。

（3）目的与用途：纪要的目的是提供对会议的快速回顾和总结，以及为后续工作和决策提供参考。它主要用于传达重要信息和决策结果，以指导后续行动。而记录的主要目的是准确记录会议的每个细节，作为备忘和存档的依据。

总的来说，纪要更注重概括和提炼会议的核心内容，强调关键信息和决策要点。记录则更注重详尽地记录会议的每个细节，以确保全面和准确地记录。

纪要的主要目的是快速回顾和总结会议，以及为后续工作和决策提供参考；而记录则是为了记录和存档会议的全过程和细节。

4.15.4 格式要点

（1）标题

纪要的标题必须符合概括、简明、准确、通顺的要求，书写形式通常是"会议名称+文种"，也可以使用"发文机关+事项+文种"的方式。有的纪要有发文字号；有的纪要没有发文字号，只有发布日期。

党组会议、常务会议、工作会议等会议的纪要通常没有关于特定事项的具体标题，纪要的标题通常是直接以会议的名称或类型作为纪要的标题。例如：

·《中共山东省人民政府研究室党组会议纪要》（2021年第12次）

·《市政府第38次常务会议纪要》（常务会议纪要〔2023〕18号）

·《全国法院民商事审判工作会议纪要》（法〔2019〕254号）

对于政府专题会议，通常会有一个具体的标题来概括会议讨论的主题。标题一般采用"关于研究/讨论……的会议纪要"的形式，以明确会议的议题和目的。例如：

·《关于研究×××改革试点有关问题的会议纪要》

·《探索建立食品安全民事公益诉讼惩罚性赔偿制度座谈会会议纪要》（2021年3月30日）

总的来说，纪要的标题应该简明扼要，明确传达会议的类型、目的和主题。根据不同的发布方式和需求，标题的形式和结构可以有所变化，但都应准确反映会议的内容和意义。

（2）开头

纪要的开头部分与一般公文的开头有一定的区别。纪要的开头主要用来概括记述会议的基本情况，提供准确和有效的记录，具体包括以下内容：

①会议的基本信息：包括会议的名称、时间、地点和主持人等基本信息，

以确保读者能够准确了解会议的背景和基本情况。例如：

最高人民法院于2019年12月24日在北京召开了全国法院审理债券纠纷相关案件座谈会，邀请全国人大常委会法制工作委员会、司法部、国家发展和改革委员会、中国人民银行、中国证监会等单位有关负责同志参加会议，各省、自治区、直辖市高级人民法院和解放军军事法院以及新疆维吾尔自治区高级人民法院生产建设兵团分院主管民商事审判工作的院领导、相关庭室的负责同志，沪、深证券交易所、中国银行间市场交易商协会等市场自律监管机构、市场中介机构的代表也参加了会议。（《全国法院审理债券纠纷案件座谈会纪要》，法〔2020〕185号）

②参会人员的简要介绍：简要列出参会人员的姓名、职务或单位，以便读者了解会议的参与人员和各方的代表。例如：

××年×月×日，××××会议在×××召开，×××主持会议，×××、×××、×××、×××有关负责同志出席会议。

此外，根据需要，还可以在纪要中列出会议的请假人员、列席人员，以提供更完整的参会人员信息。

③议程或议题的概述：简要概述会议的议程或主要讨论议题，向读者提供会议主题和内容的概览。例如：

·会议听取了×××就……情况的汇报，经与会人员充分讨论，就相关事宜达成如下意见：……

·会议总结了……情况，研究讨论了……，并对……工作进行了布置，会议明确以下四项主要工作：……

④会议目的的说明：简要说明会议的目的和意义，强调为什么召开这个会议以及预期的成果和效果。例如：

为正确审理因公司债券、企业债券、非金融企业债务融资工具的发行和交易所引发的合同、侵权和破产民商事案件，统一法律适用，最高人民法院于2019年12月24日在北京召开了全国法院审理债券纠纷相关案件座谈会……（《全国法院审理债券纠纷案件座谈会纪要》，法〔2020〕185号）

（3）正文

①会议内容：这一部分需要简要概述会议讨论的主要内容、发言要点和重

要讨论结果。包括会议讨论的议题、主要观点和意见、相关的背景信息等。这有助于读者了解会议的核心议题和讨论重点。

②议定事项：在会议中达成的重要共识、决策或议定事项都应在这一部分进行总结。这可以是参会人员就某个问题达成的共识，也可以是针对某个议题的具体决策或安排。这一部分的目的是确保读者清楚地了解会议的决策结果和相关的行动计划。

③经验和做法：如果在会议中有与会者提出有价值的经验、做法或案例分享，这些内容也应该在会议精神部分进行记录。这有助于分享和传播好的经验和做法，促进知识的共享和学习。可以简要概述这些经验和做法的主要内容和相关的背景信息。

④意见和措施：在会议中，与会者可能会提出一些建议、意见或具体措施来解决问题或改进工作。这些内容也应该在会议精神部分进行记录。可以列举一些主要的意见和措施，并简要说明其背景和理由。

⑤要求：会议精神部分最后一部分应明确会议对各方的具体要求或行动要求。这可以是与会者需要完成的任务、需要准备的材料或需要采取的行动。明确的要求有助于确保会议讨论的结果能够落实到行动上，并提高会议的效果和实施效果。

4.15.5　写作技巧

（1）清晰的标题和日期：在纪要的开头，使用清晰的标题和日期，以便读者快速了解纪要的内容和时间。

（2）简洁明了的概述：在纪要的开头，提供会议或讨论的简要概述，包括目的、参会人员、地点等信息。

（3）要点和决定的总结：在纪要的主体部分，逐点总结会议或讨论的要点和重要决定，确保每个要点都清晰明了。

（4）强调重要事项：对于特别重要的事项，可以使用加粗或其他格式来突出重点。

（5）结束语：在纪要的结尾，可以使用恰当的结束语，总结会议部署的工作，表达贯彻落实会议精神。

4.15.6　用好纪要中的常见句式

使用常见句式可以使纪要的表达更加准确和规范。以下是一些常见的句式：

（1）在讨论某一议题时：

·会议针对……的问题进行了讨论。

·会议研究讨论了……

·经与会人员充分讨论，就相关事宜达成如下意见……

·会议就……达成一致意见。

·会议同意／赞同……的建议／提议。

·会议认为，……

（2）关于决策或决议：

·会议指出，……

·会议批准／同意／决定，……

（3）总结和提出建议：

·会议总结了以下主要观点……

·会议提出了改进……的具体建议……

·建议采取措施以解决／改善……

·建议进一步研究／探讨／加强……

（4）强调重要事项：

·会议强调，……

·会议强调／重申……的重要性和紧迫性。

（5）提醒和下一步安排：

·会议要求，……

·会议对……工作进行了布置……

·会议明确以下四项主要工作……

这些常见句式可以根据具体的会议内容和需要进行灵活运用，以确保纪要的信息准确、全面和规范。在使用句式时，应注意适度使用，避免过度使用或使用不当，以保持纪要的清晰和可读性。

4.15.7 例文展示与解析

最高人民法院　最高人民检察院

公安部　司法部　生态环境部

关于办理环境污染刑事案件有关问题

座谈会纪要

［简要介绍会议的背景、基本信息、参会人员］

2018年6月16日，中共中央、国务院发布《关于全面加强生态环境保护坚决打好污染防治攻坚战的意见》。7月10日，全国人民代表大会常务委员会通过了《关于全面加强生态环境保护依法推动打好污染防治攻坚战的决议》。为深入学习贯彻习近平生态文明思想，认真落实党中央重大决策部署和全国人大常委会决议要求，全力参与和服务保障打好污染防治攻坚战，推进生态文明建设，形成各部门依法惩治环境污染犯罪的合力，2018年12月，最高人民法院、最高人民检察院、公安部、司法部、生态环境部在北京联合召开座谈会。会议交流了当前办理环境污染刑事案件的工作情况，分析了遇到的突出困难和问题，研究了解决措施。会议对办理环境污染刑事案件中的有关问题形成了统一认识。纪要如下：

［分段列举会议议定的具体事项］

一

会议指出，2018年5月18日至19日，全国生态环境保护大会在北京胜利召开，习近平总书记出席会议并发表重要讲话，着眼人民福祉和民族未来，从党和国家事业发展全局出发，全面总结党的十八大以来我国生态文明建设和生态环境保护工作取得的历史性成就、发生的历史性变革，深刻阐述加强生态文明建设的重大意义，明确提出加强生态文明建设必须坚持的重要原则，对加强生态环境保护、打好污染防治攻坚战作出了全面部署……各部门要认真学习、深刻领会、全面贯彻习近平生态文明思想，将其作为生态环境行政执法和司法办案的行动指南和根本遵循，为守护绿水青山蓝天、建设美丽中国提供有力保障。

　　会议强调，……

　　会议指出，……

二

　　会议要求，各部门要正确理解和准确适用刑法和《最高人民法院、最高人民检察院关于办理环境污染刑事案件适用法律若干问题的解释》（法释〔2016〕29号，以下称《环境解释》）的规定，坚持最严格的环保司法制度、最严密的环保法治理念，统一执法司法尺度，加大对环境污染犯罪的惩治力度。

　　……

三

　　会议要求，各部门要认真执行《环境解释》和原环境保护部、公安部、最高人民检察院《环境保护行政执法与刑事司法衔接工作办法》（环环监〔2017〕17号）的有关规定，进一步理顺部门职责，畅通衔接渠道，建立健全环境行政执法与刑事司法衔接的长效工作机制。

　　……

第五章　计划类公文起草与案例分析

5.1　工作要点

工作要点是针对未来工作、计划等的简要说明，以事务性公文的形式呈现。它主要包括工作的重点、重要事项、关键目标、任务分工、时间安排等要素，旨在对未来工作进行概括性总结和指导，提供工作方向和重点，推动组织或单位工作计划的实施。

5.1.1　基本常识

（1）工作要点的特点

①简要性：工作要点以简洁、精练的语言表达，对工作内容进行概要描述，使读者能够快速理解和把握。

②重点性：工作要点突出工作的重点和关键部分，明确工作的核心任务和目标，以确保工作的顺利进行和达成预期效果。

③导向性：工作要点提供工作方向和指导，为组织或单位的工作计划提供明确的引导和依据，帮助实现组织目标。

④具体性：工作要点对任务分工、时间安排、责任分配等进行具体说明，使工作计划更具体、可操作。

⑤时效性：工作要点通常是针对未来的工作，因此具备时效性，及时更新

和调整，以适应工作计划的变化和调整。

（2）工作要点的类型

①从内容上来看，党政机关的工作要点可以包括学习活动和工作活动两类。

A.学习活动工作要点：学习活动的工作要点涉及组织内部的学习，如组织干部学习党的理论知识、党史、党章等，以加强党性锻炼和提高干部素质。也可以包括组织外部的学习，如组织干部参加培训、研讨会、学术交流等，以提升专业能力和应对工作挑战。

B.工作活动工作要点：工作活动的工作要点可以包括年度工作计划的重点任务，如确定党建工作、经济发展、民生改善等方面的具体目标和任务，指导全年的工作重点。也可以指导具体项目或活动的工作要点，如组织党员参与社区服务、组织开展重大活动等，明确活动的目标、时间安排和责任分工。

②从应用上来看，党政机关的工作要点可以根据部门、单位等制定。

A.部门工作要点：各职能部门制定的工作要点可以包括具体业务领域的重点工作，如财务部门的工作要点可以包括财务管理、预算执行、审计监督等方面的重点任务。

B.单位工作要点：单位制定的工作要点可以包括单位自身的工作重点，如党委的工作要点可以包括党建工作、思想政治工作、党风廉政建设等方面的重点任务。

③从时间上来看，党政机关的工作要点可以根据周、月、年等时间周期制定。

周、月、年等时间周期的工作要点可以具体指导在特定时间范围内的工作重点，如每周的工作要点可以包括每周的工作任务、会议安排、工作计划等。

每月的工作要点可以进一步细化具体任务和目标，每年的工作要点则可以总结全年工作规划和重点任务。

（3）工作要点的作用

工作要点在工作中起着重要的作用，以下是一些常见的作用：

①确定工作重点：工作要点帮助我们明确工作任务的重要性和优先级。它

们帮助我们确定哪些任务、项目或问题需要首先关注和处理，以确保工作的高效性和成果。

②提高工作效率：通过关注工作要点，我们可以集中时间、精力，避免过度分散和浪费时间在次要或无关紧要的事务上。这有助于提高工作效率，更好地利用有限的时间。

③优化资源分配：工作要点帮助我们合理分配资源，确保关键任务得到充分的支持和投入。通过识别并专注于工作要点，我们可以避免资源的浪费和不必要的投入。

④促进目标达成：工作要点与工作目标紧密相关，它们帮助我们将工作与组织的战略目标对齐，并为实现这些目标提供指导。通过关注和处理工作要点，我们可以更好地推动目标的实现。

⑤风险管理和问题解决：工作要点有助于识别和处理关键问题和风险。通过关注关键问题要点，我们可以及时发现和解决潜在的问题，减少风险的发生和影响。

⑥提高工作质量：通过关注和处理工作要点，我们可以更专注于关键任务和项目，确保工作质量的高标准。这有助于提升工作的质量和价值，满足组织和客户的期望。

（4）工作要点的要求

工作要点是对工作任务和目标的要求和规划。以下是对工作要点的一些常见要求：

①明确性：工作要点应明确、具体，能够清晰地表达出工作的重点、目标和任务。它能够为工作的实施提供明确的指引和方向。

②可操作性：工作要点应具备可操作性，即能够转化为具体的行动计划和任务，明确责任主体、时间安排和工作进度，为工作的实施提供具体的指导和依据。

③可衡量性：工作要点应具备可衡量的标准和指标，以便对工作的完成情况进行评估和考核。这样能够实现工作目标的量化和可视化，便于跟踪工作进展并及时作出调整。

④协调性：工作要点应与组织或单位的总体工作目标和计划相协调，使各

项工作相互衔接、协同推进，形成整体合力，实现整体目标。

⑤时效性：工作要点应具备时效性，及时更新和调整，以适应工作计划的变化和调整。它应该能够反映最新的工作重点和要求，确保工作的顺利进行和取得预期成效。

⑥可追溯性：工作要点应具备可追溯性，即能够追踪工作的实施情况和成果，便于总结经验、评估效果，并为未来的工作提供参考和借鉴。

5.1.2　格式要点

（1）标题

相较于法定类公文来说，工作要点是没有文头的，无法让读者一眼就明白其责任归属，因此，在其标题部分有必要加以标注。工作要点的标题一般由单位、时间和文种三部分构成。即单位名称、年份、工作要点，例如：

《××市水务局2023年党建工作要点》

（2）主送机关

工作要点主要是作为内部文件或工作指导性文件使用，以指导单位内部的工作计划和任务执行。因此，通常情况下，工作要点不需要明确的主送机关。

然而，在一些特殊情况下，如果工作要点需要向上级机关报送或需要在单位内部进行流转和审核，那么可以在工作要点中加入主送机关的信息。主送机关可以根据需要具体指定，以确保工作要点的传达和审批流程。在这种情况下，主送机关可以在标题或正文的适当位置进行标注。

（3）正文

工作要点的正文部分有的有前言，有的没有。有些单位或组织在工作要点的正文部分之前可能会加上一段前言，简要介绍工作要点的背景、目的或重要性。这段前言可能包括对上一阶段工作的总结、对当前工作的重点和重要任务的说明，或者对未来工作方向的展望等。前言的目的是为读者提供一个整体的背景和框架，帮助他们更好地理解和把握工作要点的内容。

然而，并不是所有的工作要点都会包含前言部分。有些工作要点可能直接进入正文部分，以简洁明了的方式列举工作要点的具体内容和任务。

因此，是否包含前言部分取决于具体的要求和规定，以及编写工作要点的单位或组织的习惯和偏好。

正文部分的主要内容一般包括两个方面，一是提出一定时期内的奋斗目标，二是提出为实现目标而制定的具体工作要点和主要措施。

①奋斗目标：正文部分应明确提出一定时期内的奋斗目标，即明确工作要点所要达到的具体目标或成果。这些目标可以是对组织整体发展、部门业务、工作计划等方面的目标设定，以清晰地指导工作的方向和重点。

②具体工作要点和主要措施：正文部分应提出为实现奋斗目标而制定的具体工作要点和主要措施。这些工作要点和措施应具体、可操作，明确工作的重点和任务，以确保工作计划的实施和目标的达成。这些工作要点和措施可以涉及任务分工、时间安排、责任分配、资源调配等方面，从而确保工作的顺利进行。

（4）落款

在工作要点中，通常不需要写落款。工作要点主要是作为内部文件或工作指导性文件使用，所以不需要明确的落款。工作要点的目的是指导和推动单位内部的工作计划和任务执行，而不是作为外部传达或公开的文件。

然而，在某些特殊情况下，如果工作要点需要报送或需要在单位内部进行流转和审核，那么可以在工作要点末尾加上签发人、印章或相关负责人的署名或落款，以明确文件的发起和责任归属。

5.1.3 写作技巧

（1）明确目标：在开始写作之前，明确工作要点的目标和意图。确定要传达的主要信息是什么，以及读者需要知道的关键要点是什么。

（2）简明扼要：工作要点应该简洁明了，使用清晰、简洁的语言表达要点，确保读者能够迅速理解和吸收信息。

（3）组织结构：使用逻辑和结构化的方式组织工作要点。可以按照任务、目标、项目等分类，或者按照重要性和优先级进行排序。合理的结构可以帮助读者更好地理解和记忆要点。

（4）使用重点词语：使用有力的词语和术语来强调工作要点的重要性和关键性。选择能够准确表达要点的词汇，避免使用模糊的词语。

（5）提供具体细节：工作要点应该具备足够的具体细节，使读者能够清楚地了解任务、目标或问题的背景和相关信息。提供必要的上下文和数据，以便读者能够更好地理解工作要点。

（6）强调关联性：在写作工作要点时，强调不同要点之间的关联性和相互影响。说明它们如何相互支持或依赖，以及如何对整体工作产生影响。

（7）使用适当的格式和标点符号：使用适当的格式和标点符号来增强工作要点的可读性。使用标题、编号或列表来突出要点，使用适当的标点符号来分隔和组织信息。

5.1.4 工作思路、工作方案和工作要点的区别

工作思路、工作方案和工作要点是在工作计划和执行过程中的不同层次和角度上的概念。它们的区别如下：

（1）工作思路：工作思路是指对工作的整体思考和策略性的规划。它是指导工作的基本原则和方法论，是对工作目标、问题、挑战等进行分析和思考后形成的处理思路和策略。工作思路通常较为宏观抽象，覆盖较长时间周期，为工作方案和工作要点的制定提供指导和基础。

（2）工作方案：工作方案是对具体工作任务进行详细规划和安排的实施计划。它是在工作思路的基础上，结合具体情况和目标要求，制定的包含具体工作步骤、时间安排、责任分工、资源调配等内容的详细计划。工作方案是一份具体的、可操作的工作计划，旨在指导和推动工作的实施。

标题：×××（发文机关）关于×××事由的工作方案

正文：开篇要有背景介绍，一般可以写"目前/当下……为了/根据……特制定本方案"。

（3）工作要点：工作要点是针对特定工作目标和任务的核心要点和关键

内容的概要说明。它是在工作方案的基础上，对工作重点进行概括性总结和指导。工作要点通常包括工作重点、重要事项、关键目标、任务分工、时间安排等要素，以指导和推动工作的方向和重点。

工作要点的格式和内容相对来说比较简单。但需要注意的是，在工作要点的正文部分罗列要点的时候，一定要进行同类合并、异类罗列、标明序号，切不可简单罗列。

5.1.5　错例展示

水电集团建业公司2023年党建工作要点

一、强化党的政治建设

坚持读原著、学原文、悟原理，组织党员干部深入学习《习近平关于"不忘初心、牢记使命"重要论述摘编》和习近平总书记系列重要论述，跟进学习习近平总书记最新重要讲话精神。

二、强化组织建设

全面落实党总支引领、支部堡垒、党员先锋"三大指数考核体系"，做到统筹谋划、细化措施，按照党总支、党支部任务清单，党员履职清单逐项考核，评星定级，强化考核结果运用，统筹推进基层党建工作水平整体提升。

三、发挥文化引领作用

严格执行《中国共产党宣传工作条例》，深入学习贯彻师党委宣传部关于宣传思想工作的重要指示精神，确保企业宣传思想工作方向正确、导向鲜明、基调昂扬。加强正面宣传和舆论引导，持续提升新闻宣传质量，推进新闻宣传工作进入集团前列，进一步讲述企业好故事，传播企业好声音，展示企业好形象，切切实实做好"外树良好形象、内寓良好文化"的工作。

5.1.6　问题分析

（1）要点不具体：工作要点中的表述过于笼统和抽象，缺乏具体的目标和任务。例如，强化党的政治建设和强化组织建设的要点中没有明确具体的行动计划和措施。

（2）缺乏量化指标：工作要点中没有明确的量化指标和考核体系，无法对工作成效进行评估和监督。例如，在强化组织建设的要点中提到了"党员履职清单逐项考核，评星定级"，但没有具体说明评星的标准和考核结果的运用。

（3）缺乏可操作性：工作要点中的措辞较宽泛，缺乏具体可操作的指导和方法，无法为具体工作的实施提供明确的指引。

（4）信息混乱：工作要点中的条目没有清晰的层次结构，导致信息的组织和呈现不够清晰和有序。

►改进建议

（1）具体和可操作性：将工作要点中的抽象表述具体化，明确目标和具体任务。例如，在强化党的政治建设的要点中，可以明确列出学习计划和学习材料，如通过每周组织党员干部开展一次集中学习，学习指定材料的具体章节。

（2）量化指标和考核体系：为每个工作要点设定量化的指标和明确的考核体系，以便评估工作的完成情况和效果。例如，在强化组织建设的要点中，可以设定党员履职清单的具体内容和评星标准，明确考核结果的运用方式，如评星情况与奖惩、晋升等挂钩。

（3）语言规范性：使用明确和具体的表述，避免使用模糊代词，确保工作要点中的表述准确、清晰。

（4）可操作性：为工作要点提供具体可操作的指导和方法，明确工作要点的具体措施和实施步骤，以指导工作的具体执行。例如，在发挥文化引领作用的要点中，具体列出每个月的宣传主题和重点，明确宣传活动的具体安排和推进方式。

（5）信息组织和结构：对工作要点进行条目的重组和整理，确保信息的有序和清晰呈现。可以使用分段、标题和编号等方式，使结构更清晰，便于读者阅读和理解。

通过以上改进建议，可以提高工作要点的质量和实效，使其更具可操作性和指导性，确保工作目标的明确和工作计划的顺利执行。

5.1.7 例文修改

水电集团建业公司2023年党建工作要点

2023年水电集团建业公司党建工作的总体要求是：坚持以习近平新时代中国特色社会主义思想为指引，继续深入学习党的二十大精神，为全面实现2023年各项任务目标提供坚强的政治保障。

一、强化党的政治建设，用党的创新理论武装头脑

（一）强化理论武装

坚持读原著、学原文、悟原理，组织党员干部深入学习《习近平关于"不忘初心、牢记使命"重要论述摘编》和习近平总书记系列重要论述，跟进学习习近平总书记最新重要讲话精神。认真贯彻党的二十大精神，发挥党总支带头作用，加强党总支学习。党总支每个月至少组织1次集中学习，全年不少于12次。党员每年参加集中培训和集体学习时间不少于32学时（8个半天），建业公司领导班子成员和各党支部书记每年参加集中培训和集体学习时间不少于56学时（14个半天）。

（二）强化培训教育（略）

（三）强化巩固主题教育成果（略）

二、强化组织建设，统筹推进基层党建工作水平整体提升

（一）全面落实"三大指数"星级考核体系

全面落实党总支引领、支部堡垒、党员先锋"三大指数考核体系"，做到统筹谋划、细化措施，按照党总支、党支部任务清单，党员履职清单逐项考核，评星定级，强化考核结果运用，与党总支书记、专职副书记、班子成员，与党支部书记，与每名党员的切身利益挂钩，统筹推进基层党建工作水平整体提升。

（二）持续加强领导班子建设（略）

（三）持续加强基层党组织治理能力（略）

（四）持续加强党员队伍建设（略）

三、坚持党的建设引领企业改革发展，推动党建工作与生产经营深度融合

（一）坚持党的领导不动摇

全面落实《中国共产党国有企业基层组织工作条例（试行）》，坚持两个"一以贯之"，充分发挥党总支"把方向、管大局、保落实"的领导作用，将党的领导融入公司治理各环节。完善公司"三重一大"事项决策制度，实施重大决策事项清单化管理，严格规范议事内容和程序。

（二）建立健全党建制度体系（略）

（三）强化党建引领，推动完成重点工程、重大任务（略）

（四）严格落实党建工作责任制（略）

四、发挥文化引领作用，为企业发展营造良好氛围

（一）把握舆论导向，持续加强宣传思想文化工作

严格执行《中国共产党宣传工作条例》，深入学习贯彻师党委宣传部关于宣传思想工作的重要指示精神，确保企业宣传思想工作方向正确、导向鲜明、基调昂扬。加强正面宣传和舆论引导，持续提升新闻宣传质量，每月确定一个宣传主题，确定一个宣传重点，推进新闻宣传工作进入集团前列，进一步讲述企业好故事，传播企业好声音，展示企业好形象，切切实实做好"外树良好形象、内寓良好文化"的工作。

（二）加强企业文化和精神文明建设（略）

五、发挥群团组织作用，服务企业改革发展

（一）切实抓好群团工作（略）

（二）坚持党建带团建（略）

5.2 工作计划

工作计划是指在一定时间范围内，为了实现工作目标而制订的详细计划和安排。它包括确定工作任务、分配工作资源、设定工作期限、制定工作步骤、确定工作优先级等内容。工作计划通常用于组织和管理工作，以确保任务按时完成，提高工作效率和质量。

5.2.1 基本常识

工作计划是指为了实现工作目标和任务而制订的详细计划和安排。它是个

人、团队或组织在工作中的指导性文件。

（1）工作计划的特点

①目标导向：工作计划是为了实现特定的目标而制定的。它明确了工作的目标和预期结果，为组织和团队的行动提供了明确的方向和指引。

②时间范围：工作计划通常具有明确的时间范围，可以是年度计划、季度计划、月度计划等。时间范围可以根据具体需要和工作节奏进行调整。

③细化和具体性：工作计划需要将目标分解为具体的任务和行动计划。它将工作分解为具体的步骤和活动，明确责任人、时间表和资源需求，以确保工作的可操作性和实施性。

④综合协调：工作计划需要综合协调各个部门和人员之间的工作，确保各项工作相互衔接、协同推进，形成整体合力，实现整体目标。

⑤灵活性和调整性：工作计划应具备一定的灵活性，以适应环境变化和工作需求的调整。根据实际情况，工作计划可以进行修订和调整，以确保目标的实现和工作的顺利进行。

⑥评估和反馈：工作计划应具备评估和反馈的机制。通过定期评估工作计划的进展和成果，及时调整工作策略和措施，提高工作效率和质量。

（2）工作计划的类型

工作计划可以根据不同的目的和内容进行分类。以下是几种常见的工作计划类型及各自特点：

①按时间分类

A.年度工作计划：按照年度进行工作规划，确定年度目标、任务和计划。

B.季度/半年度工作计划：按照季度或半年度进行工作规划，分解年度目标和计划为具体的阶段性任务和计划。

②按层级分类

A.高层工作计划：由机关、企业事业单位的领导层制定的战略性、全局性的工作计划，涉及整体目标和重大决策。

B.中层工作计划：由各部门、分支机构的主管部门制定的中期工作计划，具体指导部门级别的工作任务和计划。

C.基层工作计划：由各部门、分支机构的基层单位制定的具体工作计划，落实高层和中层工作计划并实施具体任务。

③按内容分类

A.综合工作计划：包括工作任务的各个方面，涵盖机关、企业事业单位的整体管理和运营。

B.专项工作计划：针对特定任务或项目制定的工作计划。

④按部门/职能分类

根据各部门的职能和任务，制定相应的工作计划，如人力资源部门的招聘计划、财务部门的预算计划等。

需要注意的是，不同机关、企业事业单位可能根据自身情况和需求，对工作计划的分类标准和细分方式可能会有所不同。以上分类仅为一般性分类，具体情况还需要根据实际情况进行具体确定。

（3）工作计划的作用

①组织和安排工作：工作计划明确了工作目标、任务和资源，帮助组织和安排工作，确保工作按照有序的方式进行。它提供了一个框架，使团队成员能够理解工作的范围、优先级和时间要求。

②提高工作效率：通过制定工作计划，可以合理分配时间和资源，避免工作的重复和浪费。工作计划帮助团队成员明确任务的顺序和优先级，避免同时处理多个任务导致效率下降的情况。

③确保工作目标的实现：工作计划明确了工作的目标和期望结果，使团队成员明确工作的重点和方向。它提供了一个框架，使团队成员能够集中精力和资源，追求共同的目标，确保工作目标的实现。

④促进沟通和协调：工作计划提供了一个共同的参考框架，促进团队成员之间的沟通和协调。通过共享工作计划，团队成员可以了解彼此的工作进展和依赖关系，便于协同合作，减少工作冲突和延误。

⑤评估和监督工作进展：工作计划提供了一个衡量工作进展和完成情况的基准。通过定期监督和评估工作计划的执行情况，可以及时发现问题和调整计划，确保工作按照预期进行，并及时采取措施解决潜在的问题。

总之，工作计划在组织和管理工作中起到了指导、协调和监督的作用，帮助团队成员明确工作目标、安排任务和资源，提高工作效率和质量，确保工作顺利进行并实现既定目标。

（4）工作计划的要求

①明确目标和目的：明确工作计划的主要目标和所要达到的目的，确保目标具体、明确、可衡量和可实现。

②可行性分析：对工作计划的可行性进行分析和评估，考虑可用资源、时间限制、技术能力等因素，确保工作计划是可实施的。

③合理性和可持续性：确保工作计划合理并可以持续执行，考虑资源利用效率、工作量分配、风险管理等因素，避免过度承诺或无法实现的目标。

④风险管理：对潜在的风险和障碍进行分析和评估，制定相应的风险应对策略，确保工作计划具备应对风险的能力。

⑤监控和评估：建立监控机制，定期检查工作进展情况，并进行评估和反馈。及时调整和改进工作计划，确保工作顺利进行。

⑥时间安排：制定明确的时间表和截止日期，确保工作计划具有明确的工作进度和时间框架。合理分配时间，确保任务按时完成。

⑦可协作性：考虑到团队合作和协作的需要，鼓励团队成员共同参与制定工作计划，确保计划的可协作性和可执行性。

⑧可调整性：允许工作计划在实施过程中进行调整和改进，灵活适应变化和新的挑战，确保工作计划的有效性和适应性。

5.2.2　格式要点

（1）标题

工作计划的标题从其组成要素来看，主要包括发文机关、时间、事由和文种，它们共同构成了工作计划的标题"四要素"。例如：

·《×××市政府办公厅2022年市级重点项目实施计划工作计划》

·《×××公司人力资源部2022年第二季度员工培训计划工作计划》

以上例子中，发文单位指明了工作计划的制定单位；时间指明了工作计划的实施时间范围；事由说明了工作计划的目的或原因；文种指明了工作计划的种类。这些要素共同构成了工作计划的标题，能够清晰地表达工作计划的内容和目标。

（2）正文

工作计划的正文一般包括开头、主体两个部分。其中，开头部分是对工作计划指导思想的陈述，是工作计划的思想基础和依据。主体部分一般分为：工作目标、措施办法、步骤安排。

①开头部分

开头部分是工作计划的引言，包括对工作计划指导思想的陈述。这部分通常包括以下内容：

A.工作计划的背景和目的：对工作计划制定的背景和目的进行概述，说明为什么需要制定工作计划。

B.工作计划的指导思想：阐述工作计划制定的基本原则、思路和方法，明确工作计划的指导思想。

C.工作计划的重要性和意义：说明工作计划对于达成目标、提高工作效率和解决问题的重要性和意义。

②主体部分

主体部分是工作计划的核心内容，一般包括以下方面：

A.工作目标：明确具体的工作目标，即要实现的预期结果或成果。

B.措施办法：列出具体的工作措施和办法，即实现工作目标的具体方式。

C.步骤安排：将工作计划按照时间顺序进行具体的步骤安排，包括开始时间、结束时间、负责人等信息。

主体部分是工作计划的核心，通过明确工作目标、提出相应的措施办法和合理的步骤安排，能够为工作的顺利进行提供具体的指导和保障。

（3）结尾

结尾可以提出希望、发出号召、展望前景、明确执行要求等，也可以直接结束正文，不写专门的结尾部分。

①结尾部分：在结尾部分，可以对工作计划的实施提出具体的期望和要

求，鼓励相关人员积极参与和配合工作。

②署名和日期：在工作计划的最后，需要署明制订该计划的单位名称以及具体的制订时间。这样可以确保工作计划的真实性和合法性。

③文件形式下发的情况：如果工作计划以文件的形式正式下发，一般需要在工作计划的落款处加盖公章。公章是对工作计划的认可和授权，能够增加工作计划的权威性和可信度。

5.2.3　写作技巧

（1）列出具体任务：将目标分解为具体的任务和步骤。列出需要完成的任务，并合理分配时间和资源，以确保计划的可行性和可操作性。

（2）设定时间表：为每个任务设定明确的时间表和截止日期。合理安排时间可以帮助掌握工作进度，并督促按时完成任务。

（3）分配责任：明确每个任务的责任人或团队，并确保他们清楚自己的职责和角色。分配责任可以提高团队的协作效率和责任感。

（4）资源规划：评估所需的资源，如人力、技术、财务等，并制定相应的资源规划。

（5）风险评估：识别可能的风险和挑战，并制定相应的风险应对策略。考虑到潜在的问题和障碍，可以帮助做好应对准备，降低风险对计划的影响。

（6）监测和评估机制：建立有效的监测和评估机制，以追踪工作进展和结果。定期检查计划的执行情况，并根据需要进行调整和改进。

（7）可量化的指标：为了准确评估计划的实施效果，设定可量化的指标和目标。这些指标可以帮助衡量工作进展和绩效，以及适时作出必要的调整和改进。

（8）定期更新：工作计划应该是一个动态的文件，需要根据实际情况进行更新和调整。定期回顾和更新工作计划，以确保它与实际工作情况保持一致。

5.2.4　错例展示

工作计划

下一阶段，税务局将在政府和市局党委的坚强领导下，持续发力：

针对退税金额进度、退税户数进度等重点工作事项及时调度指挥，对前期积累的疑难和风险问题及时应对处置，切实将上级部署落实落细。

主动向工委、管委会主要领导汇报退税减税各项政策及工作进展，争取管委领导支持。利用财政、税务、国库三部门快速响应机制，针对大额退税、政策适用情形复杂的疑难退税，积极主动沟通，及时研究会商。

做好"进一步加快留抵退税政策实施进度"有关政策的精准推送，做好查缺补漏和跟踪回访，了解纳税人对精准推送信息的查阅情况。做实分类针对性宣传辅导，针对法人、财务负责人、办税人员等开展个性化宣传辅导。

××年×月×日

5.2.5　问题分析

（1）标题不明确：工作计划的标题缺乏具体信息，无法清晰地表达工作计划的内容和重点。

（2）内容表述不清晰：工作计划的内容表述存在词语模糊、概念不清等问题，没有具体的时间安排、分解任务。

（3）结构不完整：工作计划的结构不完整，没有层次，缺乏明确的开头、主体和结尾部分。

▶改进建议

（1）在标题中明确工作计划的实施主体、工作任务和时间范围，以便读者能够迅速了解工作计划的核心内容。

（2）采用简洁明了的语言，明确表述工作计划的核心要点和具体措施，确保信息准确传达。

（3）在工作计划中添加开头和结尾部分。开头部分应陈述工作计划的背景和目的，说明工作计划的重要性和意义。结尾部分应进行总结和展望，对工作计划的实施效果进行评估和预期。

5.2.6 例文修改

×××税务局下一阶段落实退税减税工作计划

下一阶段，×××税务局将在×××政府和市局党委的坚强领导下，在以下六个方面持续发力：

一、持续压实各级落实责任。认真落实"党委领导、纪检监督、局领导分片包干、领导小组靠前指挥、退税减税办日常协调、各职能组既各司其职又相辅相成"的总体要求，区局主要负责人每月至少听取一次退税减税工作进展专题汇报，切实掌握可退税减税资源及风险情况、大额及复杂情形退税情况、退税资金保障等重点事项。立足下半年政策要求的时间节点×××，针对退税金额进度、退税户数进度等重点工作事项及时调度指挥，对前期积累的疑难和风险问题及时应对处置，切实将上级部署落实落细。分管局领导组织对纳税人未享受优惠政策的原因进行分析，层层布置落实，推进任务落地。退税减税办全面梳理落实过程中存在的问题，及时向市局汇报工作进展，提出意见建议。各职能小组分兵把口，细化任务清单，确保如期完成工作任务。

二、持续完善工作落实机制

在工作运行上，探索把市局党委提出的×××工作理念运用到具体工作当中，实行"任务发起""执行落实""督查督办""整理归档"的闭环运行模式。紧紧依托政府牵头的工作机制，严格落实"五个必汇报"的要求，主动向×××工委、×××管委会主要领导汇报退税减税各项政策及工作进展，争取管委领导支持。利用财政、税务、国库三部门快速响应机制，针对大额退税、政策适用情形复杂的疑难退税，积极主动沟通，及时研究会商。加强与国库对账工作，对已经推送金库的信息定期进行跟踪；对金库退回的信息立即更正；对退库失败退回的，及时查找原因解决问题，确保政策红利尽快直达企业。

三、持续优化纳税服务举措

做好"进一步加快留抵退税政策实施进度"有关政策的精准推送，做好查缺补漏和跟踪回访，了解纳税人对精准推送信息的查阅情况。做实分类针对性宣传辅导，针对法人、财务负责人、办税人员等开展个性化宣传辅导。落实网格化服务工作要求，有效运用电话、微信、税企沟通平台以及上门辅导等渠道，为不同类型的纳税人提供"量身定制"的辅导策略。针对目前符合条件但尚未申请留抵退税的纳税人，采取"一对一，点对点"方式充分引导纳税人"应享尽享"。对于已经辅导到位，但明确表示暂不申请退税的纳税人，注意沟通方式，充分尊重纳税人意愿，避免强行要求，防范舆情风险。及时精准响应纳税人合理诉求，推行"有诉求码上说"，畅通诉求反映渠道。对涉税诉求，由"不满意请找我"专席专人负责，并建立"双反馈"工作机制，统筹开展纳税人税费服务需求收集、诉求处理等有关事项，及时有效为纳税人解决实际问题。

四、持续加强退税资源监控（略）

五、持续抓好媒体宣传引导（略）

六、持续强化督查考评力度

将退税减税重点工作纳入督查督办范围，明确责任分工，对标对表抓好落实，发现工作不落实、执行不到位、办理不及时的，予以绩效扣分。持续开展对减税降费政策落实的督导检查，重点检查应退未退、应享未享等问题，并着力加强对实施主体的督查，重点督查部门开展减税降费政策宣传、培训辅导以及企业享受退税减税政策情况，跟踪了解企业对政策的实际感受，开展调研分析，对发现的问题及时采取措施，确保做到政策宣传应知尽知、应会尽会、政策执行应有尽有、政策红利应享尽享。

×××税务局

（加盖公章）

××年×月×日

5.3　方案

　　方案是指为了解决特定问题或实现特定目标而制定的详细计划或策略。它是在考虑各种因素和条件的基础上，提出一系列具体步骤和行动方向的规划。方案通常包括目标设定、资源分配、时间安排、风险评估和实施策略等方面的内容。

方案的制定通常需要对问题进行深入的分析和评估，基于这些分析结果，找到最佳的解决方案或实现目标的途径，并确定相应的行动步骤和资源需求。方案的制定是一个有计划、有目标和有组织的过程，它可以帮助组织或个人在面对问题或目标时作出明智的决策，并指导实施和把控过程。

5.3.1 基本常识

（1）方案的特点

①面面俱到，内容特定：方案应全面考虑工作的各个方面，包括目标要求、方式方法、具体进度等，确保方案的全面性。但是方案的内容应针对某一特定工作或问题，避免过于复杂和混杂。

②专业性强：方案通常是由专业人员或相关部门制定的，因此具有较强的专业性。它针对某一具体的工作或问题，通过专业知识和行业经验提供解决方案，确保有效解决问题。

③切实可行：方案应该具有可行性，即能够在实际操作中顺利实施，并能够达到预期的目标。方案的制定需要充分考虑实际情况和资源限制，确保方案能够在现有条件下顺利实施。

④方向性和指引性：方案作为一种计划类公文，应具有明确的方向性和指引性。它应该对工作的目标要求、方式方法和具体进度进行明确的陈述，为相关人员提供明确的工作指导和操作指南。

（2）方案的类型

方案作为一种计划类公文，根据具体情况和需要，可以根据不同的分类标准进行分类。以下是常见的方案分类标准及每类标准下的分类：

①根据方案所涉及的具体工作性质，可以分为政策性方案、技术性方案、战略性方案、实施性方案等。

A.政策性方案：主要针对宏观政策或重大决策的实施进行规划和部署，具有指导性和影响力。

B.技术性方案：主要针对技术性问题或具体技术方案的实施进行规划和指导，具有专业性和技术性。

C.战略性方案：主要针对组织或单位的长期发展战略进行规划和部署，具有前瞻性和整体性。

D.实施性方案：主要针对具体工作任务或项目的实施进行规划和指导，具有可操作性和可行性。

②根据方案所涉及的具体部门或职能，可以分为财务方案、人力资源方案、市场营销方案、生产管理方案等。

A.财务方案：主要针对财务管理和预算安排等方面的工作进行规划和指导，具有经济性和资金管理的特点。

B.人力资源方案：主要针对人力资源管理、人才培养和员工绩效等方面的工作进行规划和指导。

C.市场营销方案：主要针对市场推广、产品定位和销售策略等方面的工作进行规划和指导。

D.生产管理方案：主要针对生产流程、生产计划和生产效率等方面的工作进行规划和指导。

③根据方案的时间范围，可以分为长期方案、年度方案、季度方案、月度方案等。

A.长期方案：涵盖较长时间周期的方案，通常用于对重大战略或长期目标的规划和部署。

B.年度方案：以一年为时间范围的方案，主要用于对年度工作目标和计划的制定与实施。

C.季度方案：以一个季度为时间范围的方案，主要用于对季度工作重点和计划的制定与落实。

D.月度方案：以一个月为时间范围的方案，主要用于对月度工作任务和计划的安排与执行。

④根据方案所涉及的具体工作内容或领域，可以分为项目实施方案、培训计划方案、市场推广方案、风险管理方案等。

A.项目实施方案：主要用于对具体项目的实施进行规划和指导，包括项目目标、工作计划、资源调配等方面。

B.培训计划方案：主要用于对培训活动的规划和组织，包括培训目标、培训内容、培训方式等方面。

C.市场推广方案：主要用于对市场推广活动的策划和实施，包括市场定位、推广渠道、营销策略等方面。

D.风险管理方案：主要用于对风险管理工作进行规划和指导，包括风险识别、风险评估、应对措施等方面。

（3）方案的作用

①解决问题：方案提供了解决问题的方法和步骤，能够帮助人们分析问题、找出解决方案，并组织实施。

②指导行动：方案为组织或个人的行动提供了明确的指导，包括目标设定、工作任务、时间安排等，帮助人们有条不紊地进行工作。

③规划发展：方案可以帮助组织或个人制定长期发展目标和策略，提供了达成目标的路径和方法，推动持续的成长和进步。

④提高效率：通过制定合理的方案，可以优化资源配置，提高工作效率和生产效率，减少浪费和重复劳动。

⑤推动创新：方案鼓励人们思考和尝试新的方法与想法，促进创新和改进，推动组织或个人不断进步和发展。

⑥促进沟通：方案明确沟通目标、内容和渠道，帮助人们更好地进行信息传递和共享，增强团队合作和协作能力。

⑦提高决策质量：方案提供了对问题和情况的全面分析，能够帮助人们作出明智和科学的决策，降低决策风险。

（4）方案的要求

①目标明确：方案需要明确具体的目标和期望的结果，确保方案的实施有明确的方向和目标。

②解决问题：方案应该能够解决实际问题或满足需求，具备实用性。

③可行性和可操作性：方案需要考虑实际条件和限制，确保方案在实施上具备可行性，并提供具体的操作步骤和实施计划。

④综合性：方案应该综合考虑各个方面的因素和影响，包括资源、时间、

人力、财务等，确保方案的全面性和综合性。

⑤风险评估：方案需要对可能存在的风险和挑战进行评估，并提供相应的风险应对策略和预案。

⑥可持续性：方案应该具备可持续性，考虑长期效果和可持续发展的原则。

⑦评估和改进：方案需要具备可评估性，能够对实施效果进行评估和跟踪，并根据评估结果进行必要的改进和调整。

⑧数据支持：方案需要基于充分的数据和信息支持，包括市场调研、统计数据、案例分析等，提高方案的可信度和说服力。

5.3.2　格式要点

（1）标题

方案的标题一般由"发文机关＋事由＋文种"构成，有时也可直接由"事由＋文种"构成，或者由"时间＋事由＋文种"构成。例如：

①"发文机关＋事由＋文种"：《××市环保局关于推进垃圾分类工作的实施方案》

②"事由＋文种"：《关于改善医疗服务质量的方案》

③"时间＋事由＋文种"：《2022年度新员工入职培训方案》

（2）正文

方案的起草是为了落实任务，因此格式并非固定不变，可在撰写过程中根据工作的实际需要灵活变通。基本格式：前言＋总体要求＋主要任务＋组织保障。

①前言（即开头导语）：主要用于说明背景/意义/依据，概述情况，揭示主题，引领下文。例如，在《××市环保局关于推进垃圾分类工作的实施方案》中，前言如下：

随着城市化进程的加快，垃圾问题日益突出，给环境质量和居民生活带来了严重影响。为了推动垃圾分类工作，提升环境保护水平，市环保局制定了本实施方案。本方案依据《中华人民共和国环境保护法》等相关法律法规，旨在加强垃圾分类工作的组织和管理，推动全民参与垃圾分类，实现垃圾减量、资源回收利用的目标。通过落实垃圾分类责任，加强宣传教育，建立健全分类收集和处理体系，全面推进垃圾分类工作，为打造绿色生态城市贡献力量。

②总体要求：包含指导思想、基本原则、主要目标，要以目标为导向体现系统性、可操作性、参与性、评估性等。例如，在《××市环保局关于推进垃圾分类工作的实施方案》中，总体要求如下：

［指导思想］

在推动垃圾分类工作中，我们将坚持以可持续发展为导向，将人民群众的利益放在首位，秉持科学、公正、高效、协同的原则，推动垃圾分类工作朝着绿色、环保、资源循环利用的方向发展。

［基本原则］

1.依法依规：坚持依法管理，严格执行垃圾分类相关法律法规，确保垃圾分类工作的合法性和规范性。

2.分类指导：依据垃圾的性质和特点，采取科学分类方法，引导居民正确分类投放垃圾。

3.全民参与：通过广泛宣传、教育和培训，激发居民的垃圾分类意识，推动全民共同参与垃圾分类工作。

4.资源回收利用：加强垃圾分类后的资源回收利用，促进资源的有效利用，实现循环经济的发展。

5.创新推进：不断探索创新机制和技术手段，推动垃圾分类工作的持续改进和创新发展。

［主要目标］

1.建立健全的垃圾分类制度和管理机制，确保垃圾分类工作的有序进行。

2.提高居民垃圾分类意识和行为水平，使垃圾分类成为每个居民的自觉行为。

3.实现垃圾减量、资源回收利用的目标，降低垃圾对环境的污染和资源的浪费。

4.促进环境质量的改善，提升城市的生态环境质量。

5.打造绿色生态城市，为居民提供舒适、健康的生活环境。

③主要任务/实施步骤：主要任务是工作方案的核心内容，是完成工作目

标任务的具体措施，必须具体可行，工作责任写清楚，切忌工作不明、责任不清。例如，在《××市环保局关于推进垃圾分类工作的实施方案》中，主要任务/实施步骤如下：

1.建立垃圾分类制度和管理机制

制定垃圾分类管理的相关政策法规和标准，明确责任主体和权责分工。建立垃圾分类的收集、运输、处理等工作机制，确保垃圾分类工作的有序开展。加强垃圾分类相关设施的建设和配套设施的完善，提升垃圾分类的便捷性和可行性。

2.提高居民垃圾分类意识和行为水平

制定垃圾分类宣传教育计划，通过多种渠道和方式，向居民普及垃圾分类的知识和技巧。加强与社区、学校、企业事业单位的合作，组织开展垃圾分类宣传活动和培训，引导居民形成正确的垃圾分类习惯。设立奖励机制，激励居民积极参与垃圾分类工作，形成全民共同参与的良好氛围。

3.实施垃圾减量和资源回收利用

鼓励和支持垃圾分类后的有价值垃圾资源的回收和再利用，建立完善的回收体系。推动发展垃圾转化利用技术，提高垃圾资源的再生利用率。加强与相关企业和机构的合作，推动资源回收利用产业的发展，形成循环经济的良性循环。

4.加强监督和评估

建立垃圾分类工作的监督和评估机制，定期对垃圾分类工作进行评估和督导。加强对垃圾分类工作的监测和数据统计，及时掌握工作进展和问题，及时调整和完善工作措施。加强对居民垃圾分类行为的监管和执法，对违规行为进行处罚和纠正。

④组织保障：组织保障是从人、财、物、体制机制等方面对该项工作进行保障。例如，在《××市环保局关于推进垃圾分类工作的实施方案》中，组织保障如下：

1.强化组织领导

明确牵头单位，指定专人负责垃圾分类工作，明确责任和职责分工。建立垃圾分类工作的领导小组或专门机构，负责统筹协调、推动工作的开展。制定相关工作计划和时间表，确保工作有序进行。

2.做好资金保障

明确垃圾分类工作的财政投入，并编制专项预算，保障资金的供给。合理安排资金使用，确保资金用于垃圾分类设施建设、宣传教育、监测评估等方面。建立资金监管机制，确保资金使用的合规性和效益。

3.加强部门联动

建立垃圾分类工作的跨部门协作机制，促进各相关部门之间的信息共享和合作。制定明确的部门职责和协作流程，确保各部门在垃圾分类工作中发挥各自优势和作用。定期召开协调会议或工作座谈会，解决工作中的问题和难题，推动工作的协调推进。

4.开展监测评估

建立垃圾分类工作的监测评估体系，明确监测指标和评估方法。定期开展垃圾分类工作的动态监测，收集相关数据和信息，评估工作进展和效果。根据评估结果，及时调整和改进工作措施，提高垃圾分类工作的效能。

（3）落款

落款包括发文机关署名和成文日期，通常位于正文之后。

发文机关署名是指方案的具体发出机关或部门的名称，它可以是完整的机关名称或规范化简称。

成文日期是指方案的撰写完成日期，一般以年、月、日的形式作出。成文日期提供了方案的时间信息，表明方案的时效性和时间背景。

如果方案以文件的形式正式下发，一般需要在方案的落款处加盖公章，以表明方案的权威性和合法性。

5.3.3　方案、计划和规划的区别

方案、计划和规划都是用于指导和组织工作的工具，但它们在具体含义和使用范围上存在一些区别。

（1）方案：方案是对某项工作的总体筹划和全面部署，主要针对具体的工作或问题。方案通常由专业人员或相关部门制定，具有较强的专业性和针对性。方案中包含工作的目标要求、方式方法、具体进度等内容，具有很强的方

向性和指引性。方案的制定是为了解决具体的问题或实现特定的目标。

（2）计划：计划是对工作进行分解、安排和组织的过程，是实现目标的具体行动方案。计划通常是在方案的基础上制定的，是方案的具体细化和实施过程。计划包括具体的任务、时间安排、资源配置等内容，是对方案中要求和目标的具体实施细节的规定。计划的制定是为了将方案转化为具体的行动，确保工作按照预期进行。

（3）规划：规划是对未来的长远发展进行系统性的思考和安排，是对整体发展方向和目标的规划和布局。规划通常是在更宏观层面上进行，涉及更广泛的范围和更长远的时间。规划包括目标设定、资源配置、风险管理等内容，是对未来发展的战略性规划和指导。规划的制定是为了引导组织或个人在长远发展中做出正确的决策和行动。

总的来说，方案是对具体工作或问题的策划和部署，计划是方案的具体细化和实施过程，规划是对整体发展的战略性规划和指导。方案和计划更加具体和操作性，而规划更加宏观和长远。它们在层次和范围上存在一定的差异，但都是为了指导和组织工作，实现预期目标。

5.3.4　写作技巧

（1）结构清晰：方案的结构应该清晰明了，包括引言、问题陈述、解决方案、实施计划、预期效果等部分。通过使用标题、段落和编号等方式，使方案的结构更易于阅读和理解。

（2）逻辑严谨：方案的写作应该贯穿着严谨的逻辑思维，确保各个部分之间的关系紧密、有序。避免信息的重复或遗漏，保持前后内容的连贯性。

（3）具体可行：方案的内容应该具体可行，不应该停留在理论层面。提供明确的步骤、时间表和资源分配，确保方案能够落地实施。

（4）重点突出：在方案中，重点部分应该得到突出和强调。使用粗体或其他方式，将关键信息和重要内容与其他部分区分开来，便于读者快速获取关键信息。

（5）数据支持：方案的写作可以通过数据和事实支持，增加方案的可信度和说服力。提供相关的数据、调研结果、案例分析等，以证明方案的合理性和有效性。

（6）清晰明了的语言：方案的写作应该使用清晰明了的语言，避免使用过于专业化或晦涩的术语，确保读者能够轻松理解和识别方案主要内容。

5.3.5　错例展示

活动方案

按照中共××县委组织部要求，经学校党支部支委会研究制定学校党支部本月主题党日活动方案具体如下：

本方案的活动主题是"以学促干，积极投身教育强国实践"，活动参加人员：××县中学校党支部全体党员及入党积极分子；参会人数：23人；时间：7月19日；地点：××县中学校党支部党员活动室。

本次会议非常重要，大家要认真参会。活动内容包括重温誓词显忠诚、诵读党章强党性等。

活动要求：高度重视，精心组织。严格程序，创新方式。

××县中学校党支部

5.3.6　问题分析

（1）方案标题：方案标题没有体现活动内容和主题。

（2）活动时间：活动时间不够精确，没有写几点几分，不便于参加人员安排日程。

（3）活动内容：过于简单，形式单一。

（4）组织和创新：在组织活动时应当注重补充细节要求，确保活动的顺利进行。同时，可以创新活动形式和方式，增加互动和参与性，提高活动的效果和吸引力。

▶改进建议

（1）方案标题：方案标题应更加具体和明确，例如可以改为"××县中学校党支部'以学促干，积极投身教育强国实践'主题党日活动方案"。

（2）活动时间：应写明具体时间，包括年、月、日，一日内的活动应精确到时、分，便于参加人员准时到场。

（3）参会人数：核实参会人数，确保准确性。可以提前发送邀请函或者确认函，要求党员确认参会，以便做好活动的场地和物资准备。

（4）活动内容：除了重温誓词和诵读党章，还可以增加活动内容，丰富活动形式。

5.3.7 例文修改

××县中学校党支部"以学促干，积极投身教育强国实践"主题党日活动方案

教育兴则国家兴，教育强则国家强。培养什么人、怎样培养人、为谁培养人是教育的根本问题，也是建设教育强国的核心课题。为做好开展学习贯彻习近平新时代中国特色社会主义思想主题教育，全面贯彻立德树人根本任务，勇担"为党育人、为国育才"使命，加强全体党员思想政治引领，筑牢理想信念根基。充分发挥基层党支部的战斗堡垒作用，并号召全体支部党员在教书育人工作中充分发挥党员模范带头作用，积极投身教育强国实践。按照《中共××县委组织部关于七月份"主题党日"活动指南》要求，经学校党支部支委会研究制定学校党支部本月主题党日活动方案具体如下：

一、活动主题

"以学促干，积极投身教育强国实践"

二、活动安排

（一）参加人员：××县中学校党支部全体党员及入党积极分子

（二）参会人数：23人

（三）时间：2023年7月19日15：00

（四）地点：××县中学校党支部党员活动室

（五）主持人：×××

（六）活动内容

1.重温誓词显忠诚。

2.诵读党章强党性。

3.集中学习研讨。

4.交纳党费，履行党员义务。

5.党员畅谈学习心得体会。

6.公开民主议事。

7.开展七月份党员"政治生日"活动。

8.讨论深入社区开展"我为群众办实事"实践活动方案。

三、有关要求

（一）高度重视，精心组织。（略）

（二）严格程序，创新方式。（略）

（三）及时总结，加大宣传。（略）

中共××县中学校党支部

2023年×月×日

第六章 规章类公文起草与案例分析

6.1 办法

办法是指用于详细说明和规定特定事项的具体操作步骤、程序和标准。它通常是在法律法规或政策的基础上，根据实际需要和情况制定的具体实施措施。办法的主要目的是明确和规范某项工作、行业或活动的具体要求，以确保其有序进行并达到预期的效果。它可以涵盖各个领域，如行政管理、经济政策、教育、环境保护等，具体内容和适用范围会根据不同情况而有所不同。

6.1.1 基本常识

（1）办法的类型及特点

办法可以根据其性质和适用范围的不同，分为不同类型。以下列举一些常见的办法类型及其特点：

①行政办法：行政办法是政府部门制定的具有约束力的规范性文件，用于指导和管理行政事务。其特点是具有强制力、适用范围广泛，可以对公民和组织产生直接的法律效果。

②经济办法：经济办法是为了调整和规范经济领域的行为而制定的规定。它通常涉及市场竞争、价格管理、投资促进等方面的规定，旨在促进经济发展和维护市场秩序。

③教育办法：教育办法是为了规范教育领域的工作而制定的规定。它可以包括教学计划、教学方法、学生评价等方面的规定，旨在提高教育质量和确保教育公平。

④环境保护办法：环境保护办法是为了保护和改善环境而制定的规定。它可以包括环境污染防治、资源利用、生态保护等方面的规定，旨在保护生态环境和维护人类的生存环境。

这些办法的特点在于具有针对性、具体性和可操作性，能够提供明确的指导和规范，使相关领域的工作有序进行。同时，办法通常需要根据实际情况进行修订和更新，以适应不断变化的社会和经济环境。

（2）办法的作用

①规范行为：办法通过明确具体的规定和措施，为相关事务或行动提供明确的操作流程、责任分工、权力权限等规范，使相关人员在工作中能够按照统一的标准行动，促进工作的有序进行。

②指导操作：办法为特定事务或行动提供了具体的操作指导，明确了相关步骤、程序和要求，帮助操作人员正确执行任务，提高工作效率和质量。

③统一标准：办法通过制定统一的标准和规范，使不同部门、机构或个人在处理相同事项时能够遵循一致的标准，确保工作的一致性和公正性。

④保障权益：办法通过规定权益保障措施，保护相关人员的合法权益，防止权益受到侵害，维护公平公正的行政管理。

⑤强化管理：办法通过设立明确的责任和权限，强化对特定事务或行动的管理，提高管理效能和监督能力。

⑥提高效率：办法通过规范流程、明确职责和权限，简化操作步骤，提高工作效率，节约资源和时间成本。

（3）办法的要求

①合法性：办法必须符合国家法律法规的规定，不能与上位法相抵触。办法的制定机关应具备相应的法定权限，遵循法定程序，确保其合法性和合规性。

②清晰明确：办法的内容和规定应该具有明确性和清晰度，避免模糊和歧义，使人们能够准确理解和遵守。办法应该明确规定适用范围、操作步骤、程

序要求、责任主体等关键要素。

③公正公平：办法的制定应当公正、公平，充分考虑各方利益和权益，而应追求普遍适用和公众利益最大化。

④适用性：办法应具有实际操作性，能够适应实际情况和需求。制定办法时需要充分考虑相关领域的特点、问题和挑战，确保规定的可行性和有效性。

⑤可操作性：办法的执行和实施应具备可操作性，即具备明确的执行机制和监督机制，保证规定能够得到有效执行和监督，确保办法的有效实施。

⑥及时修订：办法的制定需要与时俱进，及时修订和更新。随着社会、经济和科技的发展，办法需要根据实际情况进行修订，以适应新的需求和挑战。

6.1.2　格式要点

（1）标题

根据内容和目的的不同，办法的标题也有不同的写法。

①流程办法：这类办法主要关注一系列动作或步骤的规范，涉及流程的规定。例如：

《×××请假申请流程办法》《×××项目管理流程办法》《×××设备维护流程办法》等。

②质量办法：这类办法侧重于规范质量管理和控制的要求，确保产品或服务的质量符合标准和要求。例如：

《×××产品质量检验办法》《×××服务质量管理办法》《×××质量问题处理办法》等。

③安全办法：这类办法重点关注安全问题的预防和管理，确保工作和生活环境的安全。例如：

《×××工作安全操作办法》《×××消防安全管理办法》《×××食品安全控制办法》等。

④管理办法：这类办法主要涉及单位内部各项管理活动的规范和要求，包括人员管理、资金管理、项目管理等。例如：

《×××人力资源管理办法》《×××财务管理办法》《×××项目管理办法》等。

⑤行为规范办法：这类办法主要指导和规范员工或公务员的行为和操守，确保其在工作中遵循规范和道德准则。例如：

《×××职业道德行为规范办法》《×××员工违规行为处理办法》《公务员录用违规违纪行为处理办法》等。

⑥环境保护办法：这类办法主要关注保护环境和资源的措施和要求，确保单位或个人在经营活动中遵守环境保护法规。例如：

《生态环境行政处罚办法》《危险废物转移管理办法》《×××能源节约管理办法》等。

（2）引言

在撰写办法时，常常使用引言来介绍办法的背景、目的和重要性。

①问题引言：这类引言主要指出存在的问题，为制定办法的目的和必要性提供背景。例如：

由于组织内部缺乏明确的工作流程，导致工作效率不足，为了提高工作效率和质量，制定本工作流程办法。

②目标引言：这类引言主要说明办法的目的和意义，为读者提供制定办法的目的和预期效果。例如：

为了加强员工的职业道德和行为规范，提高工作效率和企业形象，制定本员工行为准则办法。

③法规引言：这类引言主要引用相关的法律法规，为制定办法提供法律依据和合规性。这类引言也可与目标引言结合使用。例如：

·根据《食品安全法》和相关食品安全法规，制定本食品安全控制办法。

·为规范公务员录用违规违纪行为的认定与处理，维护公务员录用工作的公平公正，严把公务员队伍入口关，根据《中华人民共和国公务员法》和《公务员录用规定》等有关法律法规，制定本办法。（《公务员录用违规违纪行为处理办法》第一条）

④经验引言：这类引言主要基于实践经验，为制定办法提供可行性和可靠性的依据。例如：

在过去的项目管理中，我们积累了丰富的经验和教训，为了更好地管理项目，结合行业实践，制定本项目管理办法。

（3）正文

①分段：正文部分可以根据不同的办法或措施进行分段，以便读者能够清晰地了解办法的具体内容。

②项目编号或标题：每个办法或措施可以使用编号或标题进行标注，以便读者能够快速定位到具体的办法。

③具体描述：每个办法或措施都需要进行具体的描述，包括解决问题的思路、具体步骤、实施方法等。例如：

为解决本区环境污染问题，我们拟采取以下措施：

1.加强环保意识教育：通过开展环保宣传活动、组织环保教育讲座等方式，提高公众对环境保护的认识和意识，激发大家参与环保行动的积极性。

2.推行环境保护法规：加强与环境保护相关的法律法规的宣传和执行，对环境违法行为进行严肃查处，促使企业和个人遵守与环境保护相关的法律法规，减少环境污染。

3.加大环境监管力度：加强环境监测和监管工作，建立健全环境监测体系，对环境污染源进行全面监测和排查，及时采取措施防止环境污染的发生。

（4）结尾

办法的结尾通常包括总结和展望两个部分。总结部分对办法的主要内容进行简要回顾，强调办法的重要性和实际意义。展望部分则指出办法的进一步发展和应用前景。

①总结部分

A.简明扼要：对办法的主要内容进行概括，言简意赅。

B.强调重要性：强调办法的重要性和实际意义，突出办法的价值和效果。

C.回顾主要内容：对办法的主要内容进行回顾，强调办法的核心要点。

例如：

综上所述，本办法的制定旨在解决 X 问题，通过 Y 措施和 Z 方法，可以达到提高效率、减少成本、增加利润等目标。本办法具有重要意义，将为企业的发展和持续改进带来巨大的推动力。

②展望部分

A.未来发展：展望部分可以指出办法的未来发展方向，强调办法的可持续性和进一步优化的可能性。

B.应用前景：展望部分可以探讨办法的应用前景，指出办法可以在其他领域或情境中的应用价值。

例如：

我们将继续优化和改进本办法，探索更有效的实施方式，以适应不断变化的市场环境。相信本办法的成功经验和方法可以在其他部门和行业中得到应用，为更广泛的范围带来益处。

6.1.3 写作技巧

（1）清晰明确，例如：如果编写一份办法来规范员工的请假程序，可以明确指出请假申请的提交方式、所需的请假事由、请假时间的具体要求等，避免模糊的表达，确保员工能够清晰明白如何请假。

（2）具体细致，例如：如果编写一份办法来规范会议的组织和进行，可以详细说明会议的时间、地点、议程安排、参会人员的要求等，确保每个环节都有具体细致的规定，以便参会人员能够按照办法操作。

（3）统一标准，例如：如果编写一份办法来规范企业的财务报表编制，可以明确参照国家财务会计准则进行编制，确保财务报表的编制符合统一的标准，与法律法规和政策要求一致。

（4）权责明确，例如：如果编写一份办法来规范项目管理的责任分工，可以明确项目经理的职责、项目组成员的职责、项目监督人的职责等，确保每个角色在项目中拥有明确的权责，避免责任混淆和冲突。

（5）可操作性强，例如：如果编写一份办法来规范员工的出差申请流程，可以提供具体的申请表格和填写说明，详细说明申请所需的材料和审批的程序，以便员工能够按照办法操作，顺利完成出差申请。

（6）逻辑严谨，例如：如果编写一份办法来规范产品质量检验的流程，可以按照从原材料采购到成品出厂的顺序，依次说明每个环节的检验要求和程序，确保整个流程的逻辑严谨，不会有遗漏或重复的情况。

6.1.4 错例展示

减少垃圾办法

1.加大环境保护力度，提高环保意识。

2.推行垃圾分类制度，强制执行。

3.增加垃圾处理设施的建设和投入。

4.加强垃圾回收利用工作。

6.1.5 问题分析

（1）缺乏正式的标题：标题过于简略，没有写明该办法的适用范围、主要目的。

（2）描述不具体：办法或措施的描述过于笼统，缺乏具体的步骤和方法，使读者无法理解和操作。

▶改进建议

（1）使用规范的标题格式在标题中体现办法的适用范围、主要目的。

（2）提供更具体和详细的描述：对每个办法进行具体的描述，包括实施步骤、所需资源等，列举具体措施时，分清段落层次，使读者可以快速理解和操作。

6.1.6 例文修改

××市关于减少垃圾、加强城区环境保护的办法

为减少××市垃圾产生和环境污染，加强城区环境保护工作的力度，制定本办法。

一、加强环境保护力度，提高环境保护意识

1.加强环境保护宣传教育，提高公众对环境保护的认识和意识；

2.加强环境监管，加大对环境违法行为的查处力度；

3.鼓励企业事业单位采取环境保护措施，引导其积极履行环境责任。

二、推行垃圾分类制度，严格执行

1.研究制定相关细则，明确垃圾分类的标准和要求；

2.加强对社区和单位的垃圾分类宣传，提高居民和工作人员的垃圾分类意识；

3.建立垃圾分类收集和处理系统，确保垃圾按类别进行处理。

三、增加垃圾处理设施的建设和投入

1.研究制定垃圾处理设施建设规划，合理布局设施；

2.加大对垃圾处理设施的投资，提升设施的技术水平和处理能力；

3.加强对垃圾处理设施的监管，确保设施运行和维护的有效性。

四、加强垃圾回收利用工作

1.完善垃圾回收体系，建立回收站点和回收网络；

2.鼓励企业事业单位和居民参与垃圾回收，提供便利的回收设施和服务；

3.推动垃圾资源化利用，促进垃圾再生产业的发展。

本办法将严格依照法律法规的要求执行，确保垃圾减量、资源回收的目标顺利实现。

6.2 规定

规定是指用于规范和指导特定领域或特定行为的规则和标准，通常由政府机构制定，组织、团体、企业事业单位亦可制定内部相关规定。规定可以涵盖各个方面，如法规、政策、制度、程序、行为准则等。

6.2.1 基本常识

（1）规定的特点

①制定目的：规定的制定旨在维护社会秩序、保护公共利益、规范行为，以及促进公正、公平和法治。

②法律依据：规定通常是根据法律法规制定的，具有法定效力。

③适用范围：规定可以适用于不同领域，如行政管理、交通、劳动关系、环境保护、教育、科技等，以及特定行业或组织的规章制度。

④强制性：规定用于指导、约束和管理人们的行为，通常具有强制性，违反强制性规定可能会承担相应的法律责任。

⑤变更和废止：规定可以根据需要进行修正、修订或废止。规定的变更和废止通常需要经过法定的程序，以确保公开性和合法性。

⑥执行和监督：规定的执行通常由相关的执法机关或监管部门负责。同时，受规定约束的对象也可以通过投诉、举报、申诉等方式进行监督和维权。

⑦适用时效：规定的适用时效一般由制定者规定，可以长期有效，也可以根据具体情况设定临时有效。

（2）规定的类型

规定可以分为不同类型，具体取决于其制定机构、适用领域和目的。以下是一些常见的规定类型及其特点：

①法规、政策文件：由政府机构制定的文件，用于指导和管理特定领域的行为。这些文件可能是行政法规、规章、规范性文件、政策文件等。其特点是具有一定的法定效力和权威性。例如，有的规定属于地方性法规、地方政府规章、地方规范性文件、地方政策文件，由地方政府机构制定，用于管理特定地区的事务和行为，在特定地域范围内，具有一定的法定效力和权威性。

②行业规范：由行业协会、组织或专业机构制定的规范，用于指导和规范特定行业的行为和操作。其特点是具有行业权威性和专业性，对于确保行业安全、质量和规范发挥着重要作用。

③单位制度：由企业事业单位或组织内部制定的规章制度，用于管理和规范内部员工的行为和工作流程。其特点是针对特定组织的需求和运营模式制定，具有内部强制力和适用性。

（3）规定的作用

①规范行为：规定为特定领域或特定行为制定了明确的规则和标准，对

相关人员的行为进行规范和指导。它确保了各方在特定情境下应遵守的行为准则。

②维护秩序：规定起到了维护社会秩序和公共利益的作用。通过规范行为和制定相应的制度、流程和程序，它有助于保持秩序的稳定和良好的运行。

③保护权益：规定确保了相关人员的权益和利益得到保护。它规定了各方的权利和义务，防止滥用权利、侵害权益和不公平竞争的行为。

④统一标准：规定起到了统一标准的作用，确保各方在特定领域或特定行为中遵守相同的规则和标准。它有助于提高效率、减少不必要的争议和提升整体的质量水平。

（4）规定的要求

①准确性：规定的内容必须准确清晰，确保准确传达要求和指导行为。

②明确性：规定的内容应明确清晰，避免歧义和模糊性，确保被执行者能够准确理解和遵守。

③适用性：规定的内容应适用于实际情况和具体背景，能够解决问题和指导行为。

④全面性：规定的内容应全面覆盖相关方面，确保条款完整、详尽，不遗漏重要内容。

⑤可操作性：规定的内容应具有可操作性，能够指导实际行动和操作流程，易于执行。

⑥有效性：规定的内容应能够达到预期的目标和效果，有效解决问题和达到规定的目的。

6.2.2　格式要点

（1）标题

规定的标题可以根据其内容和领域进行分类，以下是一些常见的规定标题。

①行政管理类规定，包括行政机构设立与职责规定、行政许可与审批规

定、行政处罚与纪律规定等。

②经济与贸易类规定，包括企业注册与管理规定、投资与合作规定、市场监管与竞争规定等。

③教育与文化类规定，包括学校管理规定、教育课程与评估规定、文化遗产与保护规定等。

④环境与资源类规定，包括环境保护与治理规定、自然资源开发与管理规定、生态保护与修复规定等。

⑤职业与劳动类规定，包括劳动合同与用工规定、职业安全与健康规定、工资与福利规定等。

实践中还有许多其他领域和内容的各类规定，根据不同的法律法规规定和实际需求，规定的标题形式也有差异。

（2）引言

规定中的引言是用于介绍规定背景、目的和适用范围的部分。根据不同机构或领域的需要，引言可以分为以下几类：

①背景介绍引言：这种引言用于概述规定制定的原因和背景。它可以解释为什么需要这样的规定，以及规定与组织的目标或价值观的关系。例如：

·为了规范企业名称登记管理，保护企业的合法权益，维护社会经济秩序，优化营商环境，制定本规定。（《企业名称登记管理规定》第一条）

·为了保护员工的权益，提升工作环境的安全性和健康性，制定《职业安全与健康规定》。

②目的和原则引言：这种引言用于明确规定的目的和基本原则。它可以阐明规定的宗旨和核心价值，以指导员工在工作中的行为和决策。例如：

·为了减少和解决女职工在劳动中因生理特点造成的特殊困难，保护女职工健康，制定本规定。（《女职工劳动保护特别规定》第一条）

·本规定的目的是确保本单位员工秉持诚信、公正和道德行为，以促进本单位的可持续发展和社会责任。

③法律依据引言：这种引言用于指明规定的法律依据和适用范围。它可以列举适用的法律法规或行业标准，以确保规定的合法性和权威性。例如：

·为了适应电信业对外开放的需要，促进电信业的发展，根据有关外商投

资的法律、行政法规和《中华人民共和国电信条例》（以下简称电信条例），制定本规定。（《外商投资电信企业管理规定》第一条）

· 本规定根据《中华人民共和国劳动法》《公司章程》和《职业道德指南》等相关法律法规和规范制定，适用于全体公司员工。

④适用范围引言：这种引言用于明确规定的适用范围和对象。它可以定义规定适用的人员、部门、地点或时间范围，以确保规定的准确执行。例如：

· 中华人民共和国境内的国家机关、企业、事业单位、社会团体、个体经济组织以及其他社会组织等用人单位及其女职工，适用本规定。（《女职工劳动保护特别规定》第二条）

· 本规定适用于所有公司雇员，包括全职、兼职和临时员工，不论其所在部门或地点。

（3）正文

以下是规定正文的一般格式要点，具体格式可能因不同机构或领域而有所不同：

①标题：正文应具有明确的标题，用于概括规定的主题或目的。标题应该简明扼要，准确表达规定的内容。例如：

《×××公司员工行为准则》

②章节和条款：正文应根据规定的内容划分为不同的章节和条款，以便于组织和查找。章节和条款的编号应清晰可辨，以便于引用和查找。

③内容和要求：在每个条款中，具体列出规定的内容和要求。内容应具体、明确，避免模糊或歧义。例如：

第一条　目的和适用范围

1.1　本规定的目的是确保公司员工的行为符合道德和法律要求。

1.2　本规定适用于所有公司雇员，包括全职、兼职和临时员工。

④罚则和后果：在必要的情况下，可以在正文中包含罚则和违规后果的设定。这有助于明确违反规定的后果和处理程序。例如：

第三条　违规行为的后果

3.1　员工如违反本规定的任何条款，将面临纪律处分、解雇或法律追究等后果。

⑤引用和附录：如果有需要，可以在正文中引用相关的法律法规、指导文件或其他参考文件。同时，可以将附录用于补充规定的细节或提供示例。例如：

第四条　参考文件

4.1　员工在执行本规定时，还需遵守《中华人民共和国劳动法》《公司章程》和《职业道德指南》等相关文件。

以上是规定正文的一般格式要点，具体的格式和内容应根据实际需要和规定的目的进行调整。重要的是要确保规定的内容清晰、具体，并易于理解和遵守。

（4）结尾

①总结：在结尾部分，可以进行简要的总结，概括规定的主要内容和要点。总结可以帮助读者快速回顾规定的核心内容。例如：

本规定旨在确保员工的行为符合本单位的价值观和道德标准，同时遵守相关法律法规。

②效力和生效日期：在结尾部分，应明确规定的效力和生效日期。这有助于确保规定的适用范围和生效时间。例如：

·本规定自颁布之日起生效，并适用于本单位所有员工。

·本规定自2023年1月1日起生效。

③修改和解释权：在结尾部分，可以说明对规定进行修改或解释的权力和程序。这有助于确保规定的灵活性和适应性。例如：

·关于修改权：×××部门保留根据实际需要修改本规定的权利，并将在修改后及时通知所有员工。

·关于解释权：对于本规定的解释权归×××部门最终所有。

④签署和日期：在结尾部分，应包括规定的签署人和日期。签署人可以是相关管理人员、法务代表或其他适当的授权人。

以上是规定结尾的一般格式要点，具体的格式和内容应根据实际需要和规定的目的进行调整。重要的是要确保结尾部分清晰、明确，并使读者能够理解规定的效力和适用范围。

6.2.3　写作技巧

（1）明确目的和范围：在开始写作之前，明确规定的目的和范围。这有助于确保写作重点明确，内容具体。

（2）使用明确的语言和术语：避免使用模糊的语言，使用明确的术语和表达方式。这可以减少歧义，确保规定的有效性和可执行性。

（3）列举具体要求和条件：在规定中列举具体的要求和条件，以确保相关人员清楚了解他们需要遵守的规则和标准。

（4）逻辑结构和层次分明：确保规定的逻辑结构清晰，并按照一定的层次和组织形式进行编写。使用标题、编号或分段来帮助读者理解和遵守规定。

（5）引用法律法规和参考文件：如果规定与法律法规或其他参考文件有关联，确保在规定中引用相关的法律法规或参考文件。这有助于提供准确的法律依据和更具权威性的规定。

（6）考虑可执行性和实际操作：在写作规定时，要考虑相关人员的可执行性和实际操作。确保规定的要求在实践中可行，并能够被相关人员理解和遵守。

6.2.4　错例展示

关于环境保护的规定

第一章　关于环境保护的规定

第一节　环境污染防治

第一条　在保护环境的原则下，任何单位和个人都有保护环境的义务。

第二条　严禁排放污染物到大气、水域和土壤中。

第三条　违反本规定的单位和个人将受到处罚。

……

6.2.5　问题分析

（1）标题格式：标题应该准确、简明扼要地概括内容，示例中的文件标题过于模糊，且与第一章的标题重复。

（2）章节结构：章节应该逻辑分明，示例中的章节结构不清晰。

（3）条文正文格式：条文正文应具体说明要求，示例中的条文正文过于简单，没有明确规定具体的环境保护措施和目标。

►改进建议

（1）细化标题：在标题中指出此文件的适用范围，并准确地概括内容，并且修改第一章的标题，与文件标题区分。

（2）调整章节结构：补充、细化章节标题，以更好地组织和呈现条文结构。

（3）完善条文内容：细化规定每一条的内容，以更准确地表达规定要求。

（4）增加附注和注释：通过附注和注释，解释该条文的具体适用范围和操作规定，以帮助读者更好地理解和执行规定。

6.2.6 例文修改

××区关于加强城区环境保护的规定

第一章 环境保护规定

第一节 环境污染防治

第一条 环境保护的原则

本区内所有单位和个人应当按照国家环境保护标准，采取必要措施，保护环境，防止环境污染。

第二条 污染物的排放限制

严禁向大气、水域和土壤中排放污染物超过国家规定的排放限值。

第三条 违规行为的处罚

对违反本规定的单位和个人，将依法追究责任，并受到相应的罚款或其他行政处罚。

......

附注：

1.本规定中的环境保护标准是指国家颁布的现行有效的相关法律法规和标

准。具体包括：……

2.排放限值应根据不同的污染物和不同的环境类型进行具体规定。参考文件：……

注释：

1.本规定的适用范围包括所有在本区内从事生产、经营、使用、处置等活动的单位和个人。

2.违反排放限制的行为将根据污染物种类、排放程度等因素进行分类处罚。

6.3 细则

细则是指对法律法规、规章制度等文件中的一些具体条款、规定进行进一步解释和补充、细化的规范性文件。它通常是由相关部门或机构根据上位法规制定或授权制定的，旨在对法规中的一些模糊或需要具体操作的内容进行详细说明和补充。

需要注意的是，细则作为对法规的解释和细化，其效力通常是从属于上位法规的，具有从属性和补充性。因此，在适用时应当综合考虑上位法规和相应的细则。

6.3.1 基本常识

（1）细则的特点

①具体细节：细则通常包含对原有规定的具体细节要求，如操作步骤、申请材料、审批程序等，以便实际操作时能够更有效地执行。

②排除歧义：由于原有规定可能存在一些模糊的地方，细则可以解决这些问题，以排除可能出现的歧义。

③程序和要求：细则通常规定了具体的程序和要求，以确保相关行为的合

规性和公正性。

④适用范围：细则可以适用于不同领域或特定行业的规章制度，以确保其适应实际情况和需求。

⑤修订和变更：细则可能会根据实际情况进行修订和变更，以适应法律、政策和环境的变化。

（2）细则的类型

细则可以根据不同的领域和用途进行分类。以下列举一些常见的细则类型及其特点：

①行政细则：行政细则是政府机关根据法律、法规或政策制定的具体操作指南和规范。其特点是具有强制性，对单位和个人的行为进行具体规定，以确保法律、法规或政策的有效执行。

②业务细则：业务细则是针对特定行业或领域制定的具体操作规范和指南。其特点是它通常由行业协会、专业组织或相关机构制定，旨在规范行业内的业务流程、标准和操作要求，以提高行业的规范化和专业化水平。

③学校细则：学校细则是学校根据教育法规和内部管理要求制定的具体规范和行为准则。特点是它涵盖了学生、教师和学校管理人员的行为规范、纪律要求、考核评价等方面，以确保学校的秩序和教育质量。

④企业细则：企业细则是企业内部制定的具体规范和操作指南，用于规范员工的行为和工作流程。特点是它可以包括道德行为准则、职业道德规范、安全操作规程、质量控制要求等内容，以确保企业的经营效益和员工的工作秩序。

⑤社团细则：社团细则是社团组织制定的具体规范和管理规定，用于规范社团成员的行为和组织运作。特点是它可以包括成员资格条件、会议程序、活动组织要求等内容，以确保社团内部的秩序和活动的顺利进行。

（3）细则的作用

细则在法律、行政、教育、业务等各个领域中发挥着重要的作用，其主要作用包括：

①解释和补充法律、法规或政策：细则对于法律、法规或政策中的模糊或需要具体操作指导的条款进行解释和补充，以便于执行者能够更好地理解和应

用法律、法规或政策。

②规范行为和操作：细则具体规定了行政机关、企业事业单位、学校、社团组织等的行为准则、操作流程和标准，以确保各方按照规定的要求进行操作和实施。

③保障权益和公正性：细则通过具体规定和操作指南，提供了明确的权益保障和操作流程，确保他们的权益得到有效保障，同时提升工作流程的公正性和透明度。

④提高工作效率和效能：细则规定了具体的操作流程、标准和要求，使执行者能够按照规定进行工作和操作，减少不确定性和错误的发生，从而提高工作的效率。

⑤统一管理和规范实施：细则对特定领域或行业的管理和实施提供了统一的标准和规范，确保各方在同一框架下进行操作和管理，减少混乱和不一致性。

（4）细则的要求

①具体细致：细则对法律、法规、政策或规定的具体条款和细节进行了详细的解释和规范，以便于执行和实施。

②补充规定：细则是对上位法规的补充，通过对条款的进一步阐述和规定，为执行者提供了更具体、更明确的指导。

③解释条款：细则通常对法律、法规、政策或规定中的模糊或需要具体操作指导的条款进行了解释，以确保规范的理解和执行。

④程序规定：细则可能包含关于程序、申请、审批、监管等方面的详细规定，以确保规范的执行过程和程序的合法性和公正性。

⑤强制性规定：细则的规定通常具有强制性，执行者需要按照规定的要求进行操作和实施，以确保规范的有效性和权威性。

6.3.2　格式要点

（1）标题

细则的标题可以根据其内容和主题进行分类。

①基本原则类标题：这类标题主要是对细则的基本原则进行概括性描述，以引导读者对全文的理解和应用。例如：

《×××操作规范细则》

②行为规范类标题：这类标题主要是对特定行为或操作的规范进行描述，以提供明确的指引和要求。例如：

《×××行为管理细则》

③流程管理类标题：这类标题主要是对特定流程或程序的管理要求进行描述，以确保操作的有序性和合规性。例如：

《×××审核流程细则》《×××投诉处理细则》

④职业道德类标题：这类标题主要是对特定职业或行业的道德规范进行描述，以引导从业人员遵守职业道德标准。例如：

《×××职业道德规范细则》

⑤专业技术类标题：这类标题主要是对特定领域或专业的技术要求进行描述，以规范和提高从业人员的专业水平。例如：

《×××技术规范细则》《×××安全操作细则》

⑥机构管理类标题：这类标题主要是对特定机构或组织的管理要求进行描述，以确保机构内部运行的规范性和高效性。例如：

《×××机构组织管理细则》《×××运营管理细则》

（2）引言

引言是细则中的一部分，通常用于介绍该细则的背景、目的和适用范围等信息。根据具体情况，可以将细则的引言分为以下四类：

①引言介绍：这种引言主要是对细则的整体内容进行简要介绍，包括该细则的目的、制定依据、适用范围等。它可以提供对该细则的整体介绍，为后续章节和条文的理解和应用提供背景和指引。

②法律依据：某些细则是以特定的法律为依据制定的，引言中会详细列出相关的法律名称、法规编号和颁布日期等信息。通过引用法律依据，可以确立该细则的合法性和权威性，使读者能够明确该细则的法律根据和约束力。

③背景说明：某些细则可能是针对特定问题、行业或社会背景制定的，引言可以对这些背景信息进行介绍。例如，针对某一行业的细则可以介绍该行业

的发展现状、存在的问题和需求，以及制定该细则的目的和意义。

④特殊要求：某些细则可能对特定群体或特殊情况有特殊要求，引言可以对这些要求进行说明。例如，针对特定职业的细则可以对从业人员的资质要求、道德规范等进行介绍，以便读者能够了解和遵守相应的规定。

（3）正文

①标题和引言

A.标题：明确概括细则的内容和范围，例如：

《员工行为规范细则》

B.引言：简要说明细则的背景、目的和适用范围，例如：

本行为准则适用于公司所有员工，旨在规范员工行为，维护公司声誉。

②条款和段落

A.条款：按照逻辑顺序划分为不同的条款，每个条款具有独立的主题和内容，例如：

第一条　员工的职责

B.段落：可以在每个条款下进一步划分为不同的段落，以更好地组织和表达信息，例如：

1.1　员工应遵守公司的相关政策和规定。

③编号和标题

A.编号：为每个条款进行明确的编号，以便于引用和查找。

B.标题：在每个条款的开头部分加入清晰的标题，概括该条款的内容。

④分类和标签

A.分类：根据不同主题或内容将条款进行分类，以方便读者查找和理解。

B.标签：使用标签或关键词标记和归类相关的条款，以进一步帮助读者定位和阅读。

⑤表格和图表

A.表格：如果细则中涉及大量的数据、流程或信息，可以使用表格进行展示和说明，如关于违规行为的定义和相应后果的表格。

B.图表：使用图表或其他图形方式进行展示和说明复杂的流程或关系，如项目管理流程图。

（4）结尾

①总结：在细则的结尾处，可以加入总结部分，概括和强调重要内容，提醒读者注意事项。例如：

本细则旨在规范员工行为，确保公司运作的顺利进行。员工应遵守行为准则，遵守工作流程，并维护公司的利益和声誉。

②生效日期：在结尾处，应明确生效日期，即细则开始实施的日期。例如：

本细则自2022年1月1日起生效。

③更新和修订：如果存在将来对细则进行更新和修订的可能性，可以在结尾处提及相关事项，如更新频率、修订程序等。例如：

本细则将定期进行评估，并根据需要进行更新和修订。任何修订都将通过适当的沟通渠道通知员工。

④签名和日期：为了正式和认可，细则的结尾处可以包含签名和日期，表明制定该细则的相关人员。

⑤附件和参考资料：如果有相关的附件或参考资料，可以在结尾处列出，并提供相应的引用或链接。例如：

附件：保密要求

参考资料：工作流程图、项目管理手册

以上是一些常见的细则结尾格式要点的示例。具体的结尾格式可以根据实际需要进行调整和修改，以满足组织的要求和规定。

6.3.3 写作技巧

（1）明确目的和范围：在开始编写细则之前，明确细则的目的和适用范围，确保每个条款和内容都与细则的目标一致，并明确规定适用的人群。

（2）具备可操作性：在细则中，尽量使用具体的语言和行动指南，以便员工能够清楚地了解期望和要求。

（3）逻辑清晰的结构：使用逻辑清晰的结构，按照主题或相关性进行分类和组织。确保条款之间的逻辑顺序和衔接，使细则易于阅读和理解。

（4）引用和链接：在需要引用其他政策、法规或相关文件时，确保提供准确的引用和链接。这有助于读者进一步了解相关背景和信息。

（5）参考相关法律和政策：在撰写细则时，可以参考相关的法律、政策和行业标准，以确保规定的合法性和合规性。确保细则与相关法律和政策相协调，并避免与其相冲突。

（6）定期更新和修订：细则应该是一个动态的文件，随着组织或行业的变化而进行定期更新和修订。及时修订和更新细则，以适应新的需求和变化的环境。

6.3.4　错例展示

细　则

第一章　总则

1、本细则为公司内部管理使用。

2、本细则适用于全体员工。

3、违反本细则的行为将受到处罚。

第二章　工作时间

1、员工每天工作8小时，周末休息。

2、加班时间根据具体情况支付加班费。

3、员工迟到超过10分钟将扣除当天工资。

6.3.5　问题分析

（1）标题格式错误：标题应该简明扼要指出关于规范什么内容的细则，而不是"细则"。

（2）条款编号格式错误：条款编号应该使用阿拉伯数字和英文句点，例如"1.""1.1"，而不是"1、"。

（3）前言不清晰：细则的前言过于笼统，仅仅简单地说明为公司内部管理使用。

（4）缺乏具体性：细则应该提供具体的规定和要求，而不仅仅是笼统地说明。

（5）缺乏细节：关于加班费和处罚的规定都是与员工利益密切相关的条款，应当详细说明，以避免产生纠纷。

（6）格式混乱：细则应该使用一致的格式，包括标题、章节和条款的层次结构，以增强可读性和理解性。

▶改进建议

（1）条款编号格式改进：使用阿拉伯数字和英文句点进行条款编号。

（2）前言明确目的：在前言部分说明细则的适用范围和目的。

（3）增加具体规定：在第二章中，明确员工的具体工作时间和休息安排。

（4）细化处罚和加班费规定：在第一章中，明确违反规定的处罚和加班费支付的细节。

6.3.6　例文修改

×××公司员工行为规范细则

前　言

本细则适用于公司全体员工，旨在规范员工的工作时间和行为操守，确保工作的顺利进行。

第一章　工作时间和迟到规定

1.1　员工每天工作8小时，工作时间为上午9点至下午5点。

1.2　员工无正当理由迟到超过10分钟将按迟到时间占当天工作时间的比例扣除部分工资。

1.3　员工需要请假的，应提前向上级汇报请假情况，未经批准擅自离岗者将受到相应的处罚。

第二章　加班和加班费规定

2.1　员工加班的，根据加班时长占当天工作时间的比例计算相应的加班费。

2.2　加班费标准为正常工资的1.5倍。

2.3　员工需要加班的，应提前向上级申请加班，并经批准后方可加班工作，未经提前申请的，公司不支付加班费。

第三章　休息和休假规定

3.1　员工每周享有两天连续休息时间，周末为正常休息时间。

3.2　员工需要休假的，应提前向上级申请休假，并根据公司规定的流程进行休假安排。

第四章　行为准则

4.1　员工应遵守公司的行为准则，包括但不限于尊重他人、遵守保密规定和遵守安全规定。

4.2　员工违反公司行为准则的，将受到相应的处罚，包括警告、扣发奖金或甚至解雇。

第五章　细则的执行和解释

5.1　细则的执行由公司人力资源部门负责。

5.2　对于细则的解释，公司人力资源部门具有最终解释权。

第七章　讲话类公文起草与案例分析

7.1　发言稿

发言稿是为了演讲或公开发言而准备的文字稿件，包含了演讲者要在演讲中表达的主要内容和要点。发言稿的目的是帮助演讲者组织思路、控制时间，并确保演讲者能够清晰、有条理地表达自己的观点。发言稿通常包括开场白、正文和结尾部分。其中，开场白用于吸引听众的注意力，正文部分详细阐述演讲的主题和观点，结尾部分总结演讲内容并留下深刻的印象。发言稿的撰写需要考虑听众的需求和背景，选择恰当的语言和措辞，以确保演讲的有效性和影响力。

7.1.1　基本常识

（1）发言稿的特点

①内容准确明确：发言稿的内容需要准确明确地表达演讲者的观点、立场和主题。发言稿通常会经过精心准备，选取恰当的论据和例子来支持演讲者的观点。

②语言简练生动：发言稿的语言通常要求精练，以便听众能够快速理解和接受。使用生动的比喻、形象的语言和有力的修辞手法，可以增加发言的吸引力和说服力。

③篇幅控制合理：发言稿的篇幅通常需要根据具体场合和时间限制进行合理控制。过长的发言稿可能会引起听众的疲劳和注意力的分散，而过短的发言稿可能无法充分表达观点和思想。

④重点突出：发言稿需要将重点突出，以确保听众能够理解和记住重要的信息。通过适当的强调、重复和排比等多种修辞手法，可以让听众轻松理解重点内容。

⑤交流互动：发言稿虽然提供了演讲者的主要内容，但仍需与听众进行有效的互动和交流。演讲者可以在发言稿中穿插提问、引发思考等，与听众进行互动，以增加参与感和共鸣。

总而言之，发言稿在内容、语言、篇幅和交流等方面都具有其独特的特点。通过充分的准备和运用技巧，发言稿可以帮助演讲者更好地传达观点、影响听众，并取得预期的效果。

（2）发言稿的类型

发言稿可以根据其内容和目的的不同进行分类。以下是几种常见的发言稿分类及其特点：

①说明性发言稿：说明性发言稿主要用于介绍、解释或说明某个主题、事件或概念。特点如下：

A.提供清晰的背景信息：说明性发言稿需要提供相关的背景信息，以帮助听众了解演讲的内容和背景。

B.详细解释：该类型的发言稿需要对所介绍的内容进行详细解释，包括定义、原理、流程等，以确保听众能够理解。

C.逻辑严密：说明性发言稿需要按照逻辑顺序进行阐述，以使听众能够清晰地理解所介绍的内容。

②说理性发言稿：说理性发言稿主要用于阐述观点、论证论点或提出建议。特点如下：

A.强调论证和逻辑推理：说理性发言稿需要提供有力的论据和逻辑推理，以使听众相信和接受演讲者的观点。

B.结构清晰：说理性发言稿需要有清晰的结构，包括引言、论据、反驳、总结等，以使听众能够跟随演讲者的思路。

C.语言精准：说理性发言稿需要使用准确、精练的语言，以表达演讲者的观点和论证。

③感人性发言稿：感人性发言稿主要用于触动听众的情感，激发共鸣或引起共情。特点如下：

A.运用感人的故事或个人经历：感人性发言稿需要运用感人的故事、个人经历或有力的引语，以打动听众的心灵。

B.引发情感共鸣：该类型的发言稿需要通过情感化的语言和表达方式，引发听众的情感共鸣，使他们与演讲者产生情感联结。

C.激发行动：感人性发言稿通常旨在激发听众的行动，因此需要具备鼓舞人心的语言和内容，以促使听众采取行动。

④应对性发言稿：应对性发言稿主要用于应对特定场合或突发事件，如公共演讲、紧急声明或危机管理。特点如下：

A.迅速回应：应对性发言稿需要迅速回应当前的局势和挑战，及时提供观点和策略。

B.表达明确、冷静和有力的观点：该类型的发言稿需要通过明确、冷静和有力的语言表达演讲者的观点和立场。

C.应对挑战：应对性发言稿需要针对当前的挑战和问题，提供解决方案和应对策略。

⑤庆典性发言稿：庆典性发言稿主要用于庆典场合，如单位年会。特点如下：

A.充满喜庆和祝福的语言：庆典性发言稿需要使用充满喜庆和祝福的语言，以营造庆典的氛围。

B.回顾过去、展望未来：该类型的发言稿可以回顾过去的成就和经历，同时展望未来的愿景和目标。

C.鼓励和激励：庆典性发言稿通常包含鼓励和激励的内容，以激发听众的积极性和信心。

（3）发言稿的作用

①传递信息：发言稿可以帮助发言者清晰、准确地传达信息。通过有条理地组织和精练语言，发言稿能够确保听众正确理解发言者的意图和观点。

②彰显个人形象：发言稿可以展现发言者的才华、能力和个人魅力。精心准备的发言稿能够让发言者在演讲中更加自信，展现专业能力和人格魅力，给人留下深刻的印象。

③激发共鸣和启发思考：发言稿可以通过精心选择的语言和观点，激发听众的共鸣，引发他们对话题的思考和讨论。发言者可以通过发言稿的引导，激发听众的情感和思维，达到预期的影响效果。

④呼吁行动：发言稿可以在演讲中呼吁听众采取行动。通过发言稿中的引导和号召，发言者可以激发听众的积极性，鼓励他们参与某项活动、支持某项事业或实施某项措施。

⑤增加演讲的准确性和流畅性：发言稿可以帮助发言者在演讲中更加准确地表达自己的观点，避免用词的紧张和错误。发言稿还可以提供演讲的结构框架，使演讲更加流畅和连贯。

（4）发言稿的要求

①清晰明确的主题：发言稿的主题应该明确，选择一个具体的话题或问题进行讨论。

②结构清晰有序：发言稿应该有明确的开头、主体和结尾。开头可以用引言、故事或问题引起听众的兴趣；主体部分应该有几个有逻辑关系的段落，每个段落都应该有一个明确的主题句和相关的支持句；结尾部分可以总结主要观点或提出一个鼓舞人心的结论。

③简洁明了的语言：发言稿应该使用简洁明了的语言，避免使用过于复杂或晦涩的词汇。句子应该简短有力，避免使用冗长的句子结构。

④适当地举例说明：举例是发言稿中的重要部分，可以帮助听众更好地理解和接受演讲者的观点。选择具体、生动的例子，并与主题密切相关。例子可以是真实的故事、个人经历或者是广为人知的事实。

⑤合理安排时间：发言稿的长度应该适中，能够在规定的时间内完成演讲。在撰写发言稿时，可以根据发言人平均每分钟的说话字数来估算演讲所需的时间，并合理安排内容的长度。

⑥考虑听众需求：发言稿的写作要考虑听众的需求和背景。选择合适的语言和措辞，确保听众能够理解和接受演讲内容。可以根据听众的知识背景、诉

求、兴趣等因素来调整发言稿的内容。

7.1.2 格式要点

（1）标题

发言稿的标题可以根据内容和形式进行分类。以下是几种常见的发言稿标题分类及其分析：

①问题引入型标题：用疑问句或问题引起听众的注意，激发他们思考和探索的欲望。例如：

《如何深入打好污染防治攻坚战？》

②引用型标题：引用名人名言或有影响力的语句，以引起听众的兴趣和共鸣。例如：

《人人为我，我为人人》

③描述型标题：简洁明了地描述演讲内容，突出主题和关键词。例如：

《创新思维的力量：打造未来的成功之路》

④引人入胜型标题：用吸引人的词语或表达方式，引起听众的兴趣和好奇心。例如：

《探索未知，发现奇迹》

⑤指导性标题：使用指令性词语或短语，向听众提出行动或思考的指导。例如：

《行动起来，为环保贡献一份力量》

（2）引言

发言稿的引言即人们常说的"开场白"，一般都是先确定称谓，发言稿开头的称谓应该根据与会人员的情况和会议性质来决定。在称谓之后，要加上问候语，然后进入发言稿开头的正题，即从一个合适的角度切入发言的缘由，引出发言稿的主体内容。以下是写作引言的格式要点和举例说明：

①开门见山：引言简洁明了，直接点明演讲的主题或中心思想。例如：

尊敬的各位领导、亲爱的同事们，今天我要向大家分享的主题是……

②提出问题：引言可以通过提出引人思考的问题来激发听众的兴趣。

【示例1】

当前，世界之变、时代之变、历史之变正以前所未有的方式展开，人类社会走到了关键当口。是坚持合作与融合，还是走向分裂与对抗？是携手维护和平稳定，还是滑向"新冷战"的深渊？是在开放包容中走向繁荣，还是在霸道霸凌中陷入萧条？是在交流与互鉴中增进互信，还是让傲慢与偏见蒙蔽良知？历史的钟摆朝向何方，取决于我们的抉择。①

【示例2】

党的二十大报告明确指出："中国式现代化，是中国共产党领导的社会主义现代化。"这是对中国式现代化定性的话，是管总、管根本的。为什么要强调党在中国式现代化建设中的领导地位？这是因为，党的领导直接关系中国式现代化的根本方向、前途命运、最终成败。②

③引用名言：引言中可以引用名人名言或相关的经典语句，以增加权威性和吸引力。例如：

古人说："成其身而天下成，治其身而天下治。"党的十八大以来，我经常讲跳出历史周期率问题，这是关系党千秋伟业的一个重大问题，关系党的生死存亡，关系我国社会主义制度的兴衰成败。如何跳出历史周期率？党始终在思索、一直在探索。③

④引入故事：通过讲述历史事件或故事，可以吸引听众的情感共鸣和注意力。例如：

一百年前，十月革命一声炮响，给中国送来了马克思列宁主义。中国先进分子从马克思列宁主义的科学真理中看到了解决中国问题的出路。在近代以后中国社会的剧烈运动中，在中国人民反抗封建统治和外来侵略的激烈斗争中，

---

① 《深化团结合作 应对风险挑战 共建更加美好的世界——在2023年金砖国家工商论坛闭幕式上的致辞》，载《人民日报》2023年8月23日。

② 《中国式现代化是中国共产党领导的社会主义现代化》，载人民网，http://jhsjk.people.cn/article/40003978。

③ 《全面从严治党探索出依靠党的自我革命跳出历史周期率的成功路径》，载人民网，http://jhsjk.people.cn/article/32615326。

在马克思列宁主义同中国工人运动的结合过程中，一九二一年中国共产党应运而生。从此，中国人民谋求民族独立、人民解放和国家富强、人民幸福的斗争就有了主心骨，中国人民就从精神上由被动转为主动。[①]

（3）正文

撰写发言稿的正文时，需要注意以下要点：

①主题陈述：清晰明确地表达演讲的主题和目的。可以简洁地概括演讲内容，让听众了解你要传达的信息。例如：

我想和大家谈一谈如何在日常生活中积极参与污染防治攻坚战，共同构建美好家园。

②主体内容：主要围绕演讲主题展开，逻辑清晰，论述有条理。可以通过提供事实、数据、案例等方式支持自己的观点，让听众更容易理解和接受。

自古英雄出少年。在漫漫历史长河中，人类社会青年英雄辈出，中华民族青年英雄辈出。《共产党宣言》发表时马克思是30岁，恩格斯是28岁。列宁最初参加革命活动时只有17岁。牛顿和莱布尼茨发现微积分时分别是22岁和28岁，达尔文开始环球航行时是22岁，爱因斯坦提出狭义相对论时是26岁。贾谊写出"西汉一代最好的政论"时不到30岁，王勃写下千古名篇《滕王阁序》时才20多岁。在我们党领导人民进行革命、建设、改革的伟大历史进程中更是青年英雄辈出。中共一大召开时毛泽东是28岁，周恩来参加中国共产党时是23岁，邓小平参加旅欧中国少年共产党时是18岁……这样的青年英杰数不胜数！我们要用欣赏和赞许的眼光看待青年的创新创造，积极支持他们在人生中出彩，为青年取得的成就和成绩点赞、喝彩，让青春成为中华民族生气勃发、高歌猛进的持久风景，让青年英雄成为驱动中华民族加速迈向伟大复兴的蓬勃力量！[②]

（4）结尾

发言稿的结尾部分是演讲的收尾，起到总结演讲内容、强调主题和留下深刻印象的作用。

---

① 《新时代中国共产党的历史使命》，载人民网，http://jhsjk.people.cn/article/32538126。
② 《习近平：在纪念五四运动100周年大会上的讲话》，载《人民日报》2019年5月1日。

①总结演讲内容：结尾部分可以对演讲内容进行简要总结，突出主要观点和亮点。例如：

通过今天的演讲，我们深入探讨了如何提高团队协作能力的重要性，希望大家能够认识到团队合作的力量，并在实际工作中付诸行动。

②强调主题：结尾部分可以再次强调演讲的主题或中心思想，让听众对主题有更深刻的印象。例如：

新时代呼唤新作为，新征程要有新气象。开启实现第二个百年奋斗目标新征程，必须深入学习贯彻习近平新时代中国特色社会主义思想，我们要深刻领会习近平总书记重要指示精神，树立和践行正确政绩观，准确把握正确政绩观的丰富内涵和实践要求，以实干担当创造经得起实践检验的实绩。

③启发思考：结尾部分可以通过提出问题或发人深思的观点，引发听众进一步思考和行动。例如：

同志们，你准备好了吗？你是否愿意迎接新的挑战，勇敢地走出舒适区，不断超越自我，为×××的未来贡献自己的力量？

④结束语：结尾部分可以用简洁有力的语言表达对听众的感谢和祝愿。例如：

最后，我要向大家表示衷心的感谢，感谢你们的聆听和支持。祝愿大家在接下来的工作中取得更大的成功！

通过启发思考和发人深思的观点，激发听众的思考和行动。最后，用简洁有力的语言表达感谢和祝愿，给予听众正能量和鼓励。

7.1.3 写作技巧

（1）了解受众：在撰写发言稿之前，了解受众的背景、利益和需求对于有效传达信息至关重要。

（2）简明扼要：发言稿应该简洁明了，避免冗长和啰唆。使用简短的句子和清晰的语言表达观点。

（3）强调重点：在发言稿中，通过突出重点信息，确保核心观点清晰明确。使用精确的词语和有力的论据，使重要信息更加突出。

（4）合理组织结构：发言稿应具备良好的结构，包括引言、主体和结尾。

引言吸引听众，主体部分展开论述，结尾总结观点并呼吁行动。

（5）言之有物：发言稿应基于事实和数据，提供可信的信息来源，引用研究结果、案例分析或专家意见来支持观点。

（6）抓住时机：党政机关发言稿通常与特定事件、政策或社会背景有关。及时把握时机，关注当前热点问题，并与之联系起来。

（7）情感共鸣：通过情感表达，增强听众的共鸣和参与感。使用真实的故事、个人经历或情感词语来引发听众的情感共鸣。

（8）鼓励行动：在结尾部分，鼓励听众采取具体的行动或支持某种政策措施。明确表达期望，启发听众转化言论为实际行动。

7.1.4　错例展示

发言稿

习近平总书记围绕树立正确政绩观作出一系列重要论述，科学回答了政绩为谁而树、树什么样的政绩、怎样树好政绩等重大理论和实践问题，体现了对新时代党的建设和干部队伍建设规律的深邃思考和深刻把握。对党员干部来说，要从以下四个方面入手：

如何对待政治上的是与非，直接考验党员干部的政治判断力、政治领悟力、政治执行力。要增强政治敏锐性，学深悟透做实党的二十大精神，深刻领悟"两个确立"的决定性意义，增强"四个意识"、坚定"四个自信"、坚决做到"两个维护"，始终在政治立场、政治方向、政治原则、政治道路上同以习近平同志为核心的党中央保持高度一致，不折不扣把党中央重大决策部署落到实处。

我们要时刻摆正自身位置，自觉站在群众的立场、群众的角度，把百姓"小事"作为干部的大事来办、把百姓"难事"作为干部的急事来抓、把百姓"愁事"作为干部的心头事来解决，既要做让老百姓看得见、摸得着、得实惠的实事，也要做为后人作铺垫、打基础、利长远的好事，既要做显功，也要做潜功，追求人民群众的好口碑、历史沉淀之后真正的评价。

我们要坚持凭实绩用干部，以群众的实际感受来评判政绩，以发展实际质效来衡量政绩，赋予群众在对干部选拔任用方面的知情权、参与权、选择权和监督权，"倒逼"干部不但要做真正的"实干家"，而且要"干出样子"，切切实实让老百姓享有"获得感"，同时把那些积极担当作为的干部发现、使用起来，让实干者吃香、让有为者有位，引导干部在加强作风养成中树立正确的政绩观。

要充分发挥考核指挥棒作用，完善干部考核评价体系，科学精细设置考核指标，优化平时考核、定期考核、绩效考核，既甄别消极应付、不思进取，又防止冲动蛮干、急于求成；既看增长速度、又看发展质量，让能者上、优者奖、庸者下、劣者汰，引导干部在推动高质量发展中树立正确的政绩观。

最后，我们要以实干担当创造经得起实践检验的实绩。

7.1.5 问题分析

（1）缺乏主题和引言：这个发言稿没有明确的主题或引言部分，缺乏引人注意的开场白或明确的演讲目标。

（2）观点不清晰：发言者没有明确传达观点和意见，要点不清晰，使得听众无法理解演讲者的立场或观点。

（3）缺乏支撑：发言稿中没有提供具体的例子、论据来支持观点，导致演讲缺乏说服力和可信度。

（4）缺乏结构和逻辑性：发言稿中缺乏明确的结构和逻辑顺序，内容组织混乱，观点之间的衔接不清晰。

▶改进建议

（1）明确演讲的主题和目标，并在引言部分以一个引人注意的开场白开始，吸引听众的注意力。

（2）确保观点清晰明确，并用具体的例子、数据或论据来支持你的观点。这样可以增加演讲的可信度和说服力。

（3）尽量使用简洁、流畅的语言，避免使用含混不清或重复的表达。确保句子结构清晰，并使用过渡词或短语来连接观点，使得整个演讲有良好的逻辑顺序和衔接性。

（4）展现明确的结构，如引言、主体和结尾部分。在结尾部分，可以对演讲内容进行简要总结，强调主要观点，并写一小段积极、鼓舞人心的结束语。

7.1.6　例文修改

党员干部要树立正确的政绩观

——在2023年学习贯彻主题教育集中学习时的发言稿

学习贯彻习近平新时代中国特色社会主义思想主题教育开展以来，我严格按照"学思想、强党性、重实践、建新功"的要求读原著、悟原理，坚持学思用贯通、知信行统一，把习近平新时代中国特色社会主义思想转化为坚定理想、锤炼党性和指导实践、真正将其内化于心、外化于行，自觉地用来指导工作，埋头苦干、勇毅前行，努力在以学铸魂、以学增智、以学正风、以学促干方面取得实实在在的成效。下面以"党员干部要树立正确的政绩观"为题，汇报交流学习体会。

政绩是党员干部尤其是领导干部从政、干事、作为，进而取得实实在在业绩的直接体现。政绩观正确与否，反映出干部政治上是否成熟，对事业发展和个人成长至关重要。习近平总书记围绕树立正确的政绩观作出一系列重要论述，科学回答了政绩为谁而树、树什么样的政绩、怎样树好政绩等重大理论和实践问题，体现了对新时代党的建设和干部队伍建设规律的深邃思考和深刻把握。对党员干部来说，要从以下四个方面入手：

一是要始终注重提升政治能力。

旗帜鲜明讲政治是树立正确政绩观的首要前提。如何对待政治上的是与非，直接考验党员干部的政治判断力、政治领悟力、政治执行力。要增强政治敏锐性，学深悟透做实党的二十大精神，深刻领悟"两个确立"的决定性意义，增强"四个意识"、坚定"四个自信"、坚决做到"两个维护"，始终在政治立场、政治方向、政治原则、政治道路上同以习近平同志为核心的党中央保持高度一致，不折不扣把党中央重大决策部署落到实处。要强化理论武装，深入学习习近平新时代中国特色社会主义思想，深刻把握蕴含其中的马克思主义立场观点方法，切实把自己摆进去、把职责摆进去、把工作摆进去，在学与思中掌握用的要义，在知与信中把握行的要领，切实把政绩观建立在对科学理论的理性认同之上，始终以理论学习成果引领和校正政绩观。要做实干部政治素质考察，始终把政治纪律和政治规矩挺在前面，聚焦新时代好干部标准和民族地区干部"四个特别"政治标准，从政治忠诚、政治定力、政治担当、政治能力、政治自律五个方面，量化正向和反向考察指标，将政治素质考察贯穿干部日常管理全过程、各环节，坚持以政治上是否合格来衡量干部政绩观正确与否，切实引导党员干部在提升政治能力中树立正确的政绩观。

二是要始终注重践行党的宗旨。

民心是最大的政治，为民造福是最重要的政绩。全心全意为人民服务的根本宗旨，决定了共产党员是人民公仆的角色定位。作为党的干部尤其是领导干部，永葆党的政治本色，厚植一心为民的公仆情怀，多为群众谋福祉，才能让政绩经得起历史检验，赢得广大群众的衷心拥护。要时刻摆正自身位置，自觉站在群众的立场、群众的角度，把百姓"小事"作为干部的大事来办、把百姓"难事"作为干部的急事来抓、把百姓"愁事"作为干部的心头事来解决，既要做让老百姓看得见、摸得着、得实惠的实事，也要做为后人作铺垫、打基础、利长远的好事，既要做显功，也要做潜功，追求人民群众的好口碑、历史沉淀之后真正的评价。要主动走出办公室，放下架子、俯下身子、迈开步子，面对面倾听群众呼声，心贴心倾听群众建议，在亲身察看民情中贴近民心，在亲身体验民生中增进感情，真正走进群众心里，赢得群众的尊重、支持和信任。要全面客观评判干部政绩，多到现场看、多见具体事、多听群众说，把群众的"好差评"作为干部的"正衣镜"、政绩的"度量衡"，引导干部始终坚持人民至上理念，在践行党的宗旨中树立正确的政绩观。

三是要始终注重加强作风养成。

"业绩都是干出来的，真干才能真出业绩、出真业绩。"党员干部的作风，检验的是党性，展示的是形象，决定着政绩的成色。要秉持务实作风，谋划工作注重实际、讲求实效，干事创业脚踏实地、真抓实干，对当务之急，坚持立说立行、紧抓快办；对长期任务，保持战略定力和耐心，坚持一张蓝图绘到底，滴水穿石，久久为功。要强化精准思维，做到谋划时统揽大局、操作中细致精当，以绣花功夫把工作做扎实、做到位，努力在新征程上拼搏奉献，切实肩负起历史和时代赋予的重任。要坚持凭实绩用干部，以群众的实际感受来评判政绩，以发展实际质效来衡量政绩，赋予群众在对干部选拔任用方面的知情权、参与权、选择权和监督权，"倒逼"干部不但要做真正的"实干家"，而且要"干出样子"，切切实实让老百姓享有"获得感"，同时把那些积极担当作为的干部发现、使用起来，让实干者吃香、让有为者有位，引导干部在加强作风养成中树立正确的政绩观。

四是要始终注重坚持质量标准。

"高质量发展，就是能够很好满足人民日益增长的美好生活需要的发展。""高质量发展，就是从'有没有'转向'好不好'。"推动高质量发展，关键是量服从于质，无论是搞经济发展还是抓党的建设，都应坚持质量优先，实现更多有含金量的发展。要完整、准确、全面学习贯彻新发展理念，弄清新发展理念所要求的政绩是什么样的，进而强化使命担当，找准发展路径，引导各级领导干部更加自觉地贯彻新发展理念。要把贯彻新发展理念、推动高质量发展的实际表现和工作实绩，作为评价干部政绩的基本依据，作为检验干部政治忠诚、政治担当和政治能力的重要标尺，督促激励干部从政治高度深刻理解政绩内涵，对国之大者做到心中有数，以推动高质量发展工作实绩践行"两个维护"。要充分发挥考核指挥棒作用，完善干部考核评价体系，科学精细设置考核指标，优化平时考核、定期考核、绩效考核，既甄别消极应付、不思进取，又防止冲动蛮干、急于求成；既看增长速度、又看发展质量，让能者上、优者奖、庸者下、劣者汰，引导干部在推动高质量发展中树立正确的政绩观。

新时代呼唤新作为，新征程要有新气象。开启实现第二个百年奋斗目标新征程，必须深入学习贯彻习近平新时代中国特色社会主义思想，今后我将深刻领会习近平总书记重要指示精神，树立和践行正确政绩观，准确把握正确政绩观的丰富内涵和实践要求，以实干担当创造经得起实践检验的实绩。

7.2　欢迎词

欢迎词是指一种用于特定场合的致辞或演讲，旨在向来宾、参与者或观众表示欢迎和感谢的文字或口头表达。它通常在活动开始之前或活动开场时进行，用以营造热情友好的氛围，让人们感到被重视和受欢迎。它常用于开幕式、庆典、会议、宴会等场合。

7.2.1 基本常识

（1）欢迎词的特点

①目的和重要性：欢迎词的目的是热情欢迎与会者，并引导他们进入活动的氛围。欢迎词的重要性在于能够给与会者留下一个良好的第一印象，为活动的顺利进行奠定基础。

②演讲人的身份：欢迎词的演讲人通常是主办方或重要主持人，具备一定的演讲能力和公众形象。演讲人应该具备亲和力，能够与听众建立联系，并有效地传达信息。

③表达欢迎和感谢：欢迎词中需要表达对与会者的热情欢迎和感谢，感谢他们的参与、贡献和支持。演讲人可以表达对与会者的尊重和重视，以及对他们的期望和信任。

④强调活动意义：欢迎词中可以强调活动的意义和价值，让与会者明确活动的目标和意义。演讲人可以分享活动的成功案例、影响力和推动力，以激发与会者的兴趣和参与度。

⑤介绍重要嘉宾：欢迎词中可以介绍重要嘉宾和特邀嘉宾，让与会者对他们有一个初步的了解。演讲人可以提及嘉宾的成就、背景和专业领域，以增加活动的权威性和吸引力。

⑥鼓励互动和合作：欢迎词中可以鼓励与会者进行互动和合作，提出共同的目标和期望。演讲人可以呼吁与会者积极参加活动，分享见解和经验，以促进交流和学习。

（2）欢迎词的类型

①官方欢迎词：官方欢迎词通常用于正式的政府、组织或机构活动。特点是正式、庄重，用语较为正式和规范，表达对来宾的尊重和重视。

②商务欢迎词：商务欢迎词常用于会议、研讨会、商务交流等商务活动。特点是专业、简洁，用语明确、简练，强调对专业人士的欢迎和重视。

③学术欢迎词：学术欢迎词常见于学术会议、学术交流等学术活动。特点是严谨、专业，用语较为正式和学术化，强调对学术界人士的欢迎和赞扬。

无论是哪种类型的欢迎词，其共同特点是要表达对来宾的欢迎和感谢，营造积极友好的氛围，让人们感到受到重视和关心。欢迎词应该简洁明了、亲切热情，并突出活动的重要性和意义，激发参与者的兴趣和积极参与。

（3）欢迎词的作用

①社交作用：欢迎词可以营造友好、热情的氛围，使来宾感受到主办方的热情和关心。它可以帮助缓解来宾的紧张情绪，促进人际交往，提升活动的社交效果。

②情感作用：欢迎词可以表达主办方对来宾的欢迎和感激之情，让来宾感受到主办方的重视和尊重。通过热情的词句和真诚的表达，欢迎词可以打动来宾，增强参与者的参与感。

③信息传递作用：欢迎词可以向来宾介绍活动的背景、目的、日程安排等重要信息，帮助来宾了解活动的内容和流程。它可以体现活动的宗旨和主题，使来宾对活动有更全面的了解。

④领导力展示作用：欢迎词是主持人或主办方展示个人领导力和组织能力的机会。通过精心准备和自信的演讲，欢迎词可以展示主持人或主办方的专业素养、演讲技巧和组织能力，增强来宾对主办方的信任和认可。

总之，欢迎词在各种场合中扮演着重要的角色，它不仅展现对来宾的礼貌和尊重，也是传递信息、营造氛围、展示形象的重要方式。一个好的欢迎词能够为活动的开展打下良好的基础，拉近与来宾的距离，提升活动的效果和参与者的体验。

（4）欢迎词的要求

欢迎词是一种仪式性的开场致辞，旨在热情地欢迎嘉宾、参与者和观众，为活动营造友好和温馨的氛围。以下是欢迎词的一些要求：

①温暖热情：欢迎词应该以温暖热情的口吻迎接到场的嘉宾和观众，给予他们一种受欢迎和重要的感觉。表达出主办方对他们的真诚欢迎和感谢之情。

②介绍活动：在欢迎词中简要介绍活动的背景、目的和重要性。可以提及活动的主题、时间、地点和参与人数等相关信息，让听众了解活动的背景

和意义。

③感谢致辞：向与会的嘉宾、演讲嘉宾、表演者、工作人员和志愿者等表示感谢，感谢他们的支持、付出和参与，使活动的顺利进行成为可能。

④引导期望：在欢迎词中可以引导听众对活动的期望和参与态度，鼓励他们积极参与讨论、互动和分享，共同创造一个富有意义和价值的活动体验。

⑤表达祝愿：在欢迎词的结尾，可以表达对活动的祝愿和希望，希望活动顺利进行，取得丰硕成果，同时也祝愿与会者在活动中收获愉快和有意义的时光。

最后，欢迎词的用词要得体、简洁明了，语速适中，声音洪亮清晰，同时要注意与听众进行眼神交流，给予他们足够的关注和尊重。通过这些要求，欢迎词能够为活动营造良好的氛围，让参与者感受到主办方的热情和关怀。

7.2.2 格式要点

（1）标题

欢迎词的标题应当简单清晰，主要体现活动目的和主题，例如《在……会议/论坛/庆典上的致辞》。也可以拟一个主标题，例如《让……的明天更美好》，精练表达对活动的祝愿、期待等，再以副标题形式介绍活动目的和主题，激励听众积极参与和投入活动。

（2）引言

欢迎词的引言可以根据不同的目的和主题进行分类。以下是几种常见的欢迎词引言分类，并附上相应的例子分析：

①感谢与赞美：在欢迎词的引言中，发言人可以表达对所有与会者的感谢和赞美，感谢他们的出席和支持，并表达对他们的尊敬和欣赏。

②重要性与意义：在欢迎词的引言中，发言人可以强调活动的重要性和意义，解释为什么这次活动对参与者和组织都具有重要价值，并让他们意识到参与其中的重要性。

③共同目标与愿景：在欢迎词的引言中，发言人可以强调参与者与组织之间的共同目标和愿景，表达对他们共同努力和合作的期望，并激发他们的团队精神和合作意愿。

④庆祝与兴奋：在欢迎词的引言中，发言人可以表达对活动的兴奋和庆祝，让与会者感受到活动的欢乐氛围和独特之处，并激发他们的参与热情和兴趣。

⑤激励与鼓舞：在欢迎词的引言中，发言人可以激励与会者，鼓励他们在活动中发挥最佳水平，挑战自我，并努力实现共同的目标。

（3）正文

欢迎词的正文格式特点根据不同的场合和目的而有所不同。以下是几种常见的欢迎词正文格式特点：

①总结回顾：欢迎词的正文通常会对活动的整体情况进行总结和回顾，包括活动的目标、亮点和成果等。同时，可以提及参与者的积极参与和贡献。例如：

学术研讨会的欢迎词正文，可以说："在这次学术研讨会中，我们共同探讨了各种前沿的研究成果，分享了宝贵的学术经验和见解。通过激烈的讨论和深入的交流，我们不仅加深了对相关领域的理解，也为未来的研究提供了新的思路和方向。"

②引用名言：欢迎词的正文可以通过引用名人名言或经典语句来增加亮点和吸引听众的注意力。这样的引用可以与活动的主题或目标相关联。例如：

颁奖典礼的欢迎词正文，可以引用马丁·路德·金的名言："如果你不能飞，那就奔跑；如果不能奔跑，那就行走；如果不能行走，那就爬行；但无论你做什么，都要保持前行的方向。"

③表达期望：欢迎词的正文可以表达对活动未来发展的期望和愿景。这样的表达可以激励听众，让他们对活动的未来充满信心和期待。例如：

单位年会的欢迎词正文，可以说："我们希望通过这次年会，能够进一步加强团队的凝聚力和合作精神，共同迈向更高的目标。我们相信，通过大家的共同努力和智慧，我们将会在未来取得更加辉煌的成就。"

（4）结尾

欢迎词的结尾格式特点根据不同的场合和目的而有所不同。以下是几种常见的欢迎词结尾格式特点：

①鼓励与祝福：欢迎词的结尾可以鼓励听众继续努力并祝福他们取得成功。这样的结尾可以激发听众的积极性和动力。例如：

学校开学典礼的欢迎词结尾，可以说："在新的学年里，希望同学们能够保持好奇心和求知欲，努力学习，不断进步。祝愿大家在学业上取得优异的成绩，实现自己的梦想。"

②表达感谢：欢迎词的结尾可以表达对参与者的感谢和赞扬。这样的表达可以让听众感到被重视和珍视。例如：

志愿者活动的欢迎词结尾，可以说："最后，我要向每一位参与者表示衷心的感谢。正是因为你们的积极参与和无私奉献，我们才能够开展这次活动。感谢你们的支持和合作。"

③展望未来：欢迎词的结尾可以展望活动的未来，并鼓励听众继续参与和支持。这样的展望可以激发听众的兴趣和热情。例如：

企业年会的欢迎词结尾，可以说："在新的一年里，我们将继续努力，为员工提供更好的发展机会和福利待遇。同时，我们也期待大家能够继续保持团队合作精神，共同创造更加辉煌的明天。"

7.2.3 写作技巧

（1）引用有趣的事实或数据：如果是在一个企业年会上欢迎员工，可以提到一些令人激动、鼓舞人心的公司成就或数据，例如：

大家好，欢迎来到我们的年度盛会！在过去的一年里，我们的销售额增长了20%，我们实现了一个新的里程碑。

（2）利用幽默和轻松的语言：如果是在一个非正式的宴会上欢迎朋友，可以用幽默和轻松的语言来营造欢乐的氛围，例如：

亲爱的家人和朋友们，欢迎来到我们的聚会！今天我们将一起享受美食、分享快乐，但请记住，不要吃太多，否则我们将不得不开展一场马拉松比赛来消耗卡路里！

（3）表达对嘉宾的感激和尊重：如果是在一个国际会议上欢迎来自不同国家的代表，你可以表达对他们的感激和尊重，例如：

尊敬的嘉宾，感谢各位远道而来参加本次×××会议。您的出席代表了对知识交流和合作的重视，我们深感荣幸并对您的贡献表示衷心的感谢。

（4）介绍活动的独特之处：如果是在一个展览会或文化活动上欢迎观众，你可以突出活动的独特之处，例如：

亲爱的观众们，欢迎来到我们精心策划的艺术展览！在这个展览中，您将欣赏到独特的艺术作品，感受到×××、×××等杰出艺术家的创造力和灵感的流淌，希望您能在这里找到艺术的力量和美的启示。

无论是什么场合，关键是根据活动的性质和受众的特点来选择合适的语言和表达方式。欢迎词应该既能传达出主办方的热情和关怀，又能引起听众的兴趣和共鸣，让他们感受到活动的价值和意义。

7.2.4　例文展示与解析

在北京 2022 年冬奥会欢迎宴会上的致辞①

（2022 年 2 月 5 日）

中华人民共和国主席　习近平

[对来宾表达感谢与赞美]

尊敬的巴赫主席，

尊敬的各位同事，

女士们，先生们，朋友们：

在中国人民欢度新春佳节的喜庆日子里，同各位新老朋友在北京相聚，我感到十分高兴。首先，我代表中国政府和中国人民，代表我的夫人，并以我个人的名义，对来华出席北京冬奥会的各位嘉宾，表示热烈的欢迎！向所有关心和支持北京冬奥会的各国政府、各国人民及国际组织表示衷心的感谢！我还要特别感谢在座的各位朋友克服……困难和不便，不远万里来到北京，为冬奥喝彩、为中国加油。

---

① 《习近平在北京 2022 年冬奥会欢迎宴会上的致辞（全文）》，载中国政府网，https://www.gov.cn/xinwen/2022-02/05/content_5672097.htm。

昨晚，北京冬奥会在国家体育场正式开幕。时隔14年，奥林匹克圣火再次在北京燃起，北京成为全球首个"双奥之城"。中国秉持绿色、共享、开放、廉洁的办奥理念……认真兑现对国际社会的庄严承诺，确保了北京冬奥会如期顺利举行。

[表达活动的重要性与意义]

让更多人参与到冰雪运动中来，是奥林匹克运动的题中之义。中国通过筹办冬奥会和推广冬奥运动，让冰雪运动进入寻常百姓家，实现了带动3亿人参与冰雪运动的目标，为全球奥林匹克事业作出了新的贡献。

[详细阐述活动的宗旨，表达对活动的期望和愿景]

女士们、先生们、朋友们！

自古以来，奥林匹克运动承载着人类对和平、团结、进步的美好追求。

——我们应该牢记奥林匹克运动初心，共同维护世界和平。奥林匹克运动为和平而生，因和平而兴。去年12月，联合国大会协商一致通过奥林匹克休战决议，呼吁通过体育促进和平，代表了国际社会的共同心声。要坚持相互尊重、平等相待、对话协商，努力化解分歧，消弭冲突，共同建设一个持久和平的世界。

——我们应该弘扬奥林匹克运动精神，团结应对国际社会共同挑战。新冠肺炎疫情仍在肆虐，气候变化、恐怖主义等全球性问题层出不穷。国际社会应当"更团结"。各国唯有团结合作，一起向未来，才能有效加以应对。要践行真正的多边主义，维护以联合国为核心的国际体系，维护以国际法为基础的国际秩序，共同建设和谐合作的国际大家庭。

——我们应该践行奥林匹克运动宗旨，持续推动人类进步事业。奥林匹克运动的目标是实现人的全面发展。要顺应时代潮流，坚守和平、发展、公平、正义、民主、自由的全人类共同价值，促进不同文明交流互鉴，共同构建人类命运共同体。

[表达鼓励与祝福，引用名言]

女士们、先生们、朋友们！

"爆竹声中一岁除，春风送暖入屠苏。"中国刚刚迎来农历虎年。虎象征着力量、勇敢、无畏，祝愿奥运健儿像虎一样充满力量、创造佳绩。我相信，在大家共同努力下，北京冬奥会一定会成为简约、安全、精彩的奥运盛会而载入史册。

最后，我提议，大家共同举杯，

为国际奥林匹克运动蓬勃发展，

为人类和平与发展的崇高事业，

为各位嘉宾和家人的健康，

干杯！

7.3　开幕词

开幕词是在正式活动或仪式开始之前，由主持人或负责人发表的一段致辞。它通常用于庆典、会议、论坛的开幕式等场合，旨在向参与者致以欢迎、介绍活动目的、表达感谢、展望未来等内容。开幕词的目的是拉近与听众之间的距离，让参与者感受到活动的重要性和意义，营造良好的氛围，同时也为活动的顺利进行提供引导。开幕词应该简洁明了、鼓舞人心，能够吸引听众的注意力，让他们对活动产生兴趣和期待。

7.3.1　基本常识

（1）开幕词的特点

①目的和重要性：开幕词的目的是拉开活动的序幕，向与会者介绍活动的主题、目的和背景，并为后续的活动营造一个良好的氛围。开幕词的重要性在于能够吸引听众的注意力，激发他们的兴趣和参与度。

②演讲人的身份：开幕词的演讲人通常是主办方或重要嘉宾，具备一定的演讲能力和公众形象的人。演讲人应该具备亲和力，能够与听众建立联系，并有效地传达信息。

③简明扼要：开幕词的语言应该简洁明了，不宜过长。演讲人需要在有限的时间内，介绍活动的重要内容、主题和议程，同时引起听众的兴趣。

④引入主题：在开幕词中，演讲人需要引入活动的主题和目标，解释活动的意义和重要性。可以通过提出问题、分享故事或引用名言等方式，引起听众的思考和兴趣。

⑤鼓励参与与互动：开幕词可以鼓励听众积极参加活动，并提供相关的参与方式和机会。演讲人可以分享成功案例、启发性的观点，激励听众积极思考和行动。

（2）开幕词的类型

开幕词可以根据不同的活动类型和目的进行分类，以下是一些常见的开幕词分类及其特点：

①庆典开幕词：用于庆祝特殊的日子或重要的活动，如节日庆典开幕式等。特点是庄重、庆祝性强，强调活动的重要性和意义，表达对参与者的感谢和祝福。

②会议开幕词：用于各类会议、研讨会、论坛等。特点是正式、专业，需要介绍会议的主题、目的和议程，引导参与者进入会议的氛围，并鼓励他们积极参与讨论和交流。

③展览开幕词：用于艺术展、科技展等。特点是艺术性、创意性强，需要介绍展览的主题、内容和展示方式，同时也表达对参与者的欢迎和鼓励。

④比赛开幕词：用于演讲比赛、辩论赛、运动会等。特点是激励、鼓舞人心，鼓励参赛者发挥自己的才能和能力，同时也向观众说明比赛的重要性和意义。

（3）开幕词的作用

①欢迎和引导：开幕词用于欢迎参与者，让他们感到受到被重视和尊重。同时，开幕词也可以引导参与者进入活动的氛围和主题，帮助他们理解活动的目的和意义。

②介绍活动：开幕词通常会介绍活动的主题、内容、目的以及参与者的背景信息，让听众对活动有整体的了解。

③表达感谢和祝福：开幕词常常用于表达主办方对参与者的感谢和欢迎之情，同时也可以向参与者表达祝福和鼓励。

④激励和鼓舞：开幕词可以激励参与者发挥自己的才能，鼓励他们积极参与活动，并取得更好的成绩。开幕词的激励性和鼓舞性语言能够激发听众的热情，增强他们的参与度和动力。

⑤燃起热情和团结：开幕词可以通过澎湃的演讲，燃起参与者的热情和团结合作的意愿。它可以凝聚人心，拉近与听众的距离，加强团队的凝聚力和向心力。

（4）开幕词的要求

①引人入胜：开幕词的开头应该引起听众的兴趣，激发他们的注意力。可以使用有趣的事例、引用名人名言或讲述一个有趣的故事来吸引听众。

②结构清晰：开幕词的结构应该清晰明了，包括引言、主体和结尾。主体部分可以按照一定的逻辑顺序组织，使听众能够理解和跟随演讲者的思路。

③鼓舞人心：开幕词应该激励听众，鼓舞他们的斗志和热情。可以通过肯定过去的努力和成就，强调未来的机遇和挑战，以及每个人的重要作用来实现这一目标。

④适应听众：开幕词的内容和语言应该适应听众的背景和需求。考虑到听众的年龄、文化背景和兴趣爱好等因素，选择合适的语言和词汇，并确保使用简单易懂的语句。

⑤互动参与：开幕词可以设计一些互动环节，与听众进行互动，使他们更加投入和参与。可以提问、鼓励听众分享自己的经验或观点，或者安排一些小游戏或小活动来增加互动性。

⑥表达感谢：开幕词中可以表达对与会人员的感谢和欢迎之词，感谢他们的到来和支持，并表达对组织者、志愿者和工作人员的感激之情。

⑦鼓励合作：开幕词应该鼓励听众之间的合作和团结，强调共同努力的重要性。可以强调团队合作、共同目标和互助精神，以激发听众的合作意愿。

⑧善用修辞：开幕词可以使用一些修辞手法，如比喻、排比、拟人等，以增加语言的表现力和感染力。

7.3.2 格式要点

（1）标题

开幕词的标题应当简单清晰，主要体现活动目的和主题，例如《在……会议/论坛/庆典开幕式上的致辞》。也可以拟一个主标题，例如《共筑美好梦想，共创辉煌未来》，精练表达对活动的祝愿、期待等，再以副标题形式介绍活动目的和主题，激励听众积极参与和投入活动。

（2）引言

开幕词的引言可以根据内容和形式进行分类。以下是几种常见的开幕式引言分类及其分析：

①欢迎词：这种引言通常由主持人或负责人发表，以热情洋溢的语言欢迎各位嘉宾和观众的到来。这种引言能够拉近与听众的距离，为开幕式营造出友好和欢乐的氛围。例如：

尊敬的嘉宾、亲爱的观众，欢迎大家莅临本次盛会！

②背景介绍：这种引言着重介绍活动的背景和环境，向听众阐明举办该活动的原因和目的。例如：

本次×××活动是在我市举办的一项重要文化活动，旨在推广本地的文化艺术，增强市民的文化素养。

③主题阐述：这种引言着重介绍活动的主题和宗旨，向听众阐明整个活动的重要性和意义。例如：

本次×××活动以"创新·融合·共享"为主题，旨在促进不同领域的交流合作，共同推动社会的发展和进步。

（3）正文

①致谢：正文的第一部分通常是致谢，即对各位嘉宾和观众表示热烈的欢迎和感谢。这部分内容应该充满热情和诚意，能够拉近与听众的距离，营造出友好和欢乐的氛围。例如：

我要代表组委会向各位嘉宾和观众表示最热烈的欢迎！感谢你们的莅临，

为本次开幕式增添了无限的荣耀和热情！

②主题发言：正文的第二部分通常是主题发言，即对活动的主题和宗旨进行详细阐述。这部分内容应该简明扼要，清晰明了，能够让听众对活动的目标和意义有一个清晰的认识。例如：

本次×××活动的主题是"创新·融合·共享"，我们希望通过×××这个平台，促进不同领域的交流合作，共同推动社会的发展和进步。

（4）结尾

开幕词的结尾部分是整个演讲的压轴部分，它应该具有激励听众、鼓舞人心的效果，让听众留下深刻的印象。结尾部分的格式特点如下：

①总结主题：结尾部分通常需要对整个开幕式的主题进行总结和回顾。这部分内容应该简洁明了，能够突出主题的重要性和意义。例如：

我们通过创新、融合和共享的方式，展示了各个领域的独特魅力和无限潜力。我们相信，只有通过合作与交流，我们才能够实现共同的发展和进步。

②表达祝愿：结尾部分还需要表达祝愿，即对开幕式的成功和参与者的良好表现表示美好的祝愿。这部分内容应该充满期望和鼓励，能够激发听众的热情和动力，增强他们的参与和表现意愿。例如：

我衷心祝愿本次×××活动取得圆满成功！希望每一位参与者都能够充分展示自己的才华和能力，为观众带来一场精彩绝伦的演出！

③展望未来：结尾部分还可以对未来的发展和前景进行展望。这部分内容应该充满希望和期待，激励听众为实现共同目标而努力奋斗。例如：

让我们共同携手，为创造更美好的明天而努力奋斗！相信通过我们的努力和合作，我们一定能够实现更多的突破和进步，为×××的发展贡献更多的力量！

7.3.3　写作技巧

（1）明确目标和主题：在开始写开幕词之前，明确开幕词的目标和主题是非常重要的。确定想要传达的信息和想要实现的效果，这将有助于组织和安排写作内容。

（2）吸引人的开场：开幕词的开头应该能够吸引听众的注意力。可以使用一个有趣的事实、一个引人入胜的故事或者一个引人思考的问题来引起听众的兴趣，让他们对接下来的演讲产生兴趣。

（3）简明扼要的内容：开幕词应该简明扼要，言简意赅。避免使用过多的技术术语或过于复杂的句子结构。使用简洁明了的语言，让听众容易理解和记住您的讲话内容。

（4）使用修辞手法：使用修辞手法可以提升开幕词的表达力和感染力。例如，使用比喻、排比、反问等修辞手法，可以让讲话更加生动有趣，引起听众的共鸣。

（5）个人化和亲和力：在开幕词中加入一些个人化的元素，可以增加与听众的亲近感。可以分享一些个人经历或者给予一些亲切的问候，让听众感受到关怀和真诚。

（6）结尾鼓舞人心：结尾部分是整个开幕词的高潮，应该鼓舞人心、激励听众。可以通过引用一句名言或者提出一个挑战来激发听众的热情和动力。

最重要的是，写开幕词时要保持真诚和自信。展示您对主题的热情和信念，与听众建立连接，这样才能真正打动他们的心灵。

7.3.4　例文展示与解析

在成都第31届世界大学生夏季运动会开幕式上的致辞①
——在第五届中国国际进口博览会开幕式上的致辞

（2023年7月28日）

中华人民共和国教育部部长　怀进鹏

［对来宾表达感谢和问候］

尊敬的习近平主席和夫人彭丽媛女士，尊敬的雷诺·艾德代理主席，各位大学生运动员，各位来宾，女士们，先生们，朋友们：

---

① 《教育部部长怀进鹏在成都第31届世界大学生夏季运动会开幕式上的致辞》，载教育部网站，http://www.moe.gov.cn/jyb_xwfb/moe_176/202307/t20230729_1071431.html。

今天，我们怀着无比激动的心情，欢聚在中国成都，隆重举行第31届世界大学生夏季运动会开幕式。在此，我代表成都大运会组委会，向出席开幕式的各位来宾、全体运动员教练员、各代表团官员，表示热烈的欢迎！向所有关心支持和精心筹办本届大运会的朋友们，表示衷心的感谢！

［背景介绍，阐明举办活动的重大意义和目的］

世界大学生运动会是全球体育的盛会、是青年的盛会、是友谊的盛会。在习近平主席高度重视和亲切关怀下，我们遵循"简约、安全、精彩"的办赛要求，与国际大学生体育联合会同心协力，为共襄盛举做了精心的准备。今天，全世界的目光聚焦中国、聚焦成都，共同见证全球青年学子绚丽多彩的青春之约，一同踏上超越自我的梦想之旅。

中国是享誉世界的文明古国，也是富于改革创新精神和开放包容胸怀的现代国家。广大青年是弘扬全人类共同价值的先锋，是文明交流的使者。中国有句古话："有朋自远方来，不亦乐乎？"热情的成都人民正张开双臂，欢迎来自五湖四海的宾朋，向全世界展现好客中国的真诚与魅力。本届大运会发扬体育精神，增进文明互信，为各国青年搭建了无比广阔的舞台。真诚祝愿各国青年朋友，挑战极限、争创佳绩，深化交流、筑牢友谊，展示青春风采。

［展望未来，激励听众，表达祝愿］

青年朋友们，"成都成就梦想"！让我们一起奔跑，共同铸就辉煌与荣光，合力奏响新时代最强的青春音符，同心谱写人类命运共同体的华美乐章，一起拥抱更加美好、灿烂的明天！

预祝成都第31届世界大学生夏季运动会取得圆满成功！

7.4　闭幕词

闭幕词是指在重要活动的闭幕式上发表的最后一段讲话。它是对整个活动的总结和致谢，也是对参与者的鼓励和祝福。闭幕词通常由主持人或主要负责人发表，它可以总结活动的主要内容、成果和亮点，表达对参与者的感谢和鼓励，同时也可以展望未来的发展。闭幕词的目的是给予参与者一个圆满的结束，让他们感受到被重视和肯定，同时也激发他们的热情和动力，继续追求更高的目标。

7.4.1　基本常识

（1）闭幕词的特点

①目的和重要性：闭幕词的目的是结束活动，并总结活动的成果和收获。闭幕词的重要性在于能够给与会者留下一个深刻的印象，激励他们继续思考和行动。

②演讲人的身份：闭幕词的演讲人通常是主办方或重要嘉宾，具备一定的演讲能力和公众形象。演讲人应该具备亲和力，能够与听众建立联系，并有效地传达信息。

③表达感谢和致意：闭幕词中需要表达对与会者的感谢和致意，感谢他们的参与、贡献和支持。同时，还可以感谢组织者、合作伙伴、赞助商等对活动的帮助和支持。

④感慨和鼓励：闭幕词中可以表达个人或共同的感慨和心得体会，鼓励与会者继续努力和追求更大的成就。演讲人可以分享成功故事、激励性的观点，激发与会者的动力和信心。

⑤结尾致辞：闭幕词的结尾可以以感谢和祝福的话语结束，表达对与会者的祝福和期望。演讲人可以再次感谢与会者的参与和支持，并鼓励他们保持联系和合作。

（2）闭幕词的类型

闭幕词可以根据不同的活动类型和目的进行分类，如同开幕词，闭幕词也可以分为庆典闭幕词、会议闭幕词、展览闭幕词、比赛闭幕词等。不同类型的活动闭幕词的内容、写作手法应当根据活动的主题和目的、听众的背景和兴趣而有所不同。

（3）闭幕词的作用

闭幕词在活动结束时发表，它的主要作用是总结活动的内容和成果，感谢参与者的支持和参与，并对未来提出展望。

①总结活动：闭幕词可以回顾活动的重点和亮点，总结活动的内容和成果。通过回顾和总结，可以让参与者回顾活动的重要信息，并强调活动的成功和价值。

②感谢参与者：闭幕词的一个重要作用是表达感激之情，可以感谢参与者的支持、合作和参与。

③提供思考和启发：闭幕词可以表达参与者对活动的思考。通过分享活动中的成功故事、学习经验或感悟，可以激发参与者的思考和进一步行动。

④营造结束氛围：闭幕词的发表能够为活动的圆满结束画上句号，营造一派庄重和满足的氛围。它可以让参与者感受到活动的完整性。

（4）闭幕词的要求

①简明扼要：闭幕词需要简明扼要地总结活动的内容和成果，尽量用简洁的语言表达，使听众能够轻松理解。

②感激致意：闭幕词需要表达感激之情，包括感谢嘉宾、表演者、工作人员、志愿者和所有参与者的辛勤付出，以及他们对活动的支持和贡献。

③思考与感悟：闭幕词应该提供参与者对活动的思考，分享对活动的感悟，这可以激发参与者的思考和进一步行动。

④展望未来：闭幕词可以提及未来活动的计划、目标或展望，传达组织的发展方向和目标，以激发参与者进一步参与和支持活动。

⑤激励鼓舞：闭幕词应该给予听众一些积极向上的激励和鼓舞，激发他们的热情和动力，继续追求更高的目标。

⑥符合主题：闭幕词需要与活动的主题和目标相符合，以确保其与活动的一致性和连贯性。它需要与开幕词、演讲和其他活动环节相呼应，形成一个有机的整体。

⑦结尾振奋人心：闭幕词的结尾部分应该是高潮，通过引用名言或者提出一个挑战来振奋听众的情绪。

⑧个人化和亲和力：闭幕词可以加入一些个人化的元素，如分享个人经历或给予亲切的问候，以增加与听众的亲近感。闭幕词需要有亲和力，表达主持人和组织者的真挚感情，让听众感受到活动的热情和关爱。

7.4.2　格式要点

（1）标题

闭幕词的标题应当简单清晰，主要体现活动目的和主题，例如《在……会议/论坛/庆典闭幕式上的致辞》。也可以拟一个主标题，例如《深化团结合作，应对风险挑战，共建更加美好的世界》，精练表达对未来的祝愿等，再以副标题形式介绍活动目的和主题，激励鼓舞听众。

（2）引言

闭幕词的引言可以根据不同的目的和主题进行分类。以下是几种常见的闭幕词引言分类：

①总结回顾类：对活动的整体情况进行总结，回顾活动的亮点和成果。例如：

学术研讨会的闭幕词引言，可以说："尊敬的各位嘉宾，让我们回顾一下这次研讨会的主要议题和讨论内容，以及与会人员的精彩发言。"

②感谢致辞类：表达对参与者的感谢和赞赏，感谢他们的支持和付出；向合作伙伴致以诚挚的谢意，感谢他们在活动中的支持和合作。例如：

慈善募捐活动的闭幕词引言，可以说："尊敬的各位嘉宾，我代表慈善组织向大家表示最诚挚的感谢，感谢您的慷慨捐助和支持，使得这次募捐活动取得了圆满成功。"

③展望未来类：展示对未来的期望和展望，鼓励参与者继续努力和奋斗；给予参与者鼓励和激励，鼓励他们在未来的道路上继续前行。例如：

公司年度庆典的闭幕词引言，可以说："尊敬的各位员工，让我们一起展望未来，相信我们的公司会在不断创新和努力下取得更加辉煌的成绩。"

（3）正文

①总结回顾：闭幕词的正文通常会对活动的整体情况进行总结和回顾，包括活动的目标、亮点和成果等。同时，可以提及参与者的积极参与和贡献。例如：

学术研讨会的闭幕词正文，可以说："在这次学术研讨会中，我们共同探讨了各种前沿的研究成果，分享了宝贵的学术经验和见解。通过激烈的讨论和深入交流，我们不仅加深了对相关领域的理解，也为未来的研究提供了新的思路和方向。"

②表达感谢：闭幕词的正文经常包含对参与者、合作伙伴和工作人员的感谢之词，表达对他们的支持和付出的感激之情。例如：

慈善募捐活动的闭幕词正文，可以说："我要向每一位慷慨捐助的朋友表示最衷心的感谢，是你们的善心和慷慨让这次募捐活动取得了巨大的成功。同时，我也要感谢所有的志愿者和工作人员，你们的辛勤付出和无私奉献使得整个活动顺利进行。"

根据具体的场合和目的，可以适当调整语调和表达方式，使闭幕词更加生动、诚挚和鼓舞人心。

（4）结尾

闭幕词的结尾格式特点根据不同的场合和目的而有所不同。以下是几种常见的闭幕词结尾格式：

①激励鼓舞：闭幕词的结尾可以通过激励和鼓舞的话语来激发听众的积极性和动力，鼓励他们在未来继续努力和奋斗。例如：

培训班的闭幕词结尾，可以说："希望通过这次培训，大家都能够获得新的知识和技能，并能够将其应用到实际工作中。无论是在个人成长还是在团队合作方面，都要保持学习和进步的态度，不断追求卓越。"

②总结发问：闭幕词的结尾可以通过提出一个问题或者思考，引发听众对活动或者议题的思考和讨论，增加思维的深度和广度。例如：

研讨会的闭幕词结尾，可以说："在这次研讨会中，我们探讨了许多有关创新和发展的议题。但是，我们是否已经找到了所有的答案？或许，这只是一个新的起点，我们需要继续思考、研究和探索。让我们一起共同努力，为未来的发展贡献更多的智慧和力量。"

③展望未来：闭幕词的结尾可以展望未来，表达对参与者的期望和鼓励，鼓励他们在未来的道路上继续努力和奋斗。例如：

年度公司庆典的闭幕词结尾，可以说："在过去的一年里，我们取得了令人瞩目的成绩和进展。但是，我们不能满足于现状，我们应该继续发扬创新和进取的精神，在未来的道路上继续努力，为公司的发展贡献更多的力量。"

7.4.3　写作技巧

（1）总结活动要点：闭幕词应该对活动的主要内容进行简要总结，回顾活动的目标和主题，强调活动的亮点和重要成果。

（2）表达感谢之情：在闭幕词中，感谢参与者的辛勤付出和支持是必不可少的。表达对演讲者、主办方、志愿者和参与者的感激之情，让他们感受到被重视和肯定。

（3）激励和鼓舞：闭幕词的最后部分应该是激励和鼓舞听众的话语。可以引用名言或者提出一个挑战，激发听众的热情和动力，鼓励他们继续努力和追求更高目标。

（4）简洁明了的语言：闭幕词应该简洁明了，避免过度冗长或使用过于复杂的句子结构，让听众容易理解和记住主要内容。

（5）个人化和亲和力：在闭幕词中加入一些个人化的元素，可以增加与听众的亲近感。可以分享一些个人经历或者给予一些亲切的问候，让听众感受到关怀和真诚。

（6）结尾振奋人心：结尾部分是整个闭幕词的高潮，应该鼓舞人心，激发听众的热情和动力。

（7）保持真诚和自信：展示对活动和参与者的真挚关怀，与听众建立连接，这样才能真正打动他们的心灵。最重要的是，闭幕词应该给人以积极正面的感受，让参与者离开活动场地时心情愉快且充满动力。

7.4.4　例文展示与解析

成都大运会闭幕式致辞①

（2023 年 8 月 8 日）

四川省省长、成都大运会组委会执行主席　黄强

[对来宾表达感谢和致意]

尊敬的谌贻琴国务委员，尊敬的雷诺·艾德代理主席，亲爱的大学生运动员，各位来宾，女士们，先生们，朋友们：

今晚，我们欢聚在成都露天音乐公园。因为有你，这座古老而现代的大都市，更青春、更美丽，更巴适安逸！谢谢你们！

中国国家主席习近平亲临成都大运会开幕式并宣布开幕，向全球青年寄语。

[总结回顾活动成果]

我们与国际大体联和各国各地区代表团共同努力，向世界呈现了一场青春的盛会、团结的盛会、友谊的盛会、文化交流的盛会，为国际青年体育事业发展作出了新的贡献。

在大运圣火熊熊燃烧的 12 天里，来自 113 个国家和地区的 6500 多名大学生运动员，挥洒激情、彼此喝彩、相互成就，在成都的街头尽情享受快乐，留下了美好永久的大运记忆。成都，成就了大家的梦想！

[表达祝贺和感谢]

在这凯歌高奏、欢歌曼舞的夜晚，我代表组委会向取得好成绩的青年健儿表示热烈的祝贺！向国际大体联，向全体运动员、教练员、裁判员、志愿者、媒体记者，向成都大运会所有的组织者、建设者、贡献者，向高水平的开幕式、闭幕式总导演和团队，表示最衷心的感谢！

---

① 《黄强省长成都大运会闭幕式致辞全文》，载四川省人民政府网，https://www.sc.gov.cn/10462/c105962/2023/8/8/f1cbd84bf4194a68a7f809835414c4a1.shtml。

[回顾历史故事，展望未来，表达期望和鼓励]

难忘大熊猫"蓉宝"的暖心陪伴，象征坚强、团结、和平的中国珙桐树"鸽子花"今夜绽放。这里，我愿与大家分享一个历久弥新的故事。1954年，周恩来总理在瑞士日内瓦湖畔，欣喜地看到了引自中国的珙桐树。早在1869年，法国博物学家戴维第一次在四川见到了大熊猫和珙桐树。30年后，英国植物学家威尔逊远渡重洋来中国寻找珙桐树，赞美中国是"世界园林之母"、成都平原是"中国西部花园"。大熊猫和珙桐树，就是穿越时空的友谊使者，告诉我们：无论过去、现在、还是将来，中国人民都愿同世界人民携手开创更加美好的未来！

[引用名言，表达感激，激励鼓舞，宣布闭幕]

"月出峨眉照沧海，与人万里长相随。"中国"诗仙"李白的千古诗句，道出了此刻我们的依依不舍。惜别"大运村"，但我们同住"地球村"。四川永远欢迎大家！成都，带不走的只有你！

现在，我荣幸地邀请国际大体联代理主席雷诺·艾德先生致辞并宣布闭幕。

第八章 专用书信起草与案例分析

8.1 倡议书

倡议书是指一种正式的文件或书信，目的是向特定的群体、组织或社会大众提出建议、要求或呼吁。倡议书通常由个人、群体、组织或政府发起，旨在引起关注和争取支持，以解决特定问题、推动特定事业的发展或改善现状。

8.1.1 基本常识

倡议书是一种有效的沟通工具，用于向特定受众传达信息、提出建议和争取支持。它应该具备清晰的结构、简明扼要的语言、充分的说服力和明确的行动呼吁，以实现倡议的目标。

（1）倡议书的特点

①目的：倡议书通常针对一个具体的问题或议题，明确提出解决方案或建议，目的是通过书面形式向特定的受众传达信息和呼吁，促使他们对某个问题或议题采取行动或支持。

②结构：倡议书通常包括引言、问题陈述、建议、行动计划和呼吁等部分。这些部分有助于清晰地传达倡议的内容和目标。

③受众：倡议书的受众可以是政府机构、组织、企业、公众或特定群体。根据受众的不同，倡议书的语言、表达方式和内容可能会有所调整。

④语言风格：倡议书应使用简明扼要、明确清晰的语言，避免过多的专业术语和复杂的句子结构，以便更好地被广大受众理解和接受。

⑤说服力和逻辑：倡议书应通过提供充分的事实、数据和逻辑推理来增强其说服力。可使用案例分析、统计数据、权威引用等方式，使倡议更具可信度。

⑥呼吁行动：倡议书应明确表达对受众的期望和具体行动要求，例如签署请愿书、参与活动、支持议案等，以便引导受众采取实际行动。

⑦呈递方式：倡议书可以通过邮寄、电子邮件、社交媒体等多种方式进行呈递。根据受众的特点和访问渠道选择合适的呈递方式。

（2）倡议书的类型

倡议书可以根据其内容和目的的不同进行分类。以下是几种常见的倡议书分类及其特点：

①社会倡议书：关注社会问题和社会公益事业，如教育、医疗等。特点是强调社会责任和公众行动，呼吁个人和组织参与解决问题。

②环境倡议书：关注环境保护和可持续发展问题，如气候变化、污染、资源浪费等。特点是强调环境保护的紧迫性和重要性，呼吁采取环保措施和改变生活方式。

③经济倡议书：关注经济发展和产业竞争力，如就业机会、创新、投资等。特点是强调经济发展的重要性和可持续性，呼吁政府和企业采取措施促进经济增长。

④文化倡议书：关注文化保护和传承，如语言、艺术、文化遗产等。特点是强调文化多样性和文化价值，呼吁保护和传承文化遗产。

（3）倡议书的作用

①提出问题和解决方案：倡议书可以明确提出一个具体的问题，并提供解决该问题的具体方案或建议。它为公众和决策者提供清晰的认识和思考，促进问题的解决和改善。

②引起关注和认识：倡议书通过公开和宣传，引起公众的关注和认识。它可以通过媒体、社交网络、公众活动等渠道扩大影响力。

③影响决策和政策制定：倡议书可以对决策者、政府和组织产生影响，推

动政策的制定和改变。它提供了公众的声音和需求，帮助决策者更好地了解问题和解决方案。

④召集行动和组织力量：倡议书可以召集公众和组织力量，共同行动起来解决问题。它鼓励个人和组织参与倡议行动，通过集体的力量推动改善。

⑤增强参与和民主意识：倡议书可以促进公众的参与和民主意识。它鼓励个人和组织发表自己的观点和建议，参与公共事务，推动社会进步和民主发展。

（4）倡议书的要求

①清晰明确的目标：倡议书应明确提出倡议的目标和意图，确保读者能够清楚地理解倡议的目的和意义。

②具体可行的解决方案：倡议书应提供具体可行的解决方案或建议，以解决所提出的问题。方案应具备可操作性和可衡量性，能够被实施和评估。

③充分支持的理由和证据：倡议书应提供充分的理由和证据，支持所提出的问题和解决方案。这些理由和证据可以来自相关研究、数据统计、专家意见等可靠来源。

④考虑受众和利益相关者：倡议书应考虑受众和利益相关者的需求和利益，以确保倡议的可接受性和可实施性。应重点强调倡议对受众和利益相关者的好处和影响。

⑤合理的时间和资源安排：倡议书应合理安排实施倡议的时间和所需的资源，以确保倡议的可行性和可持续性。应考虑到实施计划的可操作性和可承受性。

⑥合法合规的行为：倡议书应遵守相关法律法规和道德规范，确保倡议的行为合法合规。行为应符合公共利益，尊重个人权益和社会公正。

满足这些要求，倡议书才能更有效地传达信息、引起关注、推动行动。

8.1.2　格式要点

（1）标题

①概括主题：标题应该能够准确概括倡议的主题和目的，用简洁的文字表

达倡议的核心内容，使读者能够一目了然地了解倡议的主要内容。例如：

·《"抵制网络谣言　共建网络文明"倡议书》

·《动员广大群众积极参与爱国卫生运动的倡议书》

②吸引人：标题应该具有吸引人的特点，能够引起读者的兴趣和关注。它可以通过突出问题的紧迫性、提出观点或呼应当前的社会热点来吸引读者的注意。例如：

《争做奋斗者　建功新征程——2020年全国劳动模范和先进工作者倡议书》

（2）引言

①提供背景信息：引言应该提供关于倡议所针对的问题的背景信息，包括问题的起因、影响和现状等。这些信息有助于读者更好地理解倡议的动机和目的。

②阐述倡议的目标：引言应该明确阐述倡议的目标和期望，即通过倡议书希望达到的具体改变或效果。这样可以让读者对倡议的目的和意义有清晰的认识。

③引出倡议的主题：引言应该能够自然地引出倡议的主题，为后续部分的问题陈述和解决方案做好铺垫。它可以通过提出一个引发思考的问题或描述一个现实生活中的场景来引出倡议的主题。

例如，汕头市民政局、汕头市社会组织党委2021年11月8日发布《"凝聚各方力量·助力乡村振兴"倡议书》①，引言如下：

"民族要振兴，乡村必振兴。"党的十九届五中全会提出走中国特色社会主义乡村振兴道路，全面实施乡村振兴战略。推进乡村振兴是系统工程，需要动员社会参与，凝聚包括社会组织在内的各方力量。为实现巩固拓展脱贫攻坚与乡村振兴有效衔接，加快我市农业产业化和美丽乡村建设，全面推进乡村振兴，市民政局、市社会组织党委特向全市社会组织、社会组织党组织发出倡议如下：……

（3）正文

①问题陈述：正文应该清晰地陈述倡议书所关注的问题，并对问题的原

---

① 《"凝聚各方力量·助力乡村振兴"倡议书》，载汕头市民政局，https://www.shantou.gov.cn/stsmzj/gkmlpt/content/1/1987/mpost_1987480.html#3378。

因、影响和紧迫性进行详细说明。通过对问题的全面描述，读者能够更好地理解倡议的背景和目的。

②解决方案：正文应该提出具体的解决方案，以解决所陈述的问题。解决方案应该具备可行性和实施性，并且需要详细说明每个解决方案的具体步骤和预期效果。

③理由和证据：正文应该提供充分的理由和证据，来支持所提出的解决方案。这可以包括科学研究、统计数据、专家观点或实际案例等。通过提供可靠的理由和证据，可以增加倡议的可信度和说服力。

④行动计划：正文应该包括一个具体的行动计划，以及实施所提出的解决方案。行动计划应该明确列出实施的步骤、时间表、责任分工等，以确保解决方案的顺利实施。

例如，在上述《"凝聚各方力量·助力乡村振兴"倡议书》中，正文如下：

一、提高政治站位，服务大局。全市社会组织、社会组织党组织要积极响应党中央、国务院、省委市委对实现巩固拓展脱贫攻坚成果同乡村振兴有效衔接的部署要求，服务大局，助力乡村振兴，充分发挥社会组织自身优势特点，广泛动员会员积极参与，深入挖掘社会各种资源，积极主动对接乡村振兴项目，在承担公共服务、提供技术支持、实施帮扶项目等方面主动作为，大力开展志愿帮扶、捐赠帮助、科技帮扶、商贸帮扶、产业帮扶、医疗帮扶、消费帮扶等行动，为推进乡村振兴贡献各自力量。

二、发挥优势，汇聚力量。全市社会组织、社会组织党组织要主动发挥自身优势，汇聚各方力量，积极拓展脱贫攻坚成果，行业协会商会要利用行业优势和商业资源，持续帮助特色产业发展；科技类社会组织要发挥技术资源，提供智力和技术支持；教育培训类社会组织要发挥教育优势，开展教育培训和知识宣传；医疗卫生类社会组织要发挥服务优势，开展医疗卫生保障服务等。其他社会组织可根据自身优势，各尽其长，各显其能，因地制宜参与到助力乡村振兴的各项工作中。

三、创新形式，凸显成效。全市社会组织、社会组织党组织要积极运用多种形式方法，组织爱心企业、个人会员，通过捐款捐物、慈善义演义卖、义诊等方式为困境群体奉献爱心；积极开展乡村振兴项目认领，与全市各乡村进行"一对一"帮扶；通过开展"助学、助医、助老、助残"为主题的公益服务项目，帮助脱贫群众解决更多的生活问题。

（4）结尾

①总结核心内容：结尾应对倡议书的核心内容进行总结，强调倡议的重要性和解决方案的可行性。通过对核心内容的概括，读者可以更好地理解倡议的主旨和价值。

②呼吁行动：结尾应呼吁读者采取行动，支持倡议并参与解决问题的过程。这可以包括签署请愿书、参与志愿活动、捐款或传播倡议等。呼吁行动的语言应该积极鼓舞人心，激发读者的积极性和参与度。

③表达愿景：结尾可以表达对倡议成功实施的愿景和期望。这样可以激发读者对未来的希望和动力，让他们相信他们的参与和努力可以改变现状，创造一个更好的未来。

例如，在上述《"凝聚各方力量·助力乡村振兴"倡议书》中，结尾如下：

脱贫攻坚须巩固，乡村振兴强衔接，社会组织不可少，资源汇聚助发展，同心共赴中国梦。让我们一起，朝着逐步实现全体人民共同富裕的目标继续前进，为全面建设社会主义现代化国家作出社会组织应有的贡献！

8.1.3　写作技巧

（1）引起关注：在引言部分，使用引人注目的事实、数据或政策要求来吸引读者的注意力。

（2）详细阐述问题：在正文部分，详细阐述问题的背景和现状。使用事实、数据和案例来支持观点，以增强可信度。

（3）提供解决方案：在正文中，详细说明解决方案和行动计划。解释为什么方案是可行的，并强调它的优势和潜在收益。指出具体行动步骤和参与方式，让读者了解如何参与。

（4）利用权威观点：引用权威人士、专家或组织的观点，增加你的倡议的可信度和说服力。

（5）引用成功案例：引用已经取得成功的类似倡议的案例，以证明倡议是可行的。

（6）强调团结和共同努力：在倡议书中，强调团结和共同努力的重要性，鼓励读者参与并分享倡议，以扩大影响力。

8.1.4　例文展示与解析

带头践行绿色生活方式　做美丽中国建设的重要参与者贡献者引领者
——致中央和国家机关广大干部职工的倡议书[①]

[说明背景，引出倡议的主题]

生态兴则文明兴，生态衰则文明衰。党的十八大以来，习近平总书记反复强调，要坚定不移走生态优先、绿色低碳发展之路，倡导简约适度、绿色低碳、文明健康的生活理念和消费方式。日前，在全国生态环境保护大会上，习近平总书记又对推动形成绿色生活方式作出重要指示，要求各级党政机关和国有企事业单位走在前列。中央和国家机关作为践行"两个维护"的第一方阵和贯彻落实党中央决策部署的"最初一公里"，要深入学习贯彻习近平总书记重要指示精神，不断增强建设美丽中国的责任感、使命感，充分发挥模范带头作用，做美丽中国建设的重要参与者、贡献者、引领者。为此，我们郑重倡议：

[阐明倡议的具体行动计划]

带头深入学习贯彻习近平生态文明思想。习近平生态文明思想是习近平新时代中国特色社会主义思想的重要组成部分，是中国共产党不懈探索生态文明建设的理论升华和实践结晶。要切实提高政治站位、增强政治自觉，带头深入学习、全面把握习近平生态文明思想，以实际行动坚定拥护"两个确立"、坚决做到"两个维护"，始终牢记"三个务必"，进一步推动绿色生活方式在中央和国家机关蔚然成风，积极为高质量发展增添绿色底色和质量成色。

带头落实节约型机关建设各项措施。坚决贯彻落实党中央关于过"紧日子"的要求，严格执行中央八项规定及其实施细则精神，坚持勤俭办一切事

---

① 《致中央和国家机关广大干部职工的倡议书》，载新华网，http://www.news.cn/politics/2023-07-24/c_1212247555.htm。

业，形成崇尚绿色低碳的良好氛围。以更高标准完善各项节约措施，持续推动绿色办公、绿色出行、绿色食堂等工作。精简会议、公务活动并严控规模，倡导视频会议、无纸化办公，进一步降低机关运行成本。严格控制机关各项能耗与开支，积极改造应用节能设施，优先采用绿色清洁能源、绿色节能产品，杜绝"长明灯"、"长流水"、"空吹风"等现象。

带头坚决制止餐饮浪费行为。带头在单位落实餐饮节约各项措施，带头在家庭传承勤俭节约传统美德，带头在全社会倡导健康文明节俭的餐饮消费方式，持续开展"光盘行动"，牢记"小餐饮"中有"大政治"、"我之小节"关乎"国之大者"，树立良好家教家风，切实培养节约习惯，努力推动以"小餐饮"带动"大节约"，以一言一行、一点一滴推动绿色发展。

带头倡导绿色消费观念。"取之有度，用之有节。"从"我"做起，切实增强节约意识、环保意识、生态意识，坚决抵制和反对各种形式的奢侈浪费、不合理消费，倡导购买节能环保低碳产品，减少一次性用品的使用，不使用过度包装，倡导绿色消费、绿色休闲、勤俭节约的消费观。将绿色环保融入日常生活，让绿色出行、节水节电、"光盘行动"、垃圾分类等成为习惯，广泛开展绿色生活行动，推动在衣、食、住、行、游等各方面加快向勤俭节约、绿色低碳、文明健康方式转变。

［呼吁行动，表达愿景］

带头推动引领绿色新风尚。践行绿色低碳的工作和生活方式，自觉养成节能意识和文明习惯，积极宣传绿色低碳生活方式，争当绿色低碳生活的宣传员、讲解员。积极参加世界地球日、世界环境日、世界森林日、世界水日、世界海洋日和全国节能宣传周等主题宣传活动，参与植树绿化、垃圾分类、生态志愿服务等活动，形成人人、事事、时时、处处崇尚生态文明的浓厚氛围，以实际行动书写中央和国家机关新的"绿色答卷"，以良好机关作风引领社会风尚。

中央和国家机关工委

2023 年 7 月 21 日

8.2　证明信

证明信是一种书面文件，用于确认、证实或证明某人的身份、资格、经历、能力、品行等方面的情况。它通常由相关机构、组织、雇主或个人撰写，并由其签署和盖章，以便被他人接受为有效证据。

8.2.1　基本常识

（1）证明信的特点

①正式性：证明信是一种正式的文件，通常由相关机构、组织或雇主撰写，并由其签署和盖章。它提供了一种官方的方式来证实或证明某人的身份、资格、能力等。

②信函格式：证明信通常采用信函的格式，包括信头、称呼、正文、结尾语和签名等部分。这种格式使得证明信更具可读性和专业性。

③真实性：证明信应该提供真实、准确和客观的信息。它通常附有支持材料或证据，以便接收方能够核实所述事实的真实性。

④目的明确：证明信通常是为了确认、证实或证明某人的某种身份、资格、能力等。因此，它的内容应该直接、明确地涵盖所需的事实和信息。

⑤接收方的要求：证明信通常是根据接收方的要求或需要来撰写的。接收方可能会提供具体的要求或指导，以确保证明信包含所需的信息。

⑥保密性：根据具体情况，证明信可能具有保密性。例如，一份推荐信可能会包含一些敏感的信息，只有被证明人和接收方可以查看。

（2）证明信的类型

证明信可以根据其内容和目的进行分类，以下是常见的证明信分类及其特点：

①身份证明信：用于证明个人的身份信息，特点是需要包含详细的个人信息，如姓名、身份证号码、出生日期等，以及签名和公安机关的公章等认证。

②学历证明信：用于证明个人的学历信息，如学位证明、学历证明等。特点是需要包含学校、专业、学位等详细信息，以及签名和学校的公章等认证。

③就业证明信：用于证明个人的工作经历和就业情况，如工作证明、在职证明等。特点是需要包含工作单位、职位、在职时间等详细信息，以及签名和单位的公章等认证。

④收入证明信：用于证明个人的收入情况，如工资证明、收入证明等。特点是需要包含收入来源、金额、发放周期等详细信息，以及签名和单位的公章等认证。

⑤居住证明信：用于证明个人的居住情况，如居住证明、租赁证明等。特点是需要包含居住地址、租赁合同或房产证明等详细信息，以及签名和居住地的公章等认证。

不同类型的证明信具有不同的特点，但它们都需要满足准确、可靠、权威的要求。证明信需要包含详细的信息，经过签名和公章认证，以确保其真实性和可信度。

（3）证明信的作用

①证明信可以用于证明个人身份和背景。例如，在申请工作或学校时，雇主或招考老师可能会要求申请人提供证明信，以证明其个人信息和教育背景的真实性。

②证明信可以用于证明个人能力和专业知识。在申请工作或升职时，雇主可能要求申请人提供相关领域的专家或前雇主的证明信，以证明其在该领域的能力和经验。

③证明信可以用于证明个人品德和道德素质。例如，在申请加入社团组织或志愿者工作时，组织方可能会要求申请人提供社区领导者或教育机构的证明信，以证明其品德和道德素质的良好。

④证明信可以用于证明个人财务状况。在申请贷款或租赁房屋时，银行或房东可能会要求申请人提供雇主或银行的证明信，以证明其财务状况的稳定性和可靠性。

⑤证明信可以用于证明个人专业资格和许可。例如，在申请执业医师或律师时，相关机构可能会要求申请人提供学术导师或行业监管机构的证明信，以

证明其具备相关专业资格和许可。

　　总而言之，证明信的总体作用是提供合法、可靠的证据或证明，用于支持申请人在特定场合下的身份、资格、能力、信用、经历等方面的要求。它可以帮助申请人获得某种权益、机会或机构的认可，同时也可以增加申请人在他人或组织眼中的可信度和信任度。

　　（4）证明信的要求

　　①准确性和真实性：提供准确、真实的信息，避免夸大或虚假陈述。确保所提供的证明内容客观、可信，并与实际情况相符。

　　②具体性和翔实性：提供具体翔实的信息，包括时间、地点、参与人员等。给出充分的相关细节，以支持所陈述的事实和情况。

　　③适当的格式和文件：根据要求，使用适当的格式和文件类型，如正式信函、公司抬头纸、盖章等。确保证明信符合相应的格式要求。

　　④来源可靠性：证明信的发件人应具备合法性和权威性。提供可靠的证明来源，并提供相应的联系方式以核实。

　　⑤保密性：根据实践需要和工作要求，确保证明信具有保密性。在撰写证明信时，注明保密要求，指明只限于授权人员查阅。

8.2.2　格式要点

　　（1）标题

　　①直接明确：标题应直接表达该信的证明内容，避免使用模糊或晦涩的词语。例如：

　　《学历证明信》《就业证明信》《收入证明信》

　　②简洁明了：标题应尽量简洁明了，避免冗长或复杂的描述。

　　③使用名词短语：标题可以使用名词短语来突出主题，使其更加清晰明确。例如：

　　《住房租赁证明信》《财务收入证明信》《工作经历证明信》

　　④保持客观中立：标题应保持客观中立，不夸大。例如：

《资产所有权证明信》《学位认证信》

（2）称谓

根据具体情况和收件人的身份，选择适当的称谓。确保使用恰当的礼貌用语，以展示信函的专业性和礼貌。在称谓之后，使用冒号来分隔称谓和信函正文的开始。

（3）正文

①事实陈述：在正文的主体部分，详细陈述与证明相关的事实。使用清晰、简洁的语言描述事件、行为或情况，并提供有力的支持材料或证据来支持你的陈述。

②时间和地点：在陈述事实时，要注明具体的时间和地点，以增加证明的可信度。

③有关人员信息：如果有涉及其他人员的证明，如证明某人的身份、能力或状况，要提供相关人员的姓名、职务、单位或组织，并描述他们的关系和参与程度。

④结论：在陈述事实后，提出明确的结论或总结，对证明实际效果进行概括。确保结论与之前陈述的事实一致，并与你写信的目的相符合。

例如：

××年×月×日来信收到。根据信中要求，现将你校××同志的爱人、××同志的情况介绍如下：

××同志，现年××岁，中共党员，是我校历史系教师，本人和家庭历史以及社会关系均清楚。该同志对教学工作认真负责，近年来多次被评为市级模范教师。

特此证明。

（4）落款

在信函的结束语后，转行写上出具证明信单位全称或者规范化简称，以及出具证明信的日期。

8.2.3 写作技巧

（1）清晰明了：使用简洁、清晰的语言，避免使用复杂或晦涩的词语和句子结构。突出核心信息，确保读者易于理解。

（2）简明扼要：使用简短精练的句子和段落，确保言之有物，突出关键信息。

（3）具体翔实：提供具体的事实和细节，以支持所陈述的内容。使用实际的案例、数据或统计信息，使证明信更具可信度和说服力。

（4）逻辑清晰：确保证明信的结构和逻辑清晰。按照引言、主体和结尾的顺序组织信息，确保信息之间的逻辑关系明确。

（5）语言得体：使用适当的语言风格和措辞，确保信函的专业性和正式性，保持专业和礼貌的态度。

请记住，确切的要求和写作技巧可能根据具体情况而有所不同。在起草证明信之前，请详细了解所需的证明内容和格式要求，并确保根据相关机构或个人的要求进行撰写。

8.2.4 错例展示

【示例1】

工作证明

×××同志于××年××月××日至××年××月××日在我中心××部门工作，各方面表现优秀。我单位对本证明真实性负责。

特此证明。

××货运中心

（盖章）

××年×月×日

【示例2】

工作收入证明

兹证明××是我单位员工，至今为止，一年以来总收入约为×××元。特此证明。

×× 局

（盖章）

××年×月×日

8.2.5 问题分析

（1）示例1

①缺少称谓。

②缺少具体的工作描述和职责：工作证明应明确说明被证明人在工作中的具体职责和表现。目前的证明只提到了"各方面表现优秀"的宽泛描述，没有具体说明工作职责和具体表现。

（2）示例2

①缺少称谓。

②数字不精确：在工作收入证明中，写了"约"表示概数。证明信应明确给出具体的收入数额，以确保真实性和准确性。

►改进建议

（1）示例1改进意见：

添加称谓，以及具体的工作职责和表现：在工作证明中，应详细说明被证明人在工作中的具体职责和表现。例如，可以说明他/她在项目管理、团队合作或其他特定领域中的成就和贡献。

（2）示例2改进意见：

添加称谓以及提供具体的收入金额：工作收入证明应明确给出具体的收入数额，确保真实性和准确性。提供被证明人的总收入金额，可以按月或按年计算，并确保在证明信中完整填写了具体的收入数额。

8.2.6　例文修改

【示例1】

工作证明

×××（单位）：

　　××同志，性别：×，政治面貌：××，身份证号：××××。于××年×月×日至××年×月×日在我公司××部门从事××工作，具体职责包括：……。该同志工作积极，团结集体，遵纪守法，各方面表现优秀。我单位对本证明真实性负责。

　　特此证明。

××集团有限公司××货运中心

（加盖公章）

××年×月×日

【示例2】

工作收入证明

×××部门：

　　兹证明××是我单位员工，在××部门担任××职务。该同志2022年度税前总收入为186500元。特此证明。

　　本证明仅用于证明我单位员工的工作及在我单位的工资收入，不作为我单位对该员工任何形式的担保文件。

××市××局

（加盖公章）

××年×月×日

8.3　介绍信

介绍信是用来介绍、联系、接洽事宜的一种应用文体，是应用写作研究的文体之一。是机关、团体、企业事业单位派人到其他单位联系工作、了解情况或参加各种社会活动时用的函件，它具有介绍、证明的双重作用。使用介绍信，可以使对方了解来人的身份和目的，以便得到对方的信任和支持。

8.3.1　基本常识

介绍信是一种正式的文书，用于介绍、推荐或引荐某人或某个组织、公司、机构等给其他人或组织。它用于建立联系、提供背景信息、介绍人员的资格、能力和经验，以促进业务合作、洽谈合作关系或引起对被介绍对象的兴趣。

介绍信通常由单位的负责人或授权人撰写，介绍信的内容可以包括被介绍对象的姓名、职务、工作经验、资格认证等信息，以及提供相关的联系方式、背景资料和推荐意见。

介绍信在公务活动中扮演着重要的角色，可以帮助建立信任、促进业务发展，拓展资源和合作伙伴。它被广泛应用于招聘、业务合作、项目申报、组织间交流等各个方面，起到传递信息、建立关系和提供背景资料的作用。

（1）介绍信的类型

证明信按照其形式的不同可分为两类，具体内容如下：

①手写式介绍信：手写式介绍信一般以专用的书信格式书写，使用印有单位名称的信笺。它采用正式的书信结构，包括信头、称呼、引言、正文、结尾和署名等部分。它更注重发件人对被介绍对象的推荐和评价，同时传达相关的背景和能力信息。

②印刷式介绍信：印刷式介绍信是印制而成的更加规范的介绍信，其内文格式已事先印刷好，使用者只需要在空白处填写姓名、单位等信息，并加盖公章。总体而言，印刷式介绍信比手写式介绍信的格式更固定、统一、正式。

（2）介绍信的作用

①合作与合作伙伴关系：介绍信用于建立与其他政府机关、团体或企业事业单位之间的合作关系。它可以帮助引进新的合作伙伴、建立互利共赢的合作关系，共同推动项目、政策或活动的实施。

②申请与批准：介绍信可用于申请与政府机关相关的许可、资质、资金支持或项目批准等。它提供了相关背景、资格和计划等信息，以促进申请的审批和批准过程。

③招标与投标：在招标与投标过程中，介绍信用于向潜在投标人或投标机构介绍招标项目的背景、资格要求和投标方案。它提供了相关的信息和背景，帮助投标人了解项目需求和要求。

④政府服务和资源互通：介绍信可用于政府机关之间或政府与企业事业单位之间的服务和资源的互通。它提供了相关单位的背景信息、资源优势和需求，促进资源的共享与合作。

⑤推荐与评价：介绍信可用于推荐和评价特定人员或组织在政府机关、团体或企业事业单位中的工作表现、专业能力和贡献。它提供了相关背景信息和评价意见，增加了被介绍对象的可信度和信任度，促进人员选拔、晋升或合作伙伴的选择过程。

⑥引进与洽谈：介绍信可用于引进新的政府机关、团体或企业事业单位的工作人员、项目或产品。它向对方介绍推荐人员或单位的背景、资质和能力，促进接洽、合作或洽谈的进行。

⑦行政公文和审批流程：在行政工作中，介绍信可用于正式的行政公文和审批流程。它提供了相关的背景、信息和文件，以支持审批、决策和行政程序的进行。

⑧调研与交流：介绍信可用于政府机关、团体或企业事业单位之间的调研、交流和访问。它向对方介绍来访的目的、背景和参与人员，促进信息交流、经验分享和合作研究。

通过介绍信，政府机关、团体、企业事业单位能够建立联系、促进合作、推荐人员或单位、传达信息和支持行政程序等，提升工作效率和推动组织发展。

（3）介绍信的要求

①清晰明了：确保介绍信的内容清晰明了，以便读者能够快速理解被介绍对象的背景、资质和能力。

②目的明确：明确介绍信的目的和意图，例如介绍合作伙伴、推荐人员或申请项目等。

③翔实准确：提供翔实、准确的信息，包括被介绍对象的个人资料、工作经验、教育背景等，以便读者全面了解被介绍对象的能力和背景。

④强调亮点：突出被介绍对象的亮点、特长和优势，以引起读者的兴趣和关注。

⑤专业用语：使用专业化的词汇和术语，以展示写信人对被介绍对象的了解和专业素养。

⑥具体例证：提供具体的例证、案例或成就，以支持对被介绍对象的评价和推荐。

⑦格式规范：遵循适当的格式规范，包括信头、称呼、引言、正文、结尾和署名，以确保信函的专业性和正式性。

8.3.2　格式要点

介绍信一般应包括标题、称谓、被介绍者简况、事由、署名日期和有效期等一些内容，具体到不同形式的介绍信的写法，其格式内容也略有差异。

（1）手写式介绍信的写法

手写式介绍信包括标题、称谓、正文、结尾、署名等五部分。

①标题：手写式介绍信的标题一般是在信纸的第一行写上"介绍信"三个字。

②称谓：称谓在第二行，顶格写，要写明联系单位或个人的单位名称（全称或规范化简称）或姓名，称呼后要加上冒号。

③正文：正文要另起一行，空两格写介绍信的内容。正文内容要写明如下几点：

A.说明被介绍者的姓名、身份证号码、年龄、政治面貌、职务等个人信息。如被介绍者不止一人，还需注明人数。有的个人信息非必要时可以省略。

B.写明要接洽或联系的事项，以及向接洽单位或个人所提出的希望和要求等。

C.要在正文的最后注明本介绍信的使用期限。

④结尾：介绍信的结尾要写上"此致敬礼"等表示敬意和祝愿的话。

⑤署名：出具介绍信的单位名称写在正文右下方，并署上介绍信的成文日期，加盖单位公章。

介绍信写好之后，一般装入公文信封内。信封的写法与普通信封的写法相同。

（2）印刷式介绍信的写法

不带存根的印刷式介绍信印刷的内容、格式同手写式介绍信大体一样，这里主要介绍带存根的介绍信。带存根的印刷式介绍信一般由存根联、正式联和间缝三部分组成。

①存根联部分

A.存根联部分的第一行正中写"介绍信"三个字，字体要大；紧接"介绍信"的字后，用括号注明"存根"两个字。

B.第二行右下方写"××字×号"字样，例如，××市政府商务局的介绍信可写"××商字×号"。"×号"是介绍信的页码编号。

C.正文。正文要另起一行写介绍信的内容，具体包括：被介绍对象的姓名、人数及相关的身份介绍，还要写明前往何处何单位、办理什么事项、有什么要求等。

D.结尾。结尾只注明成文日期即可，不必署名，因为存根联仅供本单位留存。

②介绍信的间缝部分

存根联部分同正文部分之间有一条虚线，虚线上有"××字×号"字样。这里可照存根联第二行"××字×号"的内容填写。数字要大写，如"壹佰叁拾肆号"，字体要大些，便于从虚线处截开后，字迹在存根联和正文联各有一半。同时，应在虚线正中加盖公章。

③正式联部分

正式联部分与前述手写式介绍信的写法基本一样，值得注意的是，第二行右下方有"××字×号"字样，内容应按照存根联填写。

8.3.3　写作技巧

（1）列明被介绍人的人数、身份信息，有的个人信息非必要时可以省略。

（2）列明具体事项：要清楚、明确地写出需要收信对象接洽、联系、协助的事项，以及恰当提出对工作接洽的希望和要求等。

（3）语言适当。根据收信对象的行政级别和背景，使用适当的称谓和语言。

（4）注明本介绍信的使用期限。在多数情况下，需要收信对象接洽、联系、协助的事项有一定的时效性，应当写明起止时间。

（5）礼貌用语。结尾应当表达祝愿或敬意。

8.3.4　错例展示

介绍信

兹介绍我单位工作人员张××、王××，到贵单位办理网上招标投标注册确认及密匙购买事宜。望给予接洽。

×××（单位）

××年×月×日

8.3.5　问题分析

（1）缺乏具体信息：介绍信没有提及收信人单位名称和被介绍人的具体身份，这使得信件缺乏明确性和可信度。

（2）事宜不清晰：介绍信中提到工作人员前往贵单位办理网上招标投标注册确认及密匙购买事宜，但没有提供更多详细信息。

（3）缺乏称谓和礼貌语言：介绍信中没有使用恰当的礼貌语言，如称呼对方的尊称、表达敬意等。

（4）缺乏有效期限：介绍信没有指出有效日期，导致介绍信的效力不够明确。

▶改进建议

（1）补充具体信息：应该在介绍信中包含收信人单位名称以及被介绍人的姓名、职位人数，以确保信件的准确性和可靠性。

（2）细化事宜：应该在介绍信中清楚地说明具体的项目名称、目的和所需的支持或合作，以便对方能够理解和回应请求。

（3）补充称谓和礼貌语言：应该在介绍信中使用恰当的礼貌用语，以展示尊重和礼貌。

（4）补充具体的有效日期。

8.3.6　例文修改

介绍信

××市政务服务中心：

兹介绍我单位正式工作人员张××（身份证号码：××××）、王××（身份证号码：××××）两名同志携带我单位有关资料原件，凭该同志有效身份证原件到贵单位办理×××工程建设项目网上招标投标注册确认及密匙购买事宜。我单位此前在××市公共资源交易网"登记注册"时提交的资料数据与现所提供的原件一致，对其真实性、合法性和完整性负责。

此致！

有效期：××年×月×日至××年×月×日

×××（单位）

（公章）

××年×月×日

8.4　感谢信

感谢信是一种正式的书信形式，用于向机关团体、企业事业单位等表达感谢之情。它是一种礼貌和文明的表达方式，用于向对方表示感激之情，并对所受到的帮助、支持或款待表示真诚的谢意。感谢信可以发给个人、组织、单位或团队，以表达对他们的善意和帮助的感激之情。

8.4.1 基本常识

（1）感谢信的特点

①礼貌和正式：感谢信作为一种正式的书信形式，需要具备一定的礼貌性和正式性。它通常采用正式的书信格式，包括称呼、引言、正文和结尾等部分，以展示写信人的敬意和专业素养。

②特定的收信人：感谢信通常是写给特定的对象，对他们的帮助、支持、合作或款待表示感谢。这样的特定收信人使得感谢信更具针对性和个性化。

③要点明确、内容简洁：感谢信通常具有明确的目的和内容。它一般以简洁明了的语言表达对对方的帮助、支持或款待的感激之情，不赘述其他内容，以使读者能够快速理解和体会到谢意。

④表达真诚的谢意：写信人要以真诚的态度和诚挚的语言表达自己的谢意，以使对方能够感受到真诚的感激之情。

⑤强调合作和关系维护：感谢信也强调合作和关系维护的重要性。通过写感谢信，可以加深单位之间的联系，进一步促进合作和发展。

（2）感谢信的类型

根据感谢信的写信主体和写信对象的不同，感谢信可以分为以下几类：

①政府机关感谢信：政府机关可以向其他政府部门、社区组织或公众发送感谢信，以表达对他们在某项工作、活动或服务中的支持和合作的感激之情。

②企业事业单位感谢信：企业事业单位可以向合作伙伴、客户、供应商或员工发送感谢信，以表达对他们的支持、合作、贡献或努力的感激之情。

③社会组织感谢信：社会组织可以向志愿者、捐赠者、社会团体或社区居民发送感谢信，以表达对他们的无私奉献、支持或参与的感激之情。

实践中，感谢信的分类可以因不同的机构、单位和情境而有所差异。在实际应用中，还可以根据具体的感谢对象和目的，进一步细分感谢信的类型。

（3）感谢信的作用

①增强合作关系：通过写感谢信，机关团体和企业单位能够向合作伙伴、客户、供应商等表达感谢之情，增强彼此之间的合作关系。感谢信可以加强双方的合作意愿，促进更紧密的合作。

②展示专业形象：感谢信是一种正式的商务信函，通过书面形式表达感谢之情，能够展示机关、团体和企业事业单位的专业形象和礼貌态度。这有助于树立良好的单位形象，提升信誉度。

③激励员工士气：单位可以通过感谢信来表达对员工的赞赏和感谢，以激励员工的士气和工作动力。

④维护客户关系：感谢信可以用来向客户表达感谢，感谢他们的支持和信任。这有助于维护良好的客户关系，提升客户的忠诚度和再次合作的可能性。

⑤展现社会责任：感谢信也可以用来向公众表达感谢，感谢他们对公共事务的支持和关注。这可以增加机关、团体和企业事业单位在社会中的影响力，传递积极的社会责任形象。

（4）感谢信的要求

①真诚表达感激之情：感谢信的核心是表达真诚的感激之情，避免使用空洞的套话或模板化的语言。

②具体说明受益人的帮助或支持：在感谢信中，要具体描述对方给予的帮助、支持。通过详细说明对方的贡献产生的影响，让对方感受到自己的重要性和价值。

③使用礼貌的言辞和格式：感谢信应该使用礼貌的称呼和敬语，表达尊重和敬意。

④适当长度和结构：感谢信应该言简意赅，保持信件结构清晰，包括引言、正文和结尾，使读者能够轻松理解。

⑤及时发送感谢信：感谢信应该在受到帮助后的合理时间内发送，及时表达感激之情。延迟发送可能会降低信件的效果和意义。

⑥根据不同场合和关系选择合适的语气和语言风格：感谢信的语气和语言

风格应该根据不同的场合和关系而有所不同。对于个人感谢信，可以更加亲切和个性化；对于公务感谢信，应更加正式和庄重。

8.4.2　格式要点

感谢信通常有标题、称呼、正文、结语和落款五部分构成。

（1）标题

标题是感谢信的开头，简洁明了地表达感谢的主题。例如：

①单独由文种名称组成的标题：《感谢信》

②由感谢对象和文种名称共同组成的标题：《致×××的感谢信》

③由致谢人、感谢对象和文种名称组成的标题：《××街道致×××的感谢信》

（2）称呼

开头顶格写被感谢的机关、单位、团体或个人的名称或姓名，如果感谢对象是个人，一般应在姓名后面附上"同志"或职务等称呼，再加上冒号。

（3）正文

正文是感谢信的主体部分，用于表达感谢之情并具体说明原因和细节。正文应简洁明了、真诚表达感谢，并具体阐述受益方给予的支持、帮助或服务，感谢信的正文从称呼下面一行空两格开始写。

注意正文部分应分段写出以下三个方面内容：

①感谢的事由：概括叙述感谢的理由，表达谢意。

②对方的事迹：具体叙述对方的先进事迹，叙述时务必交代清楚人物、事件、时间、地点、原因和结果，尤其重点叙述关键时刻对方给予的关心和支持。

③揭示意义：在叙述事实的基础上指出对方的支持和帮助对整个事情成功的重要性以及体现出的可贵精神。

（4）结语

结语是感谢信的结束部分，用于再次表达感谢之情并对未来的合作或希望有所期待。结语通常简洁明了，给收信人留下积极的印象。

（5）落款

落款是感谢信的结尾部分，用于表明写信人的身份和单位，并进行署名和日期。

8.4.3　写作技巧

（1）明确感谢对象：在感谢信中，明确表达感谢的对象，可以是个人或单位。确保正确称呼对方的姓名和职务或单位的全称，以显示对对方的尊重和关注。

（2）具体说明原因：在感谢信中，具体说明对方给予的帮助或支持，详细描述对方的贡献，让对方知道自己表达的感激之情是基于具体的事实和经历。

（3）表达真诚感谢之情：用真诚的语言表达感谢之情，让对方感受到自己的真挚感情。使用诸如"由衷感谢""衷心感谢"等词语来强调自己的感谢之情。

（4）强调成果和影响：在感谢信中，强调对方的帮助或支持所带来的具体成果和影响，说明对方的贡献对自己或自己所在单位的重要性，以突出对方的价值。

（5）措辞礼貌和正式：感谢信应该使用礼貌和正式的措辞，使用适当的称谓、敬语和礼貌用语，确保整个信件的语气庄重和正式。

（6）适当的格式和结构：感谢信应该采用正式的公务信函格式，包括信头、称呼、正文、结束语和签名等。确保信件的结构清晰，段落有序，内容简洁明了。

（7）可选附加内容：在感谢信中，可以考虑添加一些附加内容，如希望对方继续支持或合作的邀请、自己的联系方式等。这有助于进一步加强合作关系和互动。

8.4.4　错例展示

感谢信

××先生/女士：

我谨代表××市政府，向您致以最诚挚的感谢和衷心的祝福。

在过去的一段时间里，您不辞辛劳地参与了我们组织的各项社区志愿服务活动，为社区居民提供了优质的服务。您的付出和努力，为社区建设和谐、安全的环境起到了积极的推动作用。

××年×月×日

8.4.5　问题分析

（1）没有具体说明感谢的原因和具体的社区志愿服务活动。

（2）没有表达对个人的感谢和祝福，感谢内容不够具体和个性化，只是代表政府部门感谢支持工作。

（3）落款没有发文单位名称。

▶**改进建议**

（1）在感谢信中明确具体的社区志愿服务活动。

（2）表达对个人的感谢和祝福，使感谢信更具体化和个性化，如感谢他们的付出、努力和支持，并祝愿他们生活和工作顺利、健康快乐。

（3）落款补充发文单位名称。

8.4.6　例文修改

感谢信

尊敬的××先生/女士：

我谨代表××市政府，向您致以最诚挚的感谢和衷心的祝福。

首先，我想向您表达我们对您提供的义工服务的感激之情。自您参与我们的义工活动以来，您以高度负责的态度和积极的工作态度，为社区的发展作出了巨大的贡献。您的热心和无私奉献精神，深深地感动了我们。

在过去的一段时间里，您不辞辛劳地参与了我们组织的各项社区志愿服务活动。您积极参与社区清洁活动、义务教育、公益宣传等，为社区居民提供了优质的服务。您的付出和努力，为社区建设和谐、安全的环境起到了积极的推动作用。

同时，我也要特别感谢您对我们工作的大力支持。在义工服务过程中，您积极与我们沟通交流，与我们共同探讨解决问题的方法和途径。您的建议和意见对我们的工作起到了非常重要的指导作用，使我们能够更好地改进和提升服务质量。

我再次向您表示衷心的感谢和崇高的敬意。您的义工服务不仅对社区发展起到了积极的推动作用，更展现出了您对社会责任的担当和对他人的关爱之心。我们真诚希望您能够继续为社区的发展贡献自己的力量，并期待与您建立更加紧密的合作关系。

最后衷心感谢您的付出和支持，祝愿您在今后的生活和工作中一切顺利、健康快乐！

此致

敬礼！

×× 市政府

（公章）

×× 年 × 月 × 日

8.5 贺信

贺信是指通过书信形式向他人表达祝贺、庆祝或祝福。它通常用于庆祝特殊的个人或集体成就、重要的节日、纪念日、晋升、荣誉获得等各种喜庆场合。贺信以友好、祝福的语言表达祝贺者对被祝贺者的祝福、赞美和鼓励之情。

8.5.1　基本常识

（1）贺信的特点

①祝贺与赞扬：贺信的主要目的是向对方表示祝贺，对其取得的成就、荣誉或重要事件进行赞扬和认可。贺信通常以诚挚的语言表达对对方的喜悦和祝福之情。

②庄重与诚挚：贺信通常采用正式的书信格式和较为庄重、诚挚的语言。它旨在表达对对方的尊重、重视和诚意。

③个性化表达：贺信通常是针对特定个人、团体或事件的，具有个性化的特点，应当根据不同的对方和场合进行定制，更好地表达对对方的关心和关注。

④友好与亲切：贺信通常使用亲切友好的语言，表达对对方的亲近和关心，旨在增强人际关系的融洽和友好。

⑤祝愿与祝福：贺信除了表达祝贺外，还饱含着祝福和良好的祝愿。它能够给对方带来积极的能量和喜悦，增强其信心和动力。

（2）贺信的类型

从贺信发送双方之间的关系来看，它主要分为以下几类：

①国际往来贺信：这类贺信是国家之间或国际组织之间进行的贺信往来。它通常用于庆祝国家间的重要事件、纪念日或庆典。例如，某国政府向另一国家政府发送贺信，庆祝两国建交纪念日。

②上行文贺信：这类贺信是下级单位向上级单位发送的贺信。它通常用于向上级单位表示祝贺或庆祝。例如，某下属单位向某上级单位发送贺信，庆祝上级单位挂牌成立几周年。

③下行文贺信：这类贺信是上级单位向下级单位发送的贺信。它通常用于对下级单位的工作成就或荣誉表示祝贺。例如，某上级单位向某下属单位发送贺信，祝贺他们在某项工作中取得的突出成绩。

④平行文贺信：这类贺信是同级单位之间发送的贺信。它通常用于庆祝同级单位取得的成就、合作项目的成功或重要事件的发生。例如，两个城市的市

政府之间相互发送贺信，庆祝双方在城市发展合作方面取得的突出成果。

（3）贺信的作用

①社交往来：公文中的贺信是单位之间保持良好合作关系和加强交往的重要方式之一。通过发送贺信，可以向对方表示关心、祝福和庆贺，进一步巩固双方的友好关系。

②宣传作用：贺信可以用来传递政治信息和展示良好形象。通过贺信，可以向收信人传达政府或组织的政策、理念和成就，增强公众对政府的认同和支持。

③组织凝聚：贺信可以作为增强单位内部凝聚力的重要手段。通过向职工或团队发送贺信，可以表达对他们的重视和赞扬，激励他们继续努力，提高工作积极性和凝聚力。

④客户关系维护：企业事业单位可以通过向客户发送贺信，表示对客户的感谢和祝贺，增强客户对企业的信任和忠诚度。贺信可以帮助企业事业单位与客户建立良好的关系，促进业务合作和发展。

⑤品牌推广：贺信也可以作为企业事业单位进行品牌推广的手段之一。通过向合作伙伴或行业内重要人士发送贺信，企业事业单位可以展示自己的实力和成就，提升品牌形象和知名度。

（4）贺信的要求

①表达方式：贺信要用正式而亲切的语气，表达喜悦和对收信人的祝福。可以使用赞美的词汇肯定对方的成就，以及强调对方的价值和重要性。

②祝贺的内容：贺信的内容可以根据具体的情况来定，可以是对收信人或双方合作的重要事件的祝贺，也可以是对其所取得成就的赞美和肯定。

③个性化：贺信可以根据收信人的个人特点和关系进行个性化的表达，例如提到共同的回忆或特殊的经历，以增进亲近感。

④正式性：贺信通常比较正式，尤其在公务场合中，需要注意使用适当的称呼和礼貌用语，以保持专业性。

⑤用语友好：贺信要使用积极、正面和友好的语言，传递喜悦和祝福。

⑥格式规范：贺信通常采用书信格式，包括称呼、问候语、正文、署名、

日期等要素。

8.5.2　格式要点

（1）标题

贺信的标题有三种主要的写作形式，具体如下：

①以文种命名，即直接以《贺信》为标题。

②"贺信对象或贺信事由＋文种"形式，例如：《致×××大会的贺信》。

③"发送机关＋贺信对象或贺信事由＋文种"形式，例如：《×××致×××大会的贺信》。

（2）称呼

贺信的称呼是在标题下一行顶格写明贺信对象的名称，一般是单位名称或个人姓名。其中，写给个人的贺信需要在姓名后加上职务或"同志"等称呼。

（3）正文

贺信正文一般要写清楚三方面内容：一是表示祝贺；二是表示祝贺的缘由，详述对方的成就、意义、影响等；三是结合双方关系表达期望、鼓励、祝愿、邀约等。

①正文开篇直抒祝贺之情。这部分要直截了当，简短有力，热情洋溢。常用格式如："值此……之际，我谨代表……向……表示热烈祝贺！"例如，××市政府给×××商会刊物发刊致贺信：

惠州市×××商会：

值此贵会会刊《×××》创刊之际，××市人民政府向贵会表示热烈祝贺！改革开放以来，一大批××子弟走出××，在市场经济浪潮中奋力拼搏，艰苦创业，取得了令人瞩目的成就。贵会团结广大在惠××籍人士，弘扬××精神，共创事业辉煌，为提升××形象，推动经济社会发展作出了重要贡献。

②正文第二部分，要写明祝贺之因，要对对方取得成绩的原因和意义略作

展开。例如：

当前，××主动融入××生态经济区建设，经济发展迅猛。以建设"宜居城市、森林××"为发展定位，"绿色崛起"势头良好。全市拥有医药、纺织、盐化工、煤电、建筑陶瓷、鞋革、硬质合金工具、机电、竹木深加工和有机食品十大特色产业基地，新能源、机电、建材、医药、油茶、服务业已初具规模，其中依托世界前列的金属××储量强势发展××产业，已列入全省千亿元工程和省重点发展产业，建立了全国第一个××产业园，并被批准为"国家××新能源高新技术产业化基地"。

③正文第三部分，别急着结束。要着眼未来，就双方的关系和共同的事业提出希望和展望。

家乡的发展需要家乡人民同心同德，创新创业，更需要在外创业人士的支持和帮助。你们是工商经济界的精英，也是家乡人民的骄傲，一直以来，家乡人民始终关注着你们的发展。我们相信，所有在惠××籍人士将以惠州市×××商会为平台，立足惠州，心系家乡，为家乡发展作出新的更大贡献。

（4）结尾

正文结束后，同一般书信一样，写两句应景的祝福语。可加上书信惯用语，如"此致敬礼"等。例如：

·祝×××商会会刊成功创刊！

·预祝×××活动取得圆满成功！

·祝×××全体工作人员事业成功，安康幸福！

（5）落款

写明发文单位名称或个人姓名，个人姓名一般应用签名，并写明成文时间。

8.5.3 写作技巧

（1）正式措辞、注意礼节：政府机构发出的贺信语言要求正式、庄重，使用得体的措辞和礼貌用语。使用适当的礼貌用语、称呼和敬语，体现对收信人的尊重和礼貌，同时也展示政府机关单位的专业素养和外交礼仪。

（2）表达对成就的肯定：可以详细描述庆贺对象的成就、荣誉或者重要事件，向其表示对其所取得的成就的肯定和赞赏。

（3）强调重要性和影响力：应强调庆贺对象的重要性和影响力，突出其在相关领域的地位和贡献，通过贺信表达对其的赞扬和认可。

（4）体现政府机构形象：贺信是政府机构与外界沟通的一种方式，应在贺信中体现政府机构的形象和形象定位，例如强调政府机构的服务意识、发展愿景等。

（5）注意论证和事实佐证：贺信应该具备说服力，可以通过论证和事实佐证来支持贺信中的表达和祝福，让贺信更具有可信度和权威性。

8.5.4　例文展示与解析

习近平致厦门大学建校100周年的贺信[①]

［说明事由，表达祝贺和问候］

值此厦门大学建校100周年之际，我向全体师生员工和海内外校友，致以热烈的祝贺和诚挚的问候！

［阐述背景，回顾总结成就］

厦门大学是一所具有光荣传统的大学。100年来，学校秉持爱国华侨领袖陈嘉庚先生的立校志向，形成了"爱国、革命、自强、科学"的优良校风，打造了鲜明的办学特色，培养了大批优秀人才，为国家富强、人民幸福和中华文化海外传播作出了积极贡献。

［展望未来，表达期望和鼓励］

我国已开启全面建设社会主义现代化国家新征程。希望厦门大学全面贯彻

---

① 《习近平致厦门大学建校100周年的贺信》，载中国政府网，https://www.gov.cn/xinwen/2021-04/06/content_5597941.htm。

党的教育方针，切实落实立德树人根本任务，为党育人、为国育才，与时俱进建设世界一流大学，全面提升服务区域发展和国家战略能力，为增强中华民族凝聚力和向心力，为全面建设社会主义现代化国家、实现中华民族伟大复兴的中国梦作出新的更大贡献。

习近平

2021 年 4 月 6 日

第九章 常用事务性公文起草与案例分析

9.1 工作总结

工作总结是一种事务性公文，主要是用来反映、分析、评价某一阶段的工作情况，从中吸取经验教训，推进今后的工作。一份优秀的工作总结应该做到以下四点：一是在思想上能够反映出本阶段的中心任务，紧紧围绕中心任务展开论述；二是在内容上做到条理清晰、层次分明、言简意赅；三是在语言上做到准确、简练、生动，富有感染力；四是在结构上做到详略得当、重点突出。

9.1.1 基本常识

（1）工作总结的特点

工作总结需要将大量信息、数据或事件进行概括和归纳，它具有以下特点：

①系统性：工作总结是基于一定的规则和方法进行的，需要将相关的信息进行整理和分类，形成一个有机的系统。在撰写总结的过程中，需要将零散的信息组织起来，形成一个完整的结构。

②精练性：工作总结的目的是提取核心要点，工作总结的内容需要经过筛选和梳理，将重要的和有代表性的内容进行归纳和提炼，以达到简洁表达、重点突出的效果。

③客观性：工作总结需要以客观的态度和立场进行，总结的内容应该基于事实和数据，不带有主观偏见和个人情感。

④实用性：工作总结的目的是提供有用的信息和知识，以供决策和行动参考。总结应该具有一定的实用性，能够帮助人们更好地理解和应用所总结的内容。

⑤可持续性：工作总结应该具有一定的可持续性，即在类似的情境和条件下，总结的方法和结果能够被再次应用和验证。总结需要基于一定的原理和规则，以确保其可靠性。

（2）工作总结的类型

①任务性工作总结：主要记录在完成某项任务时所面临的挑战，及最终的成果或失败的原因，以便于更好地总结经验，并在后续工作中改进和避免这种情况的再次发生。

②时间性工作总结：主要记录在一段时间内工作的情况，包括完成的任务、工作中的问题、面临的挑战、成果及不足之处等，以便于分析整个工作过程中的问题和优点，并作为规划下一步工作的依据。

③阶段性工作总结：主要记录在某个阶段内的工作情况和成果，如"月度总结""半年总结""年终总结"等，便于分析该阶段内工作所取得的进展以及存在的问题，并总结经验提出改进意见。

④项目性工作总结：主要记录在完成某个项目过程中所遇到的问题和经验教训，以便于从项目的角度出发分析问题，总结经验和提出改进方案。

（3）工作总结的作用

工作总结是一种对工作中的得失作出梳理和评估的方式，通过总结工作，我们能够反思所做的事情是否有价值，哪些地方存在问题，以及如何改进。以下是工作总结的四个作用：

①检查工作成果。工作总结中，我们可以清晰地看到一段时间内所完成的工作成果，评估工作完成情况，对项目的进度、质量等指标进行检查，发现问题、改正和加强。

②提高工作效率。通过工作总结，我们可以更加清晰地理解任务的性质和

目标，从而设计更加合理的工作计划，使用更加有效的工作方法，提高工作效率，更好地完成工作任务。

③总结经验教训。工作总结不仅能够检查工作成果，同时还能够吸取经验教训，深入分析问题，寻找突破口进行改进，以便在今后的工作中避免重复犯错，提升自己的工作能力。

④促进自我成长。工作总结也是一种自我认知的过程，通过总结，我们可以了解自己的工作能力、不足之处等，明确自己的职业发展目标，锤炼提升自己的工作能力，实现自我成长。

（4）总结的要求

工作总结是对一段时间内工作的回顾、评价和总结，它既是对过去工作的梳理，也是对未来工作的规划。写好工作总结，我们需要注意以下四点：

①实事求是地对过去的工作进行回顾和总结，明确得失。既要找出工作中的优点和亮点，也要直面工作中存在的问题和不足，总结经验教训，提高自身的责任心和工作能力。

②将工作中的收获和成果进行梳理和总结。通过整理统计工作中的数据和资料，总结实际取得的成效和贡献，客观地评价这段时间内的工作效果，并发掘自身潜力和优势。

③对未来的工作进行规划和定位。在总结中要明确下一阶段的工作目标和计划，指出自身需要加强的方面，提高自身的工作重心和效率，保证工作目标符合公司的发展需要。

④注重工作总结的完整性和实效性。撰写工作总结不仅是完成工作要求，更是自身工作经验的积累和展望未来的指引。在撰写工作总结的时候要遵循真实性、客观性和可操作性的原则，使得总结成为一份有价值的工作文档。

良好的工作总结，不仅是记录过去工作的点点滴滴，更是反映自身工作能力和职业素养的体现。只有时刻保持自信心和进取心，不断提高自身的能力和素质，才能在职场上不断成长和发展。

9.1.2　格式要点

（1）标题

工作总结的标题一般应由写作主体（单位名称）、时间、主题、文种四要素组成。

① 会议总结：包括会议讨论的主要议题、决定事项、行动计划等。例如：

《××市政府2021年度第一次常务会议总结》

②项目总结：针对项目的开展过程、成果和经验进行总结。例如：

《××建设工程项目实施第二阶段总结》

③学习总结：总结学习过程中的收获、心得体会和进步。例如：

《××部门2021年度党员干部培训学习总结》

④工作总结：总结工作中的成果、问题和改进措施。例如：

《××社区工作2021年度工作总结》

⑤经验总结：总结某个领域的经验和教训，为后续工作提供指导。例如：

《××省扶贫工作经验总结与启示》

⑥事件总结：总结某个具体事件的过程、结果和教训。例如：

《××企业突发环境事故应急处置经验总结与反思》

（2）正文

正文要求开头概述部分简写，中间情况部分详写，结尾体会部分简练概括。一般依次撰写如下四个方面内容：

①情况概述：情况概述这部分是综合总结正文的开头，又称引言，应用简明扼要的语言写清工作的依据、指导思想、工作内容概况和工作的收效与成果。

A.工作的依据：包括党和国家的方针政策以及上级机关的文件、指示精神等，说明工作的基本依据和法律法规依据。

B.指导思想：阐述工作的指导思想、原则和方法，明确工作的思路和方向。

C.工作内容概况：简要描述工作的主要内容和任务，包括工作的目标、重点和重要工作措施。

D.工作的主要成果：总结工作取得的主要成绩和效果，包括完成的任务、解决的问题、取得的经验和创新等。

通过情况概述，可以展现工作的背景、目的和主要成果，为后续的具体工作总结提供了基本框架和背景信息。

②工作成绩：工作成绩部分是工作总结的重点内容，需要详尽、具体地阐述工作的进展情况、遇到的问题和解决办法以及取得的成绩。具体包括以下内容：

A.细化工作进展：详细描述工作的各个阶段、所采取的措施，以及每个阶段的成果和进展情况。

B.强调问题解决：重点强调在工作中遇到的问题和困难，并详细阐述解决问题的具体步骤和方法。可以包括所采取的解决方案、协调沟通的过程、团队合作等。

C.具体成果展示：清晰地列举工作中取得的具体成果，包括数据、指标的达成情况、项目的实施效果、解决的难题等。

在工作成绩部分，需要根据实际情况提供详尽、具体的信息，以突出工作的进展和取得的成果。同时，可以使用数据和具体指标来支撑成绩，使报告更具可信度和说服力。

③存在问题：存在问题部分是工作总结中不可或缺的内容。任何工作都不可能完美无缺，总会存在一些问题和不足。在撰写存在问题部分时，必须实事求是，如实写明，以便更好地总结经验、改进工作。具体要求如下：

A.实事求是：在描述存在问题时，要实事求是，客观地分析和反映工作中的缺点和不足之处，不掩饰或夸大问题。

B.具体描述：详细描述每个问题的具体情况，包括问题的性质、影响范围、产生原因等。避免泛泛而谈，尽量给出具体的例子和数据支撑。

④经验教训：在写作经验教训部分时，需要将上述成绩和存在问题进行综合归纳，并上升到理论的高度，从中提炼出具有规律性的经验教训。

A.综合总结：将前面的工作成绩和存在问题进行综合归纳，确保全面反映工作的实际情况。

B.上升到理论高度：从具体的经验和问题中提炼出普遍适用的规律和原则，上升到理论层面，展示对事物本质的认识和思考。

C.提供借鉴和吸取：明确指出这些经验教训在今后工作中的借鉴和吸取价值，为今后的工作提供指导和启示。

（3）落款

要写明作者和日期，如果在标题中或标题下方已经标明的，可以省略。

9.1.3　写作技巧

（1）突出成果：提及具体的工作成果，但不要详细陈述每一个步骤。突出重点，告诉读者什么是最重要的，什么是项目的成功关键点。

（2）总结简短：将看到的所有信息集中到一个清晰而简短的总结中。确保总结给出完整的结果、重点和目标。

（3）清晰明了：尽可能清晰地表达，避免使用过于复杂的词汇，让读者轻松理解并快速记住你的工作总结。

（4）具体描述：使用具体的数字和表格、图表来描述工作成果。

（5）类比说明：使用实例或类比来解释具体的数据。这样的描述更有生动感，可以让读者更加理解内容。

（6）结论明确：为阅读者提供一个明确结论，并用关键词、数字、数据等作为支撑。

（7）强调重要性：将所做的工作与单位或项目的目标和组织效益联系起来，体现工作的价值。

9.1.4　错例展示

××车间上半年党建工作总结

一、工作开展情况

1.加强党员队伍建设。车间党总支上半年认真执行党员管理工作，按时完成党员发展计划，严格落实党员的日常教育和管理，积极引导党员参加各类学习培训，提高党员的思想政治素质和业务水平。

2.加强党建工作宣传。车间党总支上半年加强党建工作宣传，创新宣传方式，充分利用微信公众号、宣传栏、会议等渠道，宣传党建工作的重要性和成果，宣传先进典型和党员先进事迹，引导广大党员积极参与到党建工作中来。

3.加强党组织建设。车间党总支上半年积极推进党组织建设，按照党建工作规划和时间节点，制定党组织建设计划，加强党组织内部建设，提高党组织的凝聚力和影响力。

4.加强党建工作的监督和考核。车间党总支上半年认真贯彻执行党建工作的监督和考核制度，加强对各项工作的监督和检查，及时发现和纠正存在的问题。

二、存在问题

1.思想工作薄弱。部分党员思想认识不够到位，对党建工作的重要性认识不足。

2.组织建设不够完善。部分党组织内部建设相对薄弱，组织生活、民主生活会等制度不够完善。

3.宣传工作不够精准。部分宣传工作内容不够精准，传达的信息不够全面。

4.党建工作考核不够严格。部分党员对党建工作的考核、奖惩机制不够了解，对党建工作的重要性认识不足。

三、下一步打算

1.加强思想教育。加强对党员的思想教育，提高党员的思想政治素质和组织纪律性，引导党员树立正确的世界观、人生观和价值观。

2.完善组织建设。完善党组织内部建设，推进组织生活、民主生活会等制度建设，提高党组织的凝聚力和影响力，同时加强党组织与职工群众之间的联系，及时解决职工群众的各种问题。

3.精准宣传工作。加强宣传工作的针对性和精准性，传达正确的信息，宣传党建工作的重要性和成果，宣传先进典型和党员先进事迹，引导广大党员积极参与到党建工作中来。

4.加强考核和奖惩。加强对党员的考核和奖惩，激发党员的积极性和创造性，提高党员的组织纪律性和工作效率，同时加强对党员的日常教育和管理。

9.1.5　问题分析

（1）简略描述工作开展情况：在工作开展情况的部分，描述过于简略，没有提供具体的细节和成果。

（2）缺乏具体的经验教训归纳：在经验教训的部分，没有对前面的工作成绩和存在问题进行综合归纳，也没有提炼出具有规律性的经验教训。

（3）缺乏下一步打算的具体措施：在下一步打算的部分，没有提供具体的措施和计划。

►改进建议

（1）提供详细的工作开展情况：在工作开展情况的部分，提供更具体的细节，包括采取的措施、方法、步骤，以及工作中遇到的情况和问题的解决方法。

（2）综合归纳经验教训：在经验教训的部分，对前面的工作成绩和存在问题进行综合归纳，总结具有规律性的经验教训。

（3）提供具体的下一步打算：在下一步打算的部分，列出具体的措施和计划，包括时间计划、责任人和实施步骤等。明确指出下一步工作的重点和重要任务。

（4）加强工作成绩和问题的量化描述：在工作成绩和存在问题的描述中，尽量使用具体的数据和指标来支持，以便更准确地反映实际情况和效果。

（5）突出经验教训的指导和启示：在经验教训部分，明确指出这些经验教训对今后工作的指导和启示，以便更好地吸取经验和避免重复犯错。

9.1.6　例文修改

××车间××年上半年党建工作总结

在××年上半年，××车间党建工作取得了一定的成绩。具体如下：

一、工作开展情况

1.加强党员队伍建设。在党员队伍建设方面，××车间党总支上半年认真执行党员管理工作。我们按时完成党员发展计划，组织开展了各类培训和学习活动，提高党员的思想政治素质和业务水平。例如，我们组织了党员集中学习会议，邀请了专家学者进行专题讲座，开展了党性教育和业务培训。同时，我们注重关心和帮助新党员，与他们开展座谈交流和心理辅导，提高新党员的党性觉悟和组织纪律性。

2.加强党建工作宣传。在党建工作宣传方面，××车间党总支上半年创新宣传方式。我们充分利用微信公众号、宣传栏、会议等渠道，宣传党建工作的重要性和成果。例如，我们定期发布党建工作的新闻动态和活动通知，通过微信平台传播先进典型和党员先进事迹。此外，我们还开展了党建文化展览，展示党的历史和辉煌成就，激励广大党员坚定理想信念，接续砥砺奋斗。

3.加强党组织建设。（略）

4.加强党建工作的监督和考核。（略）

二、存在问题

在上半年的党建工作中，我们也面临一些问题。具体如下：

1.思想工作薄弱。部分党员对党建工作的重要性认识不足，思想认识水平有待提高。例如，有一些党员在工作中缺乏对党的纪律要求的自觉性，表现出对党的方针政策的理解不够深入。这给党建工作带来了一定的隐患和压力。

2.组织建设不够完善。部分党组织内部建设相对薄弱，组织活动开展得不够充分。例如，有些支部的组织生活会形式单一，缺乏活跃性和参与性。这导致党员参与度不高，组织凝聚力有待提升。

3.宣传工作不够精准。（略）

4.党建工作考核不够严格。（略）

三、下一步打算

针对存在的问题和不足，我们制定了以下具体措施和打算：

1.加强思想教育。为加强党员思想教育，我们将开展一系列活动，包括组织集中学习、主题讲座、座谈交流等。拟于9月至11月邀请专家学者进行有针对性的系列培训，提升党员的政治觉悟和理论素养。同时，组织党员进行自我学习、自我反思，通过分享党员的先进事迹和典型经验，提高党员的思想政治素质。

2.加强组织建设。为提升党组织的凝聚力和影响力，我们将进一步加强组织建设和制度建设。具体包括完善组织生活、民主生活会等制度，确保会议内容更加充实和有效。下半年将定期组织党员参观学习，走访慰问困难党员，增强党组织与党员的联系与互动，提高党员参与组织活动的积极性和主动性。

3. 精准开展宣传工作。（略）

4. 强化考核和奖惩机制。（略）

通过以上措施，我们将进一步提升党建工作的质量和水平，不断加强党员的思想教育，完善组织建设，精准宣传工作，并强化考核和奖惩机制。我们相信，通过这些努力，能够更好地推动党建工作的健康发展，为实现我们党的使命和目标贡献力量。我们将全体党员紧密团结在一起，共同奋斗，不断推动党建工作迈上新的台阶。

×××车间党总支

××年×月×日

9.2　调研报告

调研报告是调查研究的一种成果，它是以文字的形式反映客观事物，分析、研究其发展规律的一种应用文体。调研报告是以事实为依据，运用恰当的表现手法，对所反映的问题进行全面分析、客观评价。它是在掌握大量材料和深入调查研究的基础上，经过综合加工和深入思考，对事物或问题所作的高度概括，是对事物或问题所作的客观评价。

9.2.1　基本常识

（1）调研报告的特点

调研报告是实地调研后编写的一种报告形式，其特点如下：

①客观性：调研报告需要以客观的态度和立场撰写，报告的内容应该基于实地调研的数据和事实，不带有主观偏见和个人情感。

②翔实性：调研报告需要详细记录和呈现调研过程中所获得的信息和数据。报告应该包括调研的背景和目的、调研方法和过程、调研结果和分析等内容，以确保报告的全面性和准确性。

③逻辑性：调研报告需要具有一定的逻辑性，即按照一定的结构和顺序进行组织和呈现。报告的内容应该有条理、层次清晰，使读者能够容易地理解和掌握所调研的情况和问题。

④实用性：调研报告的目的是提供有用的信息和建议，以供决策和行动参考。报告应该具有一定的实用性，能够帮助组织更好地了解和解决问题，推动工作的开展和改进。

⑤可操作性：调研报告需要具备可操作性，即报告中的结论和建议能够被实际应用和执行。报告应该提供具体的建议和措施，以指导组织的决策和行动。

⑥真实性：调研报告需要保持真实性，即所提供的信息和数据应真实可靠。报告应基于充分的调研和实地观察，避免夸大或歪曲事实，以确保报告的可信度和可靠性。

（2）调研报告的类型

按调研报告的内容范围分类，可以分为综合报告、专题报告。

①综合报告是以归纳和分析为主要方法，全面、系统、深入地反映调查研究活动所取得的成果，揭示出事物发展的客观规律，并通过对这些规律的归纳、概括、总结，提出相应的对策。综合报告一般应包括调查研究活动的时间、地点、对象、过程，调查研究中发现的问题以及所取得的成果等方面的内容。

②专题报告是根据特定的主题和要求，针对某一具体问题，选择有代表性或有典型意义的材料进行深入细致的分析和研究，并作出相应结论。专题报告一般要有标题、导语、主体和结尾四个部分。标题是专题报告的文眼，一般采用"主标题+副标题"的结构；导语是专题报告正文的开头部分，应开门见山地交代清楚调查研究活动的概况和时间、地点；主体是专题报告最重要的内容，可分层次递进式表述；结尾是专题报告最重要的部分，应根据需要提出对事物发展规律的研究成果或建议意见。

（3）调研报告的作用

调研报告作为一种信息汇总和分析的工具，在各个领域和行业中都具有重要的作用。

①决策支持：调研报告可以为作出决策提供科学依据。通过对相关问题的调研和分析，提供准确的数据和信息，揭示问题的本质和影响因素，为决策者提供全面的了解和把握，帮助他们作出明智的决策。

②发现和解决问题：调研报告可以帮助发现存在的问题和短板，并提供相应的解决方案。通过对问题的深入调查和分析，报告可以揭示问题的原因和根源，为解决问题提供具体的建议和措施，有助于提高工作效率和质量。

③政策制定：调研报告可以为政策制定提供参考资料。通过对相关领域的调研和分析，报告可以对现状和趋势进行深入了解，为制定合适的政策提供依据和建议，有助于推动社会和经济的发展。

④市场分析和竞争优势：调研报告可以帮助企业进行市场分析，了解市场需求和竞争情况。通过对目标市场的调查和分析，报告可以帮助企业发现市场机会和潜在风险，为企业制定市场战略和竞争策略提供依据，增强企业的竞争优势。

⑤内部管理和职工满意度：调研报告可以帮助单位了解职工的意见和需求，改善内部管理和职工满意度。通过对职工的调查和分析，报告可以揭示职工的关注点和需求，可以指导单位改善工作环境，提升职工福利待遇，加强内部沟通和团队建设，增强职工的工作满意度和忠诚度，提高企业的整体绩效。

（4）调研报告的要求

①清晰明确的目标：明确调研报告的目标和研究问题。确保报告的写作与研究目标一致，并围绕核心问题展开。

②全面而准确的数据收集：收集相关的数据和信息，确保数据来源可靠，数据收集方法科学有效，并对数据进行分析和解读。

③结构合理的报告框架：报告应有清晰的结构和逻辑，包括引言、研究方

法、数据分析、主要发现、结论和建议等部分。每个部分都应有明确的小标题和层次。

④简明扼要的语言表达：使用简洁明了的语言表达，避免使用冗长和复杂的句子。使用专业术语时，可以注明含义，确保读者能够理解。同时，注意语法和拼写的准确性。

⑤准确引用和列出参考文献：在报告中引用其他作者的观点、数据和研究结果时，要准确标注引用来源，并按照规范的引用格式列出参考文献。

9.2.2　格式要点

（1）标题

①公文式。这类调研报告标题多数由事由和文种构成，平实沉稳，标题中的事由部分提供了报告的主题，而文种部分表明了报告的性质，有助于读者快速理解报告的主旨和目的。例如：

《××地区××年度经济发展调研报告》

②一般文章式。这类一般文章式标题直接揭示了调研报告的核心内容，简洁明了。标题中直接指明调研的主题和重点，让读者能够迅速了解报告的主旨。这样的标题有助于吸引读者的注意力，激发阅读兴趣。例如：

《干部队伍建设的现状与问题》

③提问式。这类提问式标题通过引发读者的思考和好奇心，引起读者的兴趣。标题中的问题直接指明调研报告的核心内容，让读者以问题为导向去阅读报告。例如：

《如何推动××地区经济发展》

④双标题结合式。主标题部分直接揭示调研报告的主题和内容，而副标题部分则进一步说明报告的特点、焦点或目的。通过使用双标题结合的方式，读者能够一目了然地了解报告的主题和特点，增加标题的信息量和吸引力。例如：

《调研报告：××市××局干部队伍建设经验总结》

（2）正文

调研报告的正文格式要点包括以下几个方面：

①前言：前言是调研报告的开篇部分，主要概述背景意义和调研目的，向读者说明这份调研的来龙去脉。通过前言，可以吸引读者的兴趣，提供报告的背景信息，引导读者对正文的内容产生兴趣。

②主体：主体部分是调研报告的核心，通过调查和研究后总结收获、经验和思考。根据逻辑关系，可以采用纵式结构、横式结构或纵横式结构来组织主体部分的内容。

A.纵式结构：纵式结构按照先后次序或层层递进的方式安排结构。这种结构常用于描述调研过程或事物的发展演变过程。例如，可以按照时间顺序或从整体到细节的方式来组织报告。这样的结构有助于读者理解调研的逻辑顺序和过程。

B.横式结构：横式结构将主题按照不同类别或问题进行归纳，每个类别或问题可以加上小标题。这种结构突出各个问题的独立性和重要性，使得报告更加清晰和易读。横式结构可以根据调研的具体情况进行灵活运用，便于读者对不同问题进行深入理解和分析。

C.纵横式结构：纵横式结构是纵式和横式结构的结合，既有按照先后次序或层层递进的纵向组织，也有按照不同类别或问题归纳的横向组织。这种结构可以让报告更具层次感和逻辑性，既能详细描述调研过程和发现的问题，又能突出各个问题的独立性和重要性。

根据实际情况和报告的内容，选择适合的结构来组织主体部分，确保报告的逻辑性和易读性。无论采用哪种结构，都应注意保持段落之间的衔接和连贯，以确保整体报告的完整性和连贯性。

③结尾：一般包括撰稿者对调研结果的看法或建议，是分析问题、解决问题的结论。调研报告的结尾主要有以下五种。

A.总结归纳：对整个调研过程和结果进行总结和归纳，概括主要发现和结论，突出调研的重点和价值。

B.提出建议：基于调研结果，提出具体的建议和措施，指导相关部门或决策者进行改进和决策。建议要具体、实际可行，与调研问题和目标相匹配。

C.反思思考：对调研过程中的经验和教训进行反思，分析存在的问题和不足，并提出改进措施。这种方式能够启发读者对类似问题的思考和探索。

D.展望未来：对未来可能的发展趋势和挑战进行展望，提出对策和预测。这种方式能够引导读者对未来进行思考，并为未来的工作提供参考。

E.鼓舞士气：通过强调调研成果和意义，激发读者的士气和信心，鼓励继续研究和创新。

（3）落款和日期

在正文结束后右下角写明撰写调研报告的机构名称或个人署名，如标题下方已经写明撰写调研报告的机构名称或个人署名，在此就不必再写了。最后在落款处注明调研报告的形成日期，以年、月、日形式写明。

9.2.3 写作技巧

调查研究是一个反复深入了解情况的过程，只有经过反复深入了解情况，才能得出深刻的认识和正确的结论。撰写一份高质量的调研报告需要遵循以下写作要求。

（1）清晰明了的结构：报告应有明确的引言、方法、调研结果、分析和讨论、结论等部分，每个部分的内容应该清晰分明，段落之间应有逻辑衔接。

（2）准确的数据和信息：调研报告应基于准确的数据和信息，确保数据来源可信，并提供充足的支持材料，如调查问卷、采访记录等。

（3）全面客观的分析：对调研结果进行全面客观的分析，包括对数据的解读和趋势的预测，充分利用统计方法和图表等工具展示分析结果。

（4）合理的结论和建议：结论应直接回答研究问题，基于调研结果和分析提出合理的建议和改进措施，并指出可能的发展趋势和研究方向。

9.2.4 错例展示

调研报告

通过调查了解发现，当前我段厂务公开工作从整体上看虽有长足进步，但也不同程度地存在着"三多三少"现象。即，在指导思想上考虑段务公开的多，考虑车间、班组厂务公开的少；在规范运作上强调段务公开的多，强调车间、班组厂务公开的少；在检查落实上检查段务公开的多，检查车间、班组厂务公开的少。从上级对厂务公开工作的要求上看，我段车间班组厂务公开工作主要存在以下三方面不足：一是公开阵地不全；二是公开内容单一；三是公开程序简化。

有些车间、班组管理人员认为，车间、班组主要是完成生产任务，确保安全畅通。大部分规章制度都是上级部门制定的，重要问题决策都是领导拍板的，公开不公开是上级和领导的事，与车间、班组关系不大，缺乏抓好车间、班组厂务公开的责任意识。

下一步措施：对于以上问题要引起高度重视，推动厂务公开工作向车间、班组深化，要健全车间、班组厂务公开机制，对于员工密切关心的问题，如选拔任用、组织管理、生产安全等，要积极主动公开。

9.2.5　问题分析

（1）缺乏具体案例和数据支持：调研报告中对问题的描述过于泛泛而谈，缺乏具体的案例和数据支持，无法让读者充分理解问题的重要性和影响。

（2）解决措施缺乏详细说明：在提出下一步措施时，只是笼统概括，但没有详细说明如何具体实施和推动措施落实落地。

（3）缺乏逻辑性和连贯性：报告中的问题描述和解决措施之间缺乏明确的逻辑关系和衔接，读者难以理解报告的结构和内容。

（4）缺少必要的落款，如单位名称以及时间。

▶改进建议

（1）提供具体案例和数据支持：在问题描述部分，列出具体的车间、班组的案例和数据。例如，列举车间、班组公开阵地不全的具体情况和数据。

（2）详细说明解决措施：在提出下一步措施时，详细说明每个措施的实施步骤、具体责任人和时间计划。例如，在建立车间、班组厂务公开监督机制时，说明监督机制的具体内容、监督频率和监督责任人等。

（3）增强逻辑性和连贯性：调整报告结构，按照问题的逻辑关系重新组织报告，使问题描述和解决措施之间有明确的衔接和连贯性。可以使用标题和段落之间的过渡句子，强调不同部分之间的逻辑关系。

（4）补充落款，写明撰写调研报告的单位名称以及形成报告的具体时间。

9.2.6 例文修改

对抓好车间、班组厂务公开的调研与分析

厂务公开是企业民主管理的重要组成部分，是落实依靠方针的具体体现。车间、班组是企业最基本的管理单元，具有同职工面对面接触、零距离管理的特点。如何抓好车间、班组厂务公开工作，对充分调动职工群众工作积极性、主动性和创造性，对"构建和谐××，实现科学发展"具有重要的现实意义。

一、端正思想，解决好车间、班组厂务公开存在的突出问题

1.教育引导，解决"上热下凉"问题。在学习实践活动过程中，我们把强化调查研究作为突出实践特色的基础和前提，通过调查了解发现，当前我段厂务公开工作从整体上看虽有长足进步，但也不同程度地存在着"三多三少"现象。即，在指导思想上考虑段务公开的多，考虑车间、班组厂务公开的少；在规范运作上强调段务公开的多，强调车间、班组厂务公开的少；在检查落实上检查段务公开的多，检查车间、班组厂务公开的少。

从上级对厂务公开工作的要求上看，我段车间班组厂务公开工作主要存在以下三个方面问题：一是公开阵地不全。例如，××车间××班组的厂务公开阵地仅包括厂务公开栏和厂情发布会这两种，公开渠道较少，几乎没有利用企业内部信息网络、广播、厂报、新媒体等公开渠道，据调查，该班组××年度在企业内网仅发布过1条厂务信息，且未及时提醒员工阅读，导致信息阅读量仅达5人／次。二是公开内容单一。（略）三是公开程序简化。（略）

对于以上问题，要进一步学习领会科学发展观的深刻内涵、根本要求和精神实质，充分认识到要"构建和谐××，实现科学发展"必须贯彻群众路线、加快民主管理步伐，必须推动厂务公开工作向车间、班组深化。

2.广泛宣传，消除"与己无关"思想。调查问卷显示，有35%的车间、

班组管理人员认为，车间、班组主要是完成生产任务，确保安全畅通，而大部分规章制度都是上级部门制定的，重要问题决策都是领导决策的，公开不公开是上级和领导的事，与车间、班组关系不大。说明车间、班组管理人员缺乏抓好车间、班组厂务公开的责任意识。

对于此类问题，必须坚决杜绝"厂务公开与己无关"的错误思想。要定期组织学习培训，加强规章制度宣讲，至少每月组织一次，车间、班组管理人员要以高站位、高起点、高标准全程参加学习，全面深化总结提升，以更高的工作标准、更严格的自我教育、更高的精神状态、更强烈的责任意识认真对待厂务公开制度，决不能有"与己无关"的错误心态和侥幸心理。

3.端正思想，打消"怕找麻烦"顾虑。（略）

二、建立机制，落实好车间、班组厂务公开工作责任

1.建立领导带头抓落实责任机制。（略）

2.建立车间、班组厂务公开监督机制。（略）

3.建立车间、班组厂务公开工作的考核机制。（略）

三、紧盯关键，确保车间、班组厂务公开的质量和效果

盯住关键才能赢得主动。车间、班组厂务公开必须围绕职工群众关注的热点、难点及焦点问题，做到毫无保留，力求达到形式上"看得见"，操作上"摸得着"，内容上"实打实"。

1.用人公开，实行公平竞聘。（略）

2.管理公开，做到公正透明。（略）

3.生产公开，体现全员参与。（略）

×××

××年×月×日

9.3　会议记录

会议记录是在会议期间记录会议内容的文件。它记录了会议的基本信息、与会人员名单、议程、讨论的主要议题、参与者的发言要点、决策和行动事项

等内容。会议记录的主要目的是让与会人员和其他相关人员能够回顾和了解会议的内容和结果。会议记录可以表格或文本形式呈现，可以手写或电子记录。它通常需要经过会议主持人或相关负责人审核，并及时分发给与会人员和其他相关人员。会议记录也需要妥善保管和存档，以便日后查阅和参考。

9.3.1　基本常识

（1）会议记录的特点

①正式性和规范性：党政机关和企业事业单位的会议记录通常需要按照一定的格式和规范进行记录，以确保会议内容的准确性和一致性。记录人员需要按照规定的格式，记录会议的时间、地点、主持人、出席人员、议题、讨论内容、决策结果等信息。

②客观和中立性：会议记录应该客观地记录会议的发言和讨论内容，不偏袒，保持中立的立场，不进行主观评价或添加记录人的观点。

③精练和准确性：由于会议记录通常需要以书面形式归档和传阅，因此需要保持记录的精练和准确性。记录人员应准确记录与会人员的要点发言，突出重要议题和决策结果。

④重点突出和条理性：会议记录需要突出会议的重点议题和决策结果，以便读者能够快速了解会议的核心内容。为了保持条理性，记录人员可以使用标题、编号和清晰的分段，将会议内容分为不同的部分，方便读者查阅和理解。

⑤保密性和机密性：党政机关和企业事业单位的会议记录可能涉及机密或敏感信息，因此需要严格遵守保密制度。

⑥决策性和操作性：党政机关和企业事业单位的会议记录通常涉及重要决策和具体操作事项。记录人员需要准确记录决策的背景、讨论过程、决策结果以及相应的操作细节，以便后续的执行和跟进。

⑦参考性和依据性：会议记录常作为参考和依据，被用于后续的工作和决策。因此，记录人员需要准确记录会议的内容，并确保记录的可读性和可理解性，以便读者能够根据会议记录进行相应的行动。

⑧控制性和监督性：会议记录在一定程度上对参会人员的行为和决策进行控制和监督。记录人员需要记录与会人员的发言和承诺，以便后续对会议决策执行情况进行追踪和评估。

⑨实时性和及时性：会议记录需要在会议中或会议后尽快完成。特别是涉及重要议题或涉及重要时间的会议，记录人员需要及时完成记录，确保信息的准确性和时效性。

（2）会议记录的类型

①决策性会议记录：这种类型的会议记录主要记录会议中作出的决策和相应的决策结果。它包括会议的议题、讨论内容、决策过程、决策结果以及相关的行动计划和责任人等信息。

②工作性会议记录：这种类型的会议记录主要记录会议中关于具体工作事项的讨论和安排。它包括会议的议题、讨论内容、任务分配、工作进度和完成情况等信息。

③汇报性会议记录：这种类型的会议记录主要记录会议中的汇报内容和汇报人的发言。它包括会议的议题、汇报内容、相关数据和分析等信息。

④沟通性会议记录：这种类型的会议记录主要记录会议中各方之间的沟通和交流内容。它包括会议的议题、沟通内容、意见和建议等信息。

⑤问题性会议记录：这种类型的会议记录主要记录会议中讨论和解决问题的过程和结果。它包括会议的议题、问题描述、讨论和解决方案等信息。

以上仅是常见的几种会议记录类型，实际上会议记录的类型还可以根据具体的会议目的、行业特点和组织需求等进行细分和定制。根据不同类型的会议记录，记录人需要准确把握会议的重点和关键信息，以确保记录的全面性和准确性。

（3）会议记录的作用

①提供参考和回顾：会议记录记载了会议的讨论、决策和行动事项。参与者和其他相关人员可以通过会议记录回顾会议的内容和结果，以便更好地理解和记忆讨论和决策的过程。

②传递信息和沟通：会议记录可以分发给与会人员和其他相关人员，以传递会议的内容和结果。这样可以确保所有人都能获得相同的信息，避免信息传递的偏差和误解，促进沟通和协作。

③监督和追踪：会议记录中记录的决策和行动事项可以用于监督和追踪工作的进展。通过会议记录，可以清楚地了解每个决策的实施情况和相关责任人，确保决策得到有效执行。

④合法合规要求：在某些情况下，会议记录可以提供证据支持和合规性的证明，确保组织决策的合法性和合规性。

⑤学习和改进：通过回顾会议记录，可以对会议的效果和运作进行评估和反思。会议记录可作为学习和改进的基础，帮助组织和个人识别问题、改进决策过程和提高会议效率。

（4）会议记录的要求

①目的性：会议记录的主要目的是记录会议的讨论、决策和行动事项，以便参与者和其他相关人员回顾和了解会议的内容和结果。

②格式规范：会议记录通常以表格或文本形式呈现。表格通常包括会议日期、时间、地点、与会人员名单等基本信息。文本形式的会议记录可以按照会议议程的顺序记录讨论的议题、意见和决策。

③内容准确：会议记录应包括会议的基本信息、与会人员名单、议程、讨论的主要议题、参与者的发言要点、决策和行动事项等内容。记录的内容应准确、简洁，重点突出。

④形式多样：记录员可以采用手写或电子记录的方式进行会议记录。手写记录需要有清晰的字迹和良好的速记能力。电子记录可以使用文档编辑软件、笔记软件或专业会议记录软件进行。

⑤保密性：有的会议记录可能包含敏感信息，因此要注意保密性，只有与会人员和授权人员才能访问和使用会议记录，避免将会议记录外泄给未经授权的人员。

⑥审核和分发：会议记录应经过主持人或相关负责人审核，确保准确性和完整性。审核后，会议记录应及时分发给与会人员和其他相关人员。

⑦存档：会议记录应妥善保管并存档，以便日后查阅和参考。存档的方式

可以是电子存档或纸质存档，根据组织的要求和政策进行。

9.3.2　格式要点

从结构上看，会议记录一般分为会议基本情况和会议内容两部分：

（1）会议基本情况

会议基本情况一般要在会议宣布开始时就写在记录本上。具体包括以下内容：

①标题：即会议的名称，一般由单位名称、会议事由加上记录构成，例如：

《×××局局长办公会议记录》

②时间：记录会议开始和结束的时间，确保记录准确的时间信息，以便后续参阅和核对，例如：

会议时间：2023年8月5日14：00至15：00

③会议地点：记录会议的具体地点，可以是会议室的名称或具体的地址，以确保会议的地点信息完整。

④参会人员：列出出席会议的主要单位和个人，可以根据情况选择是否一一列出。如果与会者比较多，可以只写主要与会人员，如单位主要负责人、专家等，或只写参会人员总数，以保持记录的简洁性。

⑤缺席人员：一般应写清缺席人员的姓名和缺席原因，可以简要说明缺席原因，但缺席人员较多时，也可只写缺席人数。

⑥列席人员：记录列席会议的单位或人员信息。列席人员通常是与会者中具有观察、参与或咨询权限的人员。

⑦主持人：记录主持会议的人员，通常是会议的组织者或负责人。

⑧记录人：写上记录者的姓名，必要时注明职务，以示对所做记录的内容负责。

（2）会议内容

①会议中心议题及相关活动：记录会议的核心议题和围绕该议题展开的讨论、演讲、报告等活动。这些活动是会议的讨论重点。

②讨论焦点和各方见解：记录与会者在讨论过程中提出的主要观点、意见和争论焦点。突出各方的不同见解，展示讨论的广度和深度。

③权威人士或代表人物的言论：记录会议中权威人士或代表人物的发言，这些发言通常具有重要性和影响力。这些言论可以是指导性的，对会议的讨论和决策起到引领作用。

④定调性言论和总结性言论：记录会议开始时主持人的开场发言，其通常会定调会议的背景和目标。同时，记录会议结束前的总结性言论，对会议的讨论和决策进行概括和总结。

⑤已议决或议而未决的事项：记录会议中已经达成的决议或决策，包括讨论后的具体行动计划、责任分配或其他决定事项。同时，也要记录未能在会议上达成一致的事项，这些问题可能需要进一步研究或讨论。

在记录会议内容时，需要确保准确、完整和客观。通过记录这些关键内容，可以准确反映会议的讨论和决策，并为后续行动提供参考和依据。

9.3.3　写作技巧

（1）快而准确：会议记录人员需要具备较快的书写速度，及时记录会议内容，确保记录的准确性和完整性。记得快、书写快，尽可能捕捉会议的重要信息。

（2）要而简洁：在记录会议内容时，要选取关键信息和重要观点进行记录，不必记下所有细节。集中记录讨论的核心议题、主要观点、结论性意见以及决定或决议等，确保记录的重点和要点准确传达。

（3）省略法的运用：使用省略法是有效的记录技巧之一。当重复性的讨论或发言出现时，可以使用省略号或其他适当的标记来表示相同或类似的内容，避免重复记录，提高记录效率。

（4）简洁写法的运用：在进行会议记录时，可以使用简洁写法代替复杂的写法。例如，使用简短的关键词汇或缩写来表示一些常用的术语或短句，提高记录效率和准确性。

9.3.4　错例展示

会议记录

会议时间:××年×月×日

参加人员:× ×、×××、×××、×××

主 持 人:× ×

记 录 人:×××

会议议题：研究干部调整初步建议

× ×：今天我们开个"四人小组"会，研究讨论×××部提出的干部调整初步建议，下面请×××同志介绍一下建议方案。

×××：根据机关和企业有关职务空缺情况和干部队伍建设实际，我部就××职位拟任人选选拔任用工作提出如下建议：

1.职位范围及方式（略）

2.人选条件（略）

3.工作程序（略）

4.考察组组成（略）

×××：……，我同意此建议。

×××：我基本同意此建议。

×××：同意。

× ×：同意。

9.3.5　问题分析

（1）缺乏详细的会议议题和背景介绍：会议记录中没有明确说明干部调整初步建议的具体内容和背景。

（2）缺乏与会人员的具体单位和职务：只列出了与会人员的姓名，没有说明他们所属的具体单位和职务，缺乏相关背景信息。

（3）记录内容不完整和不详细：会议记录中只简略记录了部分发言，没有详细描述建议方案的具体内容和细节，缺乏全面性和准确性。

（4）缺乏主持人的引导和总结：主持人在会议记录中没有进行有效的引导和总结，导致会议内容的整体性和连贯性不足。

▶**改进建议**

（1）明确会议议题和背景：在记录中加入具体的会议议题和背景介绍，包括干部调整的背景、目的和重要性，以便读者更好地理解会议的目的和讨论的重点。

（2）详细记录与会人员信息：除了列出姓名外，应注明与会人员的具体单位和职务，以提供更全面的背景信息。

（3）完善记录内容：对会议的讨论和建议方案，应进行详细的记录，包括具体的发言要点。

（4）加强主持人的引导和总结：主持人在会议记录中应进行引导，明确议题的讨论范围，并在会议结束前进行总结，突出重要结论和决策。

9.3.6 例文修改

会议记录

会议时间：××年×月×日

会议地点：×××会议室

参加人员：× ×（党委书记）、×××（党委副书记）、×××（纪委书记）、×××（分管组织人事工作的领导班子成员）

缺席人员：无

列席人员：无

主　持　人：× ×（党委书记）

记　录　人：×××

会议议题：研究干部调整初步建议

× ×：今天我们开个"四人小组"会，研究讨论×××部提出的干部调整初步建议，下面请×××同志介绍一下建议方案。

×××：根据机关和企业有关职务空缺情况和干部队伍建设实际，我部就××职位拟任人选选拔任用工作提出如下建议：

1.职位范围及方式（略）

2.人选条件（略）

3.工作程序（略）

4.考察组组成（略）

×××：……，我同意此建议。

×××：我基本同意此建议，按照《党政领导干部选拔任用工作条例》关于工作回避的要求，×××不适合担任考察组成员，建议对考察组进行个别调整。

×××：同意×××关于调整考察组成员的建议。

× ×：……，我同意。请××部（组织人事部门）形成工作方案，严格履行程序，认真做好此项工作。

9.4　工作简报

工作简报是一种常见的沟通文件，用于向组织、领导或其他相关人员汇报工作进展、关键成果和重要事项的摘要性文档。它通常是以简洁、清晰的方式呈现，旨在提供必要的信息，使读者能够快速了解工作的情况。工作简报通常包括情况概述、进展更新、关键成果、问题和挑战、下一步行动和建议等内容。它应该简洁明了，重点突出，确保读者能够快速理解和记忆所提供的信息。

9.4.1　基本常识

（1）工作简报的特点

①精练和概括性：工作简报通常以精练的文字内容概括性地呈现工作进展和重点信息。由于工作简报的目的是快速了解工作进展的情况，因此需要以简明扼要的方式进行呈现，突出工作的关键要点。

②客观和准确性：工作简报应客观地记录工作的实际情况和进展，以准确反映事实。简报的内容应基于具体数据、事实和成果，避免主观评价或个人意

见的加入，确保简报的客观和准确性。

③时效性和实用性：工作简报要及时反映工作的最新进展和关键信息。它应该提供对工作的实用信息，使读者能够快速了解工作的进展和重点，为决策和行动提供参考。

④结构化和条理性：工作简报通常采用结构化和条理性的方式进行呈现，通过提炼标题、划分段落和突出重点信息，使读者能够迅速浏览和理解简报的内容。简报的内容应按照逻辑顺序和主题进行组织，确保信息的连贯性和易读性。

⑤专业语言和术语的运用：工作简报在表达工作内容时，应使用专业语言和术语，以确保准确传达工作细节和专业知识。同时，需要考虑简报的受众，避免过度使用专业术语，以确保简报的易读性和理解性。

（2）工作简报的类型

简报的种类繁多，按照不同的分类标准，可以划分为不同类型。具体如下：

①按时间划分，可以将简报分为定期简报和不定期简报。定期简报是按照固定的时间周期，如日报、周报、月报等定期汇报工作进展和重要信息。而不定期简报则是根据需要或特定事件而不定期地发布。

②按发送范围划分，简报可以分为供领导阅读的内部简报和发送给特定人群、阅读范围较广的普发性简报。内部简报通常是为领导层提供工作进展和决策依据的专门简报。而普发性简报则面向更广泛的读者群体，如员工、合作伙伴、客户等。

③按内容划分，简报可以根据不同的工作领域或具体内容进行划分。例如，工作简报、生产简报、会议简报、活动简报、项目简报等。每种简报都侧重于特定领域或内容的汇报、分析和总结。

根据不同的需求和目的，选择合适的简报类型可以更好地传达信息、沟通交流和支持决策。同时，简报的格式、内容和发送频率也可以根据具体情况进行灵活调整。

（3）工作简报的作用

①提供工作进展报告：工作简报是向组织、上级或其他相关人员传达工作

进展的重要方式。它可以汇报项目的当前状态、已完成的任务以及计划中的活动，使相关人员了解工作的进展情况。

②促进沟通和协作：工作简报有助于促进沟通和协作，确保内部信息共享。通过简报，组织成员可以了解彼此的工作，协调行动，并及时解决问题。

③支持决策制定：工作简报提供了必要的信息和数据，提供了对工作进展、问题和挑战的概述，使决策者能够基于准确的情况进行评估和制定策略。

④跟踪目标和绩效：通过工作简报，可以跟踪和评估团队或个人的目标达成情况和绩效表现。它们可以展示任务的完成情况、达成的里程碑、遇到的障碍以及采取的措施，帮助团队成员了解自己的工作表现。

⑤传达重要信息：工作简报是传达重要信息的有效途径。它们可以用于传达重要决策、策略变更、项目优先级、战略目标等信息，确保相关人员了解并理解组织的重要事项。

⑥文档记录和知识共享：工作简报记录了工作的历史和重要信息，具有文档化的作用。它们可以作为后续参考和回顾的依据，帮助团队回顾过去的工作，吸取经验教训，并支持知识共享和学习。

这些作用使得工作简报成为组织内部沟通和信息管理的重要工具，有助于提高工作效率、促进合作和支持决策。

（4）工作简报的要求

①简明扼要：工作简报应该精练、简明，将复杂的信息以简洁的方式呈现。避免冗长的描述，重点突出关键信息，使读者能够快速理解。

②准确无误：工作简报必须准确无误地传达信息。确保所提供的数据、数字和事实都是真实、有效的，避免误导和错误的信息。

③结构清晰：工作简报应该有清晰的结构和逻辑顺序，方便读者阅读和理解。可以使用标题、段落和段落间的连接词来组织信息，并确保信息的流畅性和连贯性。

④重点突出：工作简报应该突出重点信息，将关键内容放在前面或使用加粗等方式使其醒目。这有助于读者快速获取最重要的信息，并避免信息的混乱和模糊。

⑤图文并茂：工作简报可以通过图表、表格等来增强可视化效果，使信息

更加直观和易于理解，使复杂的数据更加清晰和易于比较。

⑥及时更新：工作简报应该是定期、及时更新的，反映最新的工作进展和情况。确保简报的信息是最新的，避免使用过时或过期的数据。

⑦适应读者：工作简报应该适应不同读者的需求和背景。根据读者的角色和职责，调整简报的内容和重点，以便更好地满足其信息需求。

9.4.2 格式要点

简报有特定的格式，一般分为报头、按语、标题、正文、报尾五个部分。

（1）报头

简报一般都有固定的报头，包括简报的名称、期号、编发单位和发行日期。

①简报名称：简洁明了地描述简报的内容或主题，以便读者能够快速了解简报的核心内容。一般印在简报第一页上方的正中处，为了醒目起见，字号宜大，尽可能用套红印刷。

②期号位置：标示简报的期次，以便读者能够追踪和区分不同期次的简报。在简报名称的正下方，一般按年度依次排列期号，有的还可以标出累计的总期号。属于"增刊"的期号，要单独编排，不能与"正刊"期号混编，以免未收到"增刊"的读者误认为"正刊"缺期。

③编发单位：指明编写和发行该简报的单位或部门，以确保读者知道简报的来源和责任单位，应标明全称，位置在期号的左下方。

④发行日期：标示简报发布的日期，一般以领导签发日期为准，应标明具体的年、月、日，位置在期号的右下方。

报头部分与标题和正文之间，一般都用一条粗线分隔开。有些简报根据需要，还应标明密级，如"内部参阅""秘密""机密""绝密"等，位置在简报名称的左上方。

（2）按语

按语是指简报编者针对简报的内容所写的说明性文字或评论性文字，通常位于标题之前。并在某段文字的开头处写上"编者按""按语""按"等字样。重要简报要加编者按语，一般性简报可不加。按语可以用来简要介绍简报的背景、目的或重要性，或者提供对简报内容的评价、解读或建议。

（3）标题

简报的标题可分为单标题和双标题两种基本类型。

①单标题：单标题是指用一个简明扼要的语句来概括整个简报的内容和重点。单标题通常简洁明了，快速传递简报的主题和关键信息。

②双标题：双标题是指在一个主标题后面加上一个副标题，以进一步概括和补充简报的信息。主标题通常捕捉简报的核心内容，而副标题则提供更多具体细节或突出重点。

无论是单标题还是双标题，都应简洁明了、准确传达简报的主题和关键信息。标题应突出简报的重点，吸引读者的注意力，激发阅读兴趣，同时也要与简报的内容相符合，确保标题与正文的一致性。

（4）正文

简报的正文通常由开头、主体、结尾三个部分构成。

①开头：简报的开头部分通常采用叙述式写法，直接介绍事件的时间、地点、人物、原因和结果，以便读者能够快速了解简报的基本内容。开头部分应简洁明了，突出事件的关键信息，以吸引读者的注意力。

在开头部分，可以回答谁、何时、何地、为什么和结果如何等问题，以提供简报所涉及事件的背景和基本信息。这样可以让读者在最开始就获取到简报的关键信息，为后续的阅读提供指导和背景。

②主体：简报的主体部分应该写得翔实、充分和有力，详细呈现相关信息和内容。主体部分可以按照时间顺序、逻辑顺序或重要性顺序进行组织和呈现。

按时间顺序组织主体部分的写法是一种常见的方式。这种写法可以按照事件或工作的发生顺序进行叙述，以确保信息的连贯性和完整性。主体部分可以包括工作进展、问题分析、解决方案、数据统计、具体案例等，以提供全面和翔实的内容。

除了按时间顺序，还可以按照逻辑顺序组织主体部分。这种写法可以按照问题的重要性或相关性进行分类，将相关信息和观点进行整理和呈现，使读者能够更好地理解和把握问题的发展和解决方案的思路。

③结尾：简报结尾时可以把主体中叙述的情况用一句话或一段话进行总结，结束全文；也可以在叙述完主体后省略结尾，直接结束。

A.总结要点：简报的结尾可以对主要要点进行总结和概括，强调工作的关键成果、重要决策或取得的进展。简洁明了地总结主要信息，使读者能够快速回顾和理解简报的核心内容。

B.提出建议或行动计划：根据简报的内容和目的，结尾部分可以提出相应的建议或下一步的行动计划。这些建议或计划可以是为解决问题、改进工作或实施具体措施提供指导和参考。

C.强调重要性和意义：结尾部分可以强调工作的重要性和意义，突出工作的价值和影响。通过对工作的重要性进行强调，使读者对工作的重要性有更深刻的认识和理解。

（5）报尾

报尾在简报最后一页末尾，用一条间隔线和正文分开。报尾部分包括简报的"报""送""发"单位。其中，"报"，指简报呈报的上级单位；"送"，指简报送往的同级单位或不相隶属的单位；"发"，指简报发放的下级单位。如果简报的报、送、发单位本来是固定的，而要临时增加发放单位，一般还应注明本期增发单位。

"报""送""发"单位的下方还应加一条间隔线，这条间隔线的右下角可以注明印发数量，如"共印：50份"，有时也可以省略。

另外需要注意的是，如果简报总页数不止一页，则每一页下方都应当标注页码。

以上说明文字和格式规范有助于简报的正确传递和整理归档。

9.4.3 写作技巧

（1）突出重点：在工作简报中，重要信息应该被突出并清晰地传达给读者。使用标题、粗体、斜体等格式来强调关键信息，使其易于被读者注意和理解。

（2）简明扼要：工作简报应该尽量简洁明了，使用简短的句子和段落，清晰地表达要点，以增强报告的可读性和易理解性。

（3）结构清晰：工作简报应该具有清晰的结构，每个部分应该有清晰的标题和逻辑顺序，以帮助读者快速理解简报的内容和组织。

（4）数据支持：在工作简报中，使用数据和事实来支持观点和结论。提供可靠的数据来源，确保数据准确性，可以使用图表直观地展示数据。

（5）准确的语言：使用简单、准确的语言来撰写工作简报，避免使用模糊或复杂的词汇，以确保读者能理解简报的内容。

（6）读者导向：在撰写工作简报时，要考虑读者的需求和背景。根据读者的知识水平和职务，调整报告的语言和内容，以确保报告的有效传达和理解。

（7）遵循格式要求：根据公司或组织的要求，遵循特定的格式和样式来撰写工作简报，包括字体、字号、行距、页边距等方面符合规定，确保报告的一致性和专业性。

9.4.4　错例展示

简　报

第××期

×月×日下午，××系党总支全体党员在×××会议室集中学习讨论学院即将召开的第一次党代会党委和纪委工作报告的征求意见稿。本次会议由系党总支副书记××同志主持。

全体党员同志在会前已经认真学习了党委与纪委工作报告的征求意见稿，同志们对学院即将召开的第一次党代会十分关注，并投入了高度的热情。党员同志在会上积极讨论，分别对两委报告的征求意见稿发表了自己的看法与建议。

最后×××副书记对参加第一次党代会的各位党员代表提出了殷切希望，希望他们在思想上高度重视，并以高度的责任感和使命感认真参加会议。

送：各党总支、直属党支部、党委各部门

9.4.5　问题分析

（1）报头和报尾不完整：简报报头没有提供简报的名称、印发日期和编发单位等基本信息。同时，报尾没有明确说明简报的呈报和发放单位。

（2）缺少标题：简报缺少标题，主题不明。

（3）缺少具体内容：简报中没有详细描述学院第一次党代会党委和纪委工作报告征求意见稿的内容、关注的焦点和具体建议。

▶改进建议

（1）添加报头：包括简报的名称、印发日期和编发单位等基本信息。

（2）添加标题：简要概括简报的主题。

（3）详细描述内容：在简报的正文部分，应详细描述学院第一次党代会党委和纪委工作报告征求意见稿的具体内容、关注焦点和相关建议。

（4）添加报尾：明确说明简报的呈报和发放单位。

9.4.6　例文修改

中国共产党×××学院第×次党员代表大会

简　　报

第××期

×××编　　　　　　　　　　　　　　　　　××年×月×日

××系召开党员大会讨论党代会两委报告征求意见稿

×月×日下午，××系党总支全体党员在×××会议室集中学习讨论学院即将召开的第×次党代会党委和纪委工作报告的征求意见稿。本次会议由系党总支副书记×××同志主持。

全体党员同志在会前已经认真学习了党委与纪委工作报告的征求意见稿，同志们对学院即将召开的第×次党代会十分关注，并投入了高度的热情。党员同志在会上积极讨论，分别对两委报告的征求意见稿发表了自己的看法与建议。

学院即将召开的第×次党代会是在我院进入新百年、谋求跨越式发展的关键时期召开的一次具有重要意义的会议，回顾总结我院五年来的发展历程，进一步明确今后五年发展的目标，并将在本次党代会中选举出中共×××学院第×届委员会委员和第×届纪律检查委员会委员。××系党总支全体党员对第×次党代会顺利召开既殷切期盼又充满信心。

最后×××副书记对参加第×次党代会的各位党员代表提出了殷切希望，希望他们在思想上高度重视，并以高度的责任感和使命感认真参加会议，加强纪律性，坚持党的组织原则，为第×次党代会的顺利召开发挥应有的作用。××系党总支预祝学院第×次党代会圆满成功！

报：中共××市委组织部、市委教育工委

送：学院各党总支、党委各部门

发：××系各党支部

（共印：50份）

附录一

党政机关公文处理工作条例

（中共中央办公厅、国务院办公厅2012年4月16日印发）

第一章　总　则

第一条　为了适应中国共产党机关和国家行政机关（以下简称党政机关）工作需要，推进党政机关公文处理工作科学化、制度化、规范化，制定本条例。

第二条　本条例适用于各级党政机关公文处理工作。

第三条　党政机关公文是党政机关实施领导、履行职能、处理公务的具有特定效力和规范体式的文书，是传达贯彻党和国家的方针政策，公布法规和规章，指导、布置和商洽工作，请示和答复问题，报告、通报和交流情况等的重要工具。

第四条　公文处理工作是指公文拟制、办理、管理等一系列相互关联、衔接有序的工作。

第五条　公文处理工作应当坚持实事求是、准确规范、精简高效、安全保密的原则。

第六条　各级党政机关应当高度重视公文处理工作，加强组织领导，强化队伍建设，设立文秘部门或者由专人负责公文处理工作。

第七条　各级党政机关办公厅（室）主管本机关的公文处理工作，并对下级机关的公文处理工作进行业务指导和督促检查。

第二章　公文种类

第八条　公文种类主要有：

（一）决议。适用于会议讨论通过的重大决策事项。

（二）决定。适用于对重要事项作出决策和部署、奖惩有关单位和人员、变更或者撤销下级机关不适当的决定事项。

（三）命令（令）。适用于公布行政法规和规章、宣布施行重大强制性措施、批准授予和晋升衔级、嘉奖有关单位和人员。

（四）公报。适用于公布重要决定或者重大事项。

（五）公告。适用于向国内外宣布重要事项或者法定事项。

（六）通告。适用于在一定范围内公布应当遵守或者周知的事项。

（七）意见。适用于对重要问题提出见解和处理办法。

（八）通知。适用于发布、传达要求下级机关执行和有关单位周知或者执行的事项，批转、转发公文。

（九）通报。适用于表彰先进、批评错误、传达重要精神和告知重要情况。

（十）报告。适用于向上级机关汇报工作、反映情况，回复上级机关的询问。

（十一）请示。适用于向上级机关请求指示、批准。

（十二）批复。适用于答复下级机关请示事项。

（十三）议案。适用于各级人民政府按照法律程序向同级人民代表大会或者人民代表大会常务委员会提请审议事项。

（十四）函。适用于不相隶属机关之间商洽工作、询问和答复问题、请求批准和答复审批事项。

（十五）纪要。适用于记载会议主要情况和议定事项。

第三章　公文格式

第九条　公文一般由份号、密级和保密期限、紧急程度、发文机关标志、发文字号、签发人、标题、主送机关、正文、附件说明、发文机关署名、成文日期、印章、附注、附件、抄送机关、印发机关和印发日期、页码等组成。

（一）份号。公文印制份数的顺序号。涉密公文应当标注份号。

（二）密级和保密期限。公文的秘密等级和保密的期限。涉密公文应当根据涉密程度分别标注"绝密""机密""秘密"和保密期限。

（三）紧急程度。公文送达和办理的时限要求。根据紧急程度，紧急公文应当分别标注"特急""加急"，电报应当分别标注"特提""特急""加急"平急"。

（四）发文机关标志。由发文机关全称或者规范化简称加"文件"二字组成，也可以使用发文机关全称或者规范化简称。联合行文时，发文机关标志可以并用联合发文机关名称，也可以单独用主办机关名称。

（五）发文字号。由发文机关代字、年份、发文顺序号组成。联合行文时，使用主办机关的发文字号。

（六）签发人。上行文应当标注签发人姓名。

（七）标题。由发文机关名称、事由和文种组成。

（八）主送机关。公文的主要受理机关，应当使用机关全称、规范化简称或者同类型机关统称。

（九）正文。公文的主体，用来表述公文的内容。

（十）附件说明。公文附件的顺序号和名称。

（十一）发文机关署名。署发文机关全称或者规范化简称。

（十二）成文日期。署会议通过或者发文机关负责人签发的日期。联合行文时，署最后签发机关负责人签发的日期。

（十三）印章。公文中有发文机关署名的，应当加盖发文机关印章，并与署名机关相符。有特定发文机关标志的普发性公文和电报可以不加盖印章。

（十四）附注。公文印发传达范围等需要说明的事项。

（十五）附件。公文正文的说明、补充或者参考资料。

（十六）抄送机关。除主送机关外需要执行或者知晓公文内容的其他机关，应当使用机关全称、规范化简称或者同类型机关统称。

（十七）印发机关和印发日期。公文的送印机关和送印日期。

（十八）页码。公文页数顺序号。

第十条 公文的版式按照《党政机关公文格式》国家标准执行。

第十一条 公文使用的汉字、数字、外文字符、计量单位和标点符号等，按照有关国家标准和规定执行。民族自治地方的公文，可以并用汉字和当地通用的少数民族文字。

第十二条 公文用纸幅面采用国际标准A4型。特殊形式的公文用纸幅面，根据实际需要确定。

第四章　行文规则

第十三条　行文应当确有必要，讲求实效，注重针对性和可操作性。

第十四条　行文关系根据隶属关系和职权范围确定。一般不得越级行文，特殊情况需要越级行文的，应当同时抄送被越过的机关。

第十五条　向上级机关行文，应当遵循以下规则：

（一）原则上主送一个上级机关，根据需要同时抄送相关上级机关和同级机关，不抄送下级机关。

（二）党委、政府的部门向上级主管部门请示、报告重大事项，应当经本级党委、政府同意或者授权；属于部门职权范围内的事项应当直接报送上级主管部门。

（三）下级机关的请示事项，如需以本机关名义向上级机关请示，应当提出倾向性意见后上报，不得原文转报上级机关。

（四）请示应当一文一事。不得在报告等非请示性公文中夹带请示事项。

（五）除上级机关负责人直接交办事项外，不得以本机关名义向上级机关负责人报送公文，不得以本机关负责人名义向上级机关报送公文。

（六）受双重领导的机关向一个上级机关行文，必要时抄送另一个上级机关。

第十六条　向下级机关行文，应当遵循以下规则：

（一）主送受理机关，根据需要抄送相关机关。重要行文应当同时抄送发文机关的直接上级机关。

（二）党委、政府的办公厅（室）根据本级党委、政府授权，可以向下级党委、政府行文，其他部门和单位不得向下级党委、政府发布指令性公文或者在公文中向下级党委、政府提出指令性要求。需经政府审批的具体事项，经政府同意后可以由政府职能部门行文，文中须注明已经政府同意。

（三）党委、政府的部门在各自职权范围内可以向下级党委、政府的相关部门行文。

（四）涉及多个部门职权范围内的事务，部门之间未协商一致的，不得向下行文；擅自行文的，上级机关应当责令其纠正或者撤销。

（五）上级机关向受双重领导的下级机关行文，必要时抄送该下级机关的另一个上级机关。

第十七条 同级党政机关、党政机关与其他同级机关必要时可以联合行文。属于党委、政府各自职权范围内的工作，不得联合行文。

党委、政府的部门依据职权可以相互行文。

部门内设机构除办公厅（室）外不得对外正式行文。

第五章 公文拟制

第十八条 公文拟制包括公文的起草、审核、签发等程序。

第十九条 公文起草应当做到：

（一）符合党的理论路线方针政策和国家法律法规，完整准确体现发文机关意图，并同现行有关公文相衔接。

（二）一切从实际出发，分析问题实事求是，所提政策措施和办法切实可行。

（三）内容简洁，主题突出，观点鲜明，结构严谨，表述准确，文字精炼。

（四）文种正确，格式规范。

（五）深入调查研究，充分进行论证，广泛听取意见。

（六）公文涉及其他地区或者部门职权范围内的事项，起草单位必须征求相关地区或者部门意见，力求达成一致。

（七）机关负责人应当主持、指导重要公文起草工作。

第二十条 公文文稿签发前，应当由发文机关办公厅（室）进行审核。审核的重点是：

（一）行文理由是否充分，行文依据是否准确。

（二）内容是否符合党的理论路线方针政策和国家法律法规；是否完整准确体现发文机关意图；是否同现行有关公文相衔接；所提政策措施和办法是否切实可行。

（三）涉及有关地区或者部门职权范围内的事项是否经过充分协商并达成一致意见。

（四）文种是否正确，格式是否规范；人名、地名、时间、数字、段落顺序、引文等是否准确；文字、数字、计量单位和标点符号等用法是否规范。

（五）其他内容是否符合公文起草的有关要求。

需要发文机关审议的重要公文文稿，审议前由发文机关办公厅（室）进行初核。

第二十一条　经审核不宜发文的公文文稿，应当退回起草单位并说明理由；符合发文条件但内容需作进一步研究和修改的，由起草单位修改后重新报送。

第二十二条　公文应当经本机关负责人审批签发。重要公文和上行文由机关主要负责人签发。党委、政府的办公厅（室）根据党委、政府授权制发的公文，由受权机关主要负责人签发或者按照有关规定签发。签发人签发公文，应当签署意见、姓名和完整日期；圈阅或者签名的，视为同意。联合发文由所有联署机关的负责人会签。

第六章　公文办理

第二十三条　公文办理包括收文办理、发文办理和整理归档。

第二十四条　收文办理主要程序是：

（一）签收。对收到的公文应当逐件清点，核对无误后签字或者盖章，并注明签收时间。

（二）登记。对公文的主要信息和办理情况应当详细记载。

（三）初审。对收到的公文应当进行初审。初审的重点是：是否应当由本机关办理，是否符合行文规则，文种、格式是否符合要求，涉及其他地区或者部门职权范围内的事项是否已经协商、会签，是否符合公文起草的其他要求。经初审不符合规定的公文，应当及时退回来文单位并说明理由。

（四）承办。阅知性公文应当根据公文内容、要求和工作需要确定范围后分送。批办性公文应当提出拟办意见报本机关负责人批示或者转有关部门办理；需要两个以上部门办理的，应当明确主办部门。紧急公文应当明确办理时限。承办部门对交办的公文应当及时办理，有明确办理时限要求的应当在规定时限内办理完毕。

（五）传阅。根据领导批示和工作需要将公文及时送传阅对象阅知或者批示。办理公文传阅应当随时掌握公文去向，不得漏传、误传、延误。

（六）催办。及时了解掌握公文的办理进展情况，督促承办部门按期办结。紧急公文或者重要公文应当由专人负责催办。

（七）答复。公文的办理结果应当及时答复来文单位，并根据需要告知相关单位。

第二十五条　发文办理主要程序是：

（一）复核。已经发文机关负责人签批的公文，印发前应当对公文的审批手续、内容、文种、格式等进行复核；需作实质性修改的，应当报原签批人复审。

（二）登记。对复核后的公文，应当确定发文字号、分送范围和印制份数并详细记载。

（三）印制。公文印制必须确保质量和时效。涉密公文应当在符合保密要求的场所印制。

（四）核发。公文印制完毕，应当对公文的文字、格式和印刷质量进行检查后分发。

第二十六条　涉密公文应当通过机要交通、邮政机要通信、城市机要文件交换站或者收发件机关机要收发人员进行传递，通过密码电报或者符合国家保密规定的计算机信息系统进行传输。

第二十七条　需要归档的公文及有关材料，应当根据有关档案法律法规以及机关档案管理规定，及时收集齐全、整理归档。两个以上机关联合办理的公文，原件由主办机关归档，相关机关保存复制件。机关负责人兼任其他机关职务的，在履行所兼职务过程中形成的公文，由其兼职机关归档。

第七章　公文管理

第二十八条　各级党政机关应当建立健全本机关公文管理制度，确保管理严格规范，充分发挥公文效用。

第二十九条　党政机关公文由文秘部门或者专人统一管理。设立党委（党组）的县级以上单位应当建立机要保密室和机要阅文室，并按照有关保密规定配备工作人员和必要的安全保密设施设备。

第三十条　公文确定密级前，应当按照拟定的密级先行采取保密措施。确定密级后，应当按照所定密级严格管理。绝密级公文应当由专人管理。

公文的密级需要变更或者解除的，由原确定密级的机关或者其上级机关决定。

第三十一条　公文的印发传达范围应当按照发文机关的要求执行；需要变更的，应当经发文机关批准。

涉密公文公开发布前应当履行解密程序。公开发布的时间、形式和渠道，由发文机关确定。

经批准公开发布的公文，同发文机关正式印发的公文具有同等效力。

第三十二条 复制、汇编机密级、秘密级公文，应当符合有关规定并经本机关负责人批准。绝密级公文一般不得复制、汇编，确有工作需要的，应当经发文机关或者其上级机关批准。复制、汇编的公文视同原件管理。

复制件应当加盖复制机关戳记。翻印件应当注明翻印的机关名称、日期。汇编本的密级按照编入公文的最高密级标注。

第三十三条 公文的撤销和废止，由发文机关、上级机关或者权力机关根据职权范围和有关法律法规决定。公文被撤销的，视为自始无效；公文被废止的，视为自废止之日起失效。

第三十四条 涉密公文应当按照发文机关的要求和有关规定进行清退或者销毁。

第三十五条 不具备归档和保存价值的公文，经批准后可以销毁。销毁涉密公文必须严格按照有关规定履行审批登记手续，确保不丢失、不漏销。个人不得私自销毁、留存涉密公文。

第三十六条 机关合并时，全部公文应当随之合并管理；机关撤销时，需要归档的公文经整理后按照有关规定移交档案管理部门。

工作人员离岗离职时，所在机关应当督促其将暂存、借用的公文按照有关规定移交、清退。

第三十七条 新设立的机关应当向本级党委、政府的办公厅（室）提出发文立户申请。经审查符合条件的，列为发文单位，机关合并或者撤销时，相应进行调整。

第八章 附 则

第三十八条 党政机关公文含电子公文。电子公文处理工作的具体办法另行制定。

第三十九条 法规、规章方面的公文，依照有关规定处理。外事方面的公文，依照外事主管部门的有关规定处理。

第四十条 其他机关和单位的公文处理工作，可以参照本条例执行。

第四十一条 本条例由中共中央办公厅、国务院办公厅负责解释。

第四十二条　本条例自2012年7月1日起施行。1996年5月3日中共中央办公厅发布的《中国共产党机关公文处理条例》和2000年8月24日国务院发布的《国家行政机关公文处理办法》停止执行。

附录二

公文式样示例

建议根据《党政机关公文格式》，按照设计简便、易学易用的原则，设计公文式样。

考虑到本书正文已经进行了详细的讲解，下面仅展示三类格式：第一类，有发文字号的下行文格式；第二类，有发文字号的上行文格式；第三类，平行文以及无发文字号的上行文、下行文格式。

1.页边距、版心设置示例

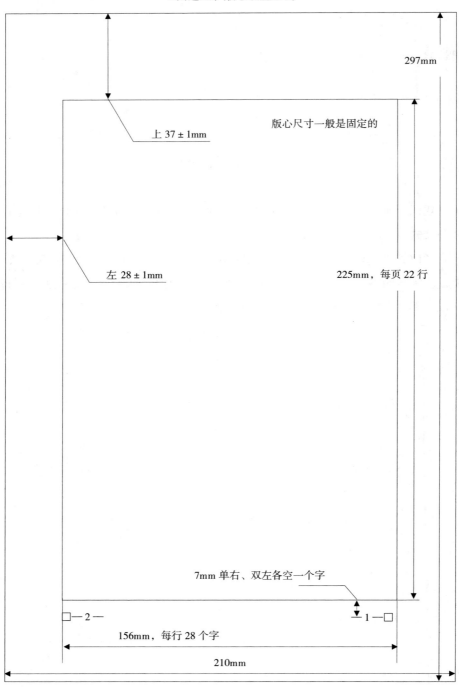

上 37 ± 1mm

版心尺寸一般是固定的

左 28 ± 1mm

225mm，每页 22 行

297mm

7mm 单右、双左各空一个字

□—2 —

1 —□

156mm，每行 28 个字

210mm

2. 有发文字号的下行文式样示例

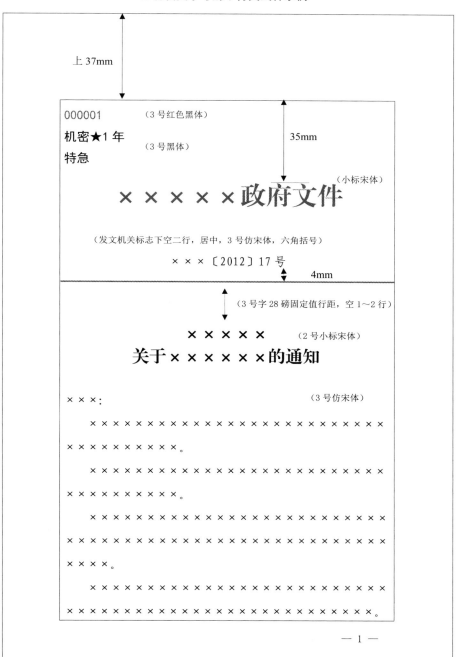

　　××××××××××××××××××××
××××××××××××××××××××××
××××××××××××××××××××××
×××××××××××。
　　××××××××××××××××××××
××××××××××××××××××××××
××××××××××××××××××××××
×××××。

　　附件：1. ×××××××××××××××××××
　　　　　　 ×××××××××××
　　　　 2. ×××××××××××××××××××
　　　　　　 ×××

(1 行之内)

×××××
2012 年 7 月 1 日□□□□

（联系人：×××；联系电话：×××××××××）

□抄送：×××，×××，×××，×××，×××，×××，××××××，□
　　　 ××，×××××××。

□ ×××××××办公室　　　　　　　　　　2012 年 7 月 1 日印发□

— 2 —

附件1

× × × × × ×

　　× ×
× ×
× × × ×。
　　× ×
× ×
× ×
× ×
× × × × × × × × × × × ×。
　　× ×
× × × × × × × × × ×。
　　× ×
× ×
× ×
× ×
× × × ×。
　　× ×
× ×
× × × ×。
　　× ×
× × × × × × × × × ×。

附件2

× × × × ×

　　× ×
× ×
× × × ×。
　　× ×
× ×
× ×
× × × × × × × × × × × ×。
　　× ×
× × × × × × × × ×。
　　× ×
× ×
× ×
× ×
× × × ×。
　　× ×
× ×
× × × ×。
　　× ×
× × × × × × × × × ×。

3.有发文字号的上行文式样示例

上 37mm

000001

机　密
特　急

35mm

×××××政府

（3号仿宋体）　　　　　（3号仿宋体）（3号楷体）
□×××〔2012〕17号　　　签发人：×××□

×××××
关于×××××的请示

×××：

　　×××××××××××××××××××××××
×××××××××。

　　×××××××××××××××××××××××××
×××××××××××××××××××××××××××
××××。

　　×××××××××××××××××××××××××
×××××××××××××××××××××××××××
××××。

　　××××××××××××××××××××××××
××××××××××××××××××××××××××
××××××××××××××××××××××××××
××××××××××××。
　　××××××××××××××××××××××××
××××××××××××××××××××××××××
××××××××××××××××××××××××××
×××××。

　　附件：×××××××××××××××××××××
　　　　××××××××××××

↕（1行之内）

××××

2012年7月1日□□□□

（联系人：×××；联系电话：×××××××××）

附件

××××××

　　×××××××××××××××××××××××
×××××××××××××××××××××××××
××××。
　　×××××××××××××××××××××××
×××××××××××××××××××××××××
××××××××××××××××××××××××××
×××××××××××××××××××××××××
×××××××××××。
　　×××××××××××××××××××××××
×××××××××。
　　×××××××××××××××××××××××
×××××××××××××××××××××××××
×××××××××××××××××××××××××
×××××××××××××××××××××××××
××××。
　　×××××××××××××××××××××××
×××××××××××××××××××××××××
××××。
　　×××××××××××××××××××××××
×××××××××××。

　　××××××××××××××××××××××××
×××××××××××××××××××××××××××××
××××。
　　×××××××××××××××××××××××××
×××××××××××××××××××××××××××××
××××。
　　×××××××××××××××××××××××××
×××××××××××××××××××××××××××××
×××××××××××××××××××××××××××××
×××××××××××。
　　×××××××××××××××××××××××
××××××××××。
　　×××××××××××××××××××××××××
×××××××××××××××××××××××××××××
×××××××××××××××××××××××××××××
×××××××××××××××××××××××××××××
××××。
　　×××××××××××××××××××××××××
×××××××××××××××××××××××××××××
××××。

□×××××××办公室　　　　　　　　　2012年7月1日印发□

4. 平行文以及无发文字号的上行文、下行文式样示例

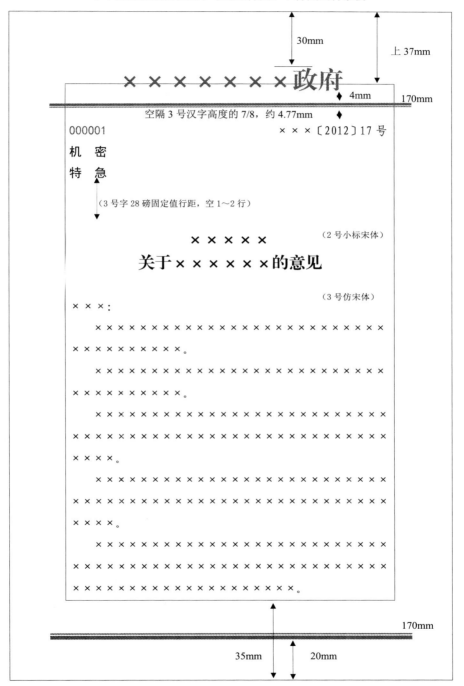

　　××××××××××××××××××××××
××××××××××××××××××××××××
××××××××××××××××××××××××
××××××××××××。
　　××××××××××××××××××××××
××××××××××××××××××××××××
××××××××××××××××××××××××
×××××。

　　附件：1. ×××××××××××××××××××
　　　　　　××××××××××××
　　　　　2. ××××××××××××××××××××
　　　　　　×××

↕（1行之内）

×××××
2012 年 7 月 1 日□□□□

　　（联系人：×××；联系电话：×××××××××）

　　□抄送：×××××，×××××××，××××，××××，××××××，□
　　　　×××，×××××××。

图书在版编目(CIP)数据

高效公文写作一本通 / 杜凤华著. — 北京：中国
法制出版社, 2023. 11
　　ISBN 978-7-5216-3965-0

　　Ⅰ. ①高…　Ⅱ. ①杜…　Ⅲ. ①公文—写作　Ⅳ.
①H152. 3

　　中国国家版本馆CIP数据核字（2023）第213838号

责任编辑：秦智贤　　　　　　　　　　　　　　　　封面设计：杨鑫宇

高效公文写作一本通
GAOXIAO GONGWEN XIEZUO YIBENTONG

著者 / 杜凤华

经销 / 新华书店

印刷 / 河北华商印刷有限公司

开本 / 710毫米×1000毫米　16开　　　　　　印张 / 23　字数 / 375千

版次 / 2023年11月第1版　　　　　　　　　　2023年11月第1次印刷

中国法制出版社出版

书号ISBN 978-7-5216-3965-0　　　　　　　　　　　定价：79.80元

北京市西城区西便门西里甲16号西便门办公区

邮政编码：100053　　　　　　　　　　　　　　　传真：010-63141600

网址：**http://www.zgfzs.com**　　　　　　　　编辑部电话：**010-63141798**

市场营销部电话：010-63141612　　　　　　　印务部电话：**010-63141606**

（如有印装质量问题，请与本社印务部联系。）